数字と言葉

社会学方法論の研究

水谷 史男

学文社

目　次

序　章　数字と言葉…本書の課題設定 ───────── 1

　はじめに ──────────────────── 1

　　1　社会学における方法論の多様性 ──────── 5

　　2　本書の構成 ──────────────── 11

第1章　社会調査における「量」と「質」 ─────── 15

　　はじめに ─────────────────── 15

　　1　社会現象の研究法についての常識と疑問 ──── 17

　　2　調査票について ─────────────── 24

　　3　「量的」方法と「質的」方法について ────── 27

　　おわりに ─────────────────── 34

第2章　社会階層研究の「数量化」と「数理」について ── 38

　　はじめに ─────────────────── 39

　　1　日本の社会学における「数理社会学」の提唱 ─── 41

　　2　社会階層研究とSSM調査における「数量化」─── 44

　　3　数学の効用と「確率統計的方法」の可能性と限界 ── 48

　　4　「計量社会学」としての社会階層研究の方法と困難 ── 55

　　おわりに ─────────────────── 61

第3章　「統計的」社会調査とビッグデータ ─────── 65

　　はじめに ─────────────────── 66

　　1　ビッグデータとは何なのか？ ────────── 68

　　2　数学と言葉への補助線──チョムスキーの言語論 ── 83

3　情報社会学──吉田民人の情報論 ───────── 94

　　4　社会調査は生き延びるのか？ ──────────── 101

　おわりに ──────────────────────── 109

第4章　社会調査と「主観的意味理解」の方法について ─── 113

　はじめに ──────────────────────── 113

　　1　「実証主義」社会学の方法と現状 ───────── 115

　　2　社会科学における「量」と「質」 ───────── 120

　　3　「統計的方法」と「事例研究法」───────── 125

　　4　「主観」と「客観」の矛盾 ─────────── 131

　　5　マックス・ヴェーバー「理解社会学」における

　　　　「意味の理解」──────────────── 134

　　6　ジグムント・フロイト「精神分析」における

　　　　他者理解の方法 ─────────────── 146

　　7　社会学における他者の「主観的意味理解」の方法と困難 ── 158

　おわりに ──────────────────────── 160

第5章　社会学と現象学の遭遇──社会調査における

方法と現象学とのかかわりについて ──────── 168

　はじめに ──────────────────────── 168

　　1　社会調査における「現象学的」態度への指向 ───── 172

　　2　ライフ・ヒストリーからライフ・ストーリーへの変換 ── 175

　　3　行為者の主観的意味理解にとっての現象学の含意 ──── 181

　　4　個人の意識経験を追うこと　ケース1 ─────── 186

　　5　歴史の解釈における現象学的理解　ケース2 ───── 193

　おわりに　現象学的に考えることの

　　　　　　社会学にとっての意義について ──────── 202

目　次　iii

第6章　私的に書かれた「語り」を読むこと
——社会調査のデータとしての日記と手紙について — 209

はじめに ———————————————————— 209

1　社会調査における「日記」と「手紙」———————— 212

2　手紙・自己実現と伝達意思としての
　　ライフ・ドキュメント ——————————————— 219

3　日記・社会学の見たいものと文学の表現したいもの ——— 225

4　応用問題　ある手記 ——————————————— 239

おわりに　私的な「語り」を読む，ことの有効性 ————— 248

第7章　自明なことを凝視する先に何が見えるのか
——エスノメソドロジー管見 ————————— 252

はじめに ———————————————————— 252

1　現象学から社会学へ　A・シュッツ ———————— 257

2　現象学的社会学からエスノメソドロジーへ
　　H・ガーフィンケル ——————————————— 265

3　繊細な現実を記述する
　　エスノメソドロジーから会話分析へ ————————— 275

おわりに ———————————————————— 285

第8章　「数字」と「言葉」———————————— 291

はじめに ———————————————————— 291

1　再び量と質，数字と言葉 ————————————— 293

2　方法の問題　数字・数学・数理 —————————— 297

3　言葉の分析　数字で言葉を分析する
　　言葉で言葉を分析する —————————————— 302

iv

あとがき ——————————————————————— 313

参考文献 ——————————————————————— 314

初出一覧 ——————————————————————— 324

索　引 ——————————————————————— 325

序　章

数字と言葉 … 本書の課題設定

　　われわれはこれまで，「価値判断」と「経験的知識」とを原理上区別するさい，
つぎのことを前提としてきた。すなわち，社会科学の領域には無条件に妥当す
る種類の認識，つまり経験的実在の思考による秩序づけが，事実存在している
という前提である。この前提が，今や問題となり，われわれが追及している真
理の客観的「妥当」とは，われわれの領域ではなにを意味しうるか，について
論じなければならない。この問題が，まさに問題として存立しているのであっ
て，ここで頭をひねって案出されるようなものでない，ということは，方法・
「基礎概念」・および諸前提をめぐる論争や，「観点」の絶えざる変遷や，使用
される「概念」がたえず新たに形成される実情を観察し，いかに理論的考察形
式と歴史的考察形式とが，いまなお――ウィーンのある受験生が，いつか「ふ
たつの経済学」と，絶望のあまり悲鳴をあげたように――　一見架橋しがたい
深淵によって隔てられているかを知る人は，なんぴとといえども見落とすはず
がない。
　　（マックス・ヴェーバー『社会科学と社会政策にかかわる認識の「客観性」』
　　　　　　　　富永祐治・立野保男訳，岩波文庫，1998，54-55 頁。）

はじめに

　本書が主題としているのは，社会現象の把握と探求の方法，つまり人間がこ
の地上に生きて日々生活している具体的な現実を，正確に捉え考えようとする
学問である「社会学」の方法の研究である。少し大きくいえば，19 世紀にそ
の創始者オーギュスト・コントが，「実証主義 positivism」という言葉で当時

2

の先進国フランスに出現していた「近代 Modern」と呼ばれる，人類史におい
て初めて登場した新しい現実を，その時代にふさわしい方法で捉えようとした
試みの行く末について，200 年近く経過した現在からささやかに反省的に振り
返ることにある。とくに 19 世紀なかばには誰もが疑うことのない真理と認め
つつあった物理学や化学など「自然科学」の成果を，マックス・ヴェーバーの
言葉を借りれば「魔術からの解放 Entzauberung」の武器として拡張し，人間
の行為から生まれる無限に複雑な社会現象をも確実な知識として捉える「社会
科学」というものが可能だとする夢の大風呂敷を，アカデミックな世界にとも
かくも実現したのは 20 世紀のはじめだった。

　ただ，社会学はあまりに対象が広大で方法が混沌としていたので，先行する
経済学や心理学のようには明確な方法論と整然とした学問体系を築くわけには
いかなかった。19 世紀末から 20 世紀はじめのさまざまに異なる知的冒険を総
括して，思想史家スチュアート・ヒューズがそう呼んだ「実証主義への反逆」[1]
と捉えるならば，社会学においてはあくまで「実証主義」を前提とする科学的
社会学をオーソドックスとする立場と，それに根本的な疑問を呈する「理念主
義」あるいは「アート主義」[2]の対立・攻防として考えることができると思う。
第二次世界大戦後の世界を政治的・軍事的，そして文化的・学問的にも主導し
たアメリカ合衆国で，社会学は「実証主義」の方法論として数量統計的社会調
査を大きな武器として次々に新しい理論と成果を生み出した。

　日本の社会学は，戦前の帝国大学文学部の片隅に棲んでいた時代には，19
世紀ヨーロッパとくにフランスのデュルケーム学派や歴史学派の影響が強いド
イツ社会学を祖述し，それとは別に日本社会のドメスティックな研究，とくに
村落研究・家族研究の民俗学的なフィールドワークでユニークな成果をあげて
いた。しかし，方法論という点では，敗戦後アメリカ社会学が流入してくると，
戸田貞三，福武直，有賀喜左衛門をはじめとするそれまでの地道な社会学者の
仕事は，じつは視野の広い統計数値も駆使していたにもかかわらず素朴でやや
時代遅れのものとみなされた。

　1970 年代の日本社会学における数量統計的データ分析の技法的進展は，コ

ンピュータの進歩のおかげで確かに一部の領域においては多くの成果をあげた
と思う。筆者も含め，この時代，どのようなテーマと対象を選んで社会調査を
するにせよ，できる限り多くの対象者に調査票を配り，学術調査なのだから質
問に答えるのが当然のように思って調査をすすめていたように思う。調査対象
者はたんなる一サンプルとして回答をデータ入力すれば終わってしまう存在
で，それを集計すれば必ず一定の意味のある結果がはじき出されてくるはずだ
と素朴楽天的に思っていたふしがある。もちろん対象者とのラポール，信頼関
係がなければ調査はうまくいかないということは知っていたけれど，まずはど
れだけ完成された調査票をひとつでも多く回収するかに意を注いで調査をやっ
ていたのである。

　しかし，筆者がある時，面接調査を終えた対象者から言われた言葉は，たし
かに虚を突かれた気がした。「おたくが学問研究のためにこれをやってるって
のは分かったけど，それはなんか俺たちにいいことあんのかね。ま，いいこと
なくても構わんけど，最後に世の中の役に立ってくれよな」そう言われて，「は
い，必ず役に立ちます」とは言えなかった。科学研究が真理を解明し，それが
技術と結びついて飛行機やロケットを飛ばしたようには，社会科学の成果は広
く人々の役に立っている，とは自信をもって言えなかった。だが，社会科学と
いうものを「実証主義」的方法で進めていけば，やがて人間の社会的行動の法
則が発見され，集団や組織に画期的な技術が実用化されるかもしれない，とど
こかで思っていたかもしれない。実際，心理学や行動科学や社会工学といった
研究では，そういう目的を掲げて多くの研究や実験が行われていた。

　だが社会学は，どうもそのような科学的真理も，道徳的価値も，実用的技術
もいったん疑ってかかり，道具的理性を自己目的化することをためらっている
ように思えた。だから筆者には「世の中の役に立つ学問」という言葉に素直に
頷くことができなかったのだ。社会学の場合，役に立つとは誰の役に立つのか，
どういう形で役に立つのか，役に立てばそれでよいのか，というふうに問いは
どんどん広がっていく。しかし学問である以上，他の学問と異なる独自の領域
と方法がなければならず，社会学者はその方法を最低限共有している必要があ

4

るだろう。しかし，この点でも素直に頷くことができるだろうか。

　私が本書で問題にしたい焦点のひとつは，表題に掲げたように，数字で測定
し記録したデータをもとに数学的統計的分析を行う方法（「量的な調査」という
言い方がよく使われる）と，数字はほとんど使わずに人の語った言葉や書かれ
た文章などをデータとみなしてそこから何らかの分析や理論を確かめようとす
る方法（こちらは「質的な調査」と呼ばれることが多い）とのあいだに，両者を
架橋する方法論的な手がかりがなく，まったく異なる立場に分かれているよう
にみえることである。もちろん社会学の研究者によっては，必要に応じて両者
の方法を併用するような器用な人もいる。しかし，問題は対象へのアプローチ
を数量的な方法でやるか非数量的な方法で扱うかは研究者の任意の選択であ
り，どちらで研究を進めるにしろ社会現象の把握と分析という目的にとって
は，単に道具の使い勝手や予算や研究チームの事情による，といってすむのだ
ろうか。

　たとえば今日，大学の学生のための社会学教育で使用されている方法・技法
論的なテキストは多数出ているが，その半分程度はコンピュータ統計ソフトの
進化にともなう，どうやって社会調査をやればいいかの数量的な統計的技法の
解説であり，あとの半分はフィールドでの聴き取りインタビュー，あるいは生
活史や会話分析などの手順や分析法の解説になっている。学生たちは一方で教
科書に従って数量的な技法を習得し，また他方で別の教科書にある言葉・言語
の記録と分析のやり方を学ぶことになる。筆者自身も，そうした教科書を書き
社会調査系科目の授業を続けてきた。

　その昔，筆者が社会学の研究者となるころ，論文を書くために自分はいかな
る研究方法をとるかを考えた。普通は指導を受ける師のもとでその方法をまさ
に手習いし身につけるわけだが，わが師は当時社会調査を多く手掛けていたも
のの，そのデータを大型コンピュータにかけるための技術はもっていなかっ
た。プログラムを書いたり，結果を出してもクロス票の相関以上の数量統計分
析のことはなにもご存知なかった。それは無理もないことで，1960年代にヨー
ロッパ系の社会学のビッグネームの書物を読むことが勉強であった時代を生き

てきた多くの先輩社会学者は，コンピュータ（それもパソコン以前の建物大の機械）など触ったこともなかったはずだから。

　なかば必然的に筆者の世代は，とにかく集めたデータを多くの労力を払ってコンピュータ集計する仕事を任されたのである。統計的分析技法は単に技術であるから，マニュアルを読んで実際のデータをあれこれいじくって，それなりの結果を出せるようになればよい。しかし，そうやって数字の調査データを知見として報告書に書くだけで，社会学をやっているのだろうかという疑問が筆者にはしだいに湧いてきた。そのころヴェーバーとか，デュルケームとか，マルクスとかパーソンズとかの文献を読み込んで難しそうに議論する「理論研究」についていかれない社会学徒は，自分たちの研究は現実を経験的に把握する「実証的研究」なのだと胸を張っていたように思う。そのときの「実証的研究」とは，要するに自分たちは本を読んで考えるのではなく，フィールドに出て社会調査をやっている，ということになる。少なくとも社会調査をやっているわれわれは「現実の社会を知っている」と自負していた。しかしこれも，空威張りだったかもしれない。

1　社会学における方法論の多様性

　方法論の違いということでは，たとえば筆者の経験の中では，HIV（ヒト免疫不全ウイルス）が性感染症として蔓延するという危惧が話題になった90年代に，公衆衛生の観点から若い人の性行為の実態調査をするというので協力を求められたことがあった。衛生学の専門家たちは，エイズの予防のための研究に使命感と意欲を燃やしていて，調査票を使った社会調査とほぼ同様の手法で，医療機関と連携したサンプル抽出を経て多数の調査票を配布回収した。どのような質問と形式で行えば多くの回収票が得られるか，という技術的アドヴァイスをするのが筆者の役割だった。はじめに作られた調査票では，性行為に関する非常に即物的な質問が並んでいた。医学者や生理学者は，人の身体をモノとして観察し測定し疾病の治療になにが効果的かを追求するのは「科学的」に正しいと信じているから，これに正確な回答を得ることだけが関心事である。し

かし，社会学者としてはこのような質問になんの抵抗感もなくハイハイと答える若者は，なにか別の意図があるとしか思えない。性行為はインフルエンザの感染とはちがって，単純な身体行為として説明できるものではない。仕方なくできるかぎり答えてくれそうな質問文や選択肢を工夫してみたが，「科学的」方法というものを疑うことなく人間の行為に適用して当然と考える態度に，おおきな違和感をもった。

　このことは，社会調査論として考えれば，調査者・観察者と被調査者との人間としての関係をどう考えるかという問題につながるが，方法論の問題でもある。

　これまでに日本で「社会学方法論」と銘打った書物もいくつか出ているが，たとえば今から35年前の1983年に出た布施鉄治・岩城完之・小林甫『社会学方法論──現代における生産・労働・生活分析』（御茶の水書房）をみると，その基本視角は日本資本主義の分析，つまり著者たちがいう「生産・労働・生活過程」をトータルに把握するために，綿密な社会調査を行わなければならないとある。それはいわゆる戦後アメリカから導入された，規格化された調査票を用いる数量統計的な方法とは少し違ってくるのである。布施はこう述べる。

　　　社会の構造と人々の社会的生活過程との間には，社会の構造が諸個人の全生活の社会的再生産過程を規定しつつ，しかも諸個人の社会的行為の諸結果がその社会の構造を規定しかえす，すなわち全体としての人類社会の構造を経済的社会構成体の前進的な発展として，累重的に展開せしめざるを得ないという弁証法的な関係がそこには存する，という立場に私たちはたっている。そして，その運動の基底は，せんじつめるならば，あきらかに社会的存在である諸個人の全生活の社会的再生産過程──すなわちその生のあかし──の中に求めることができる，と考えている[3]。

　1980年代初めまで，日本の社会学界には理論面ではパーソンズの構造─機能主義を摂取して近代化する日本社会の分析を行おうとする人々と，これに対抗してマルクス主義の史的唯物論に依拠して資本主義の矛盾を克服すべきだとする人々が，対抗的な布置状況を作っていた。北大に拠点を置く布施グループ

の研究は，衰退する炭鉱夕張でそこに生きる労働者市民を対象に綿密な調査を行っていた。学会などでその調査結果をみるたびに，その手間暇をかけた個別調査の中身が非常に詳細であることに感心するとともに，これは社会事象を調査票によって数量化したデータを統計分析にかけて仮説を検証する，といった手法が前提とする思想とは別の場所にたっていると感じた。社会調査，実証というときの「社会科学」自体が，基本的に別のイメージなのだ。

そして数量化し高度化した社会調査の隆盛は70年代には，すでにアメリカでは批判にさらされるようになり，「実証主義」の価値中立的客観性は現状肯定のイデオロギーであり単なる社会工学的技術に堕する危険があると指摘するいわゆるラディカル・ソシオロジーが勢いをもつ。数量化されたデータからは人間的事象の全体性を捉えられないとする立場である。そして，80年代には目標であった自然科学の先端において，もはや世界を観察や実験による素朴な「実証主義」では捉えられないとする理論が力を得てくる。「ゆらぎ」や「自己組織性」が脚光を浴びるのにともなって，社会科学においても従来の「実証主義」社会科学は時代遅れの保守主義として劣勢に立たされるかにみえた。現代哲学における言語論的展開や社会学における意味学派の台頭は，定型化した調査票をもってフィールドで標本調査をし，コンピュータで大半はさして意味のない数値を山のようにはじき出している「実証研究」への幻滅と嘲笑を勢いづかせた。

しかし，20世紀末になって気がついてみると，マルクス主義社会学もラディカル・ソシオロジーもいつしか姿を消していて，「社会調査」について書かれた本は，依然としてこんなにも確実な「実証的」データの存在を前提にして，初心者には煩雑としか思われない技法の解説に終始している。実際には，大きな予算と労力を要する数量的大量調査を自力で企画推進するのは，若い研究者には不可能なので，方法として可能な少数事例へのインタビュー聴き取り，生活史的接近，生活文書記録あるいは参与観察，そして短い会話記録からどれだけのことをひきだせるかを競うエスノメソドロジーといった方法が，いまや花盛りといってもいい状況である。

8

そこで原点に戻って「実証主義」についてもう一度考えてみる。

「実証主義」あるいは「実証科学」は，コント以来，この学問の基本的な方法論的・認識論的立場であると考えられてきた。しかし同時に「実証主義」社会学に対する懐疑と批判が，多くの哲学者や社会学者にとっての原問題として繰り返し執拗に問われてきた。これには3つの水準の問題圏を区別することができる。第1は，自然科学において典型的な達成をみた近代科学の「実証主義」的方法の妥当性をめぐる科学哲学の議論。第2は，実証科学の諸前提を認めたうえで「社会科学」とは何か，あるいは「社会科学」は可能かという議論。第3は，「社会科学」が可能だとして，そこでの「実証的」方法をめぐるより「実践的」な議論である。

繰り返しになるが，20世紀後半の社会学における「実証主義」のありようは，社会現象を数量的データに変換しこれを統計的分析にかけることで，ア・プリオリな理論またはモデルが検証または反証され，それが専門研究者の開かれた学会の場で承認されることによって累積的通常科学として制度化されるような形が目標とされてきた。とくにアメリカにおいてこれをひとまず実現したのは近代経済学であり，心理学が後を追い，少なからぬ社会学者も遅ればせながらこれを指向した。社会学における「実証主義」の実践であり武器であった社会調査は，数量統計の技法整備による1950〜60年代の隆盛期を経て，確実な知識の進歩を約束するはずであった。しかし，数多く実施された社会調査は，データの系統的累積と統一的な評価システムを築き上げたというよりは，どちらといえば方法の分裂と調査対象である人びとからの不信を生み，いまや行き詰っているといってもよい。

社会学を学びはじめたとき，ふつうは社会についてさまざまな説明を与えてくれる「理論」をまず教わる。「理論」は「現実」をうまく説明しているだろうか。われわれはその時まだ何が「現実」なのかわかっていない。やがて「現実」をつかまえるべく与えられた「方法」を手にフィールドへ向かう。そこでは「現実」は多様な相貌を示し，「方法」はその一部をすくいとるにすぎない。豊富なしかし残骸のようなデータを抱えて「理論」のもとへ戻り，整合的な説

明を求めて「実証」にとりかかる。すると，「現実」にこだわる研究者であれば自分の「理論」をこれで「実証」できるはずだと確信することができない。それは「方法」を確信できないからだ[4]。

　実証科学を目指すオーソドックスな社会学のなかで，「理論研究」と「経験的研究」はどのような形で展開するのかを形式的に考えてみる。たとえば富永健一の『社会学講義』(1995) を参照すると，富永は社会学の研究諸部門を分類して大きく「理論社会学」「領域社会学」「経験社会学」の三部門に分け，経験社会学に「社会史」と「社会政策」を加えるという提案をしている。さらに，理論社会学をミクロ理論とマクロ理論に分け，領域社会学を内包的領域社会学と外延的領域社会学に分ける。そして，経験社会学は社会調査とデータ解析(計量社会学) からなるものとした。富永の説明によれば，社会史は過去を扱う経験社会学であり，社会政策は規範的認識にかかわる経験社会学ということになる[5]。このような構想は，おそらく 20 世紀にもっとも科学的に洗練された社会科学とみなされた近代経済学を念頭に置いたものと思われる。

　ミクロ理論とマクロ理論に整然と分けられた数学を駆使する「理論経済学」，金融論，財政論，企業組織論，市場開発論などテーマ別に追求される個別領域の「分野別経済学」，そして具体的な経済の実体を統計数値で分析する「計量経済学」は，過去を扱う経済史と政府の政策に指針を提供する経済政策や社会政策を含んですでに確立した体系をなしている。富永が社会科学を称しながら観念的政治的思弁に堕したマルクス主義社会学を排して，社会科学のあるべき理想形態を新古典派総合以後の経済学をモデルとしたのは，なるほどなるべくして辿った道だとも思える。

　だが，21 世紀を迎えたころから，社会調査とデータ分析を方法とする経験社会学は，表層的な個別現象を追いかけるばかりで，社会研究の基礎にある広い視野を失いつつあるのではないか。それはもういちど方法的に「なんでもあり」に傾く。たとえば，2011 年に出た佐藤俊樹の『社会学の方法　その歴史と構造』では，こういう言い方がされている。

量的あつかいがしやすいものとしにくいもの，確率論的にあつかえるものとあつかえないもののちがいはある。量的測定や確率論的なあつかいには，一定の条件をみたす必要があるからだ。だが，それはそういう条件が経験的にあてはまりそうか，とか，そういう条件を理論的に仮定するか，といったちがいでしかない。経験的にあてはまりそうな場合には，そういう扱い方をすればよい。理論的に仮定した場合には，その過程から直接導かれる命題は，探究の結果ではなく，仮定のくり返しだと位置づければよい。質と量の間に，それ以上の本質的な差異があるわけではない。

　だから，計量分析の手法は広く学ばれるべきだし，量的にあつかえるものは量的にあつかうべきだと私は考えているが，経験的な探究課題（research question）を立ててそれを解くのが社会学のすべてかといわれれば，それはちがう。（中略）

　そもそも，経験的な探究課題に専念する人と，抽象的な一般理論や思想が好きな人との間に，私はあまりちがいを感じない。たんに，それぞれ自分が好きな問いと答えの形式があるだけだと思う。そして，私はそれが悪いとは全く考えていない。その成果が一定程度論理的で，面白くて，そして社会学の専門家以外の人の「知りたい」気持ちに答えるものであれば，それでよい。（中略）現代日本の職業達成の世代間不平等を数値の形で知ることも，「世の中」とか社会とは何なのかを抽象的な言葉の形でとらえることも，そのなかにある。一人一人の社会学者の「好き」の幅よりも，世の中の「知りたい」の幅の方が広い。

　わかりやすい例でいえば，無作為抽出の全国調査による階層の計量研究と同じレベルの検証可能性を，理論社会学に求めるのは無理だ。あるモデルを仮定すると，一見関連なさそうなデータや観察が意外な形で整合的に説明できることを示せば，十分よい検証になる場合も少なくない。あるいは，自己産出系論のもっとも基底的な部分などでは，同じ事態を複数の研究者が別々のやり方で考え詰めていって，ほぼ同じ結果にたどりつくか，試してみる。そんな思考実験を繰り返すしか，検証のしようがない。

　それでも検証になる。実際，後者は数理モデルの数値実験と同じやり方だ。そして，そういう形でも検証は欠かせない。例えば，ルーマンでもウェーバーでも誰でもいいのだが，特定の一人の社会学者の考えたことの，前提と道筋を無条件に承認するのはおかしい。それは，重要な調査データは公開され，複数の研究者によって検証される必要があるのと全く同じことだ。私はそう考えている[6]。

　佐藤がここでいう専門家以外の人の「知りたい」気持ちに社会学が答える，とはどういうことか。われわれは人間の行為の結果起きた出来事のすべてを知ることはできない。経済学者はある出来事の経済学的側面だけに注目してデータを集め，心理学者は同様に心理学の測定手段で集めたデータのみから考察を

進める。それが専門家以外の「知りたい」欲求に答えるということだ。専門家以外の人の事態の把握は，そのような限定された方法に拠っていないから，一般的な常識や個別の特殊な経験から何かを判断していることになる。どちらが正しい認識かと問うのは意味がない。専門家の方がつねに間違いが少ない，とも必ずしもいえない。でも，複雑性に満ちた人間の行為を把握するには，「社会科学」が開発したふさわしい方法があるのではないか。

　少なくとも，社会学者の用いる方法はどのような測定手段やデータなのだろうか。経済学や心理学よりも対象の幅はおそらく広いのだが，方法はどうだろうか。そこで，経験社会学がデータに基づく経験的研究というのならば，経済学や心理学が数字（数量あるいは数学）を中心的データとするのに対して，社会学は数字と同じくらいの重みで言葉をデータとして使う，といえるかもしれない。以下の各章で扱うのは，この社会学が開発してきた数字と言葉という異質の方法についての考察である。

2　本書の構成

　筆者はこの十数年，社会学の方法論という場で，「実証主義」的な数理・数量化を社会現象に適用する立場と，「理念主義」的な言語分析を手がかりとする立場の諸研究を比較するというささやかな（あるいは無謀な）試みを続けてきた。現代社会の個別領域の問題を，社会調査という形で追求することの意味は，どのような方法論的立場に立つにせよ，経験的研究には重要であることはいうまでもない。しかし，同じ社会学というディシプリンを立てながら，この両者の間には，そもそもまったく異なる学問観・社会観があって，それが個々の研究においても交流不可能なほど大きな懸隔が開くばかりであるように思ってきた。それは単に「量的調査法」と「質的調査法」のメリットとデメリットといった問題に終わるものではなく，社会というものをいかに捉えるかという，社会科学そのものの基本問題のひとつであると思う。

　本書においても，21世紀の新たな事態を捉えるための方法論上の溝は埋まらず，むしろ分離しつつある現状をなぞってしまうかもしれない。多くの重要

な新しい知見や論点を見落としているであろうと思うが，筆者の非力では明確な展望は見渡せない。しかし，それはどちらが優れているとか，どちらが王道であるとかといった問題ではなく，解かれるべき問題として存在し続けるであろう。

　以下，本書では社会学の方法を，およそふたつの異なる態度，数字と言葉のどちらに関心を置くかという点から，主要な方法論とその実例を検討しようと思う。

　第1章は，実証主義とそれが方法論的な基礎を置く数量データとそこで使われる数理的な分析の前提を検討する。数字を駆使する社会調査においては，あいまいな概念のまま通用している「量」と「質」という対置が何に由来し，どういう意味をもつのか，また，非数量的調査の求めるものは何なのかについて考える。第2章では，日本の社会学において，数量データを用いた実証的研究としてもっとも多くの蓄積があるとみられる社会階層研究に注目して，「数量化」と「数理」を社会現象の分析に適用する場合の問題を考える。第3章では，より対象を広げて統計学的な世界観と，21世紀に現実のものとなっているAIやビッグデータという目新しそうな問題領域を，言語論と社会調査の方法と絡めて考察している。

　ここまでがおもに「数字」を武器とする方法についての考察である。そして，第4章以下は「数字」を使わない，つまり「言葉」を主要な手がかりとする社会研究の方法のあれこれを，順次検討している。

　第4章では，実証主義と反実証主義の方法論的対立において，ひとつの焦点となってきた社会的行為の「主観的意味理解」という問題を，マックス・ヴェーバーの「理解」概念やジグムント・フロイトの精神分析の方法を検討しながら考える。第5章では，アルフレッド・シュッツにはじまる現象学的社会学の潮流を意識して，個人の「心のなか」を解読する，などということが果たして可能なのかという問題を，生活史やライフストーリーなどいくつかの事例で検討する。第6章では，言葉を手がかりにする社会調査法として，個人の書いた日記や手紙，手記などを用いるライフ・ドキュメント研究の場合を，実際

の「語り」の記録をどう読むかという点から検討する。第7章は，社会学のなかでも突出して語られた言葉，あるいは言葉を交わす相互行為を徹底的に分析するという方法，エスノメソドロジーについて，それが何を目指しているのかについて，エスノメソドロジストではない立場から考えている。

　最後の第8章が，いわば数字と言葉という本書の対立的主題に関するまとめに当たるわけだが，先に言っておくならば，そこで何か社会学方法論について明確な結論や筆者の新しいアイディアを提示できているわけではない。社会学の方法がいまだ混迷している以上に，筆者自身の立場も混迷したままである。そもそも，このような試みが当初から無謀な課題であるかもしれなかった。正直なところ，旧来の学問領域を超えて（文芸評論から精神分析などにまで）さまざまな立場の違う研究を，綿密に追跡する労を省いて自分勝手につまみ食いする部分もなくはない。もっと自制しようかとも思ったが，たとえ粗雑な研究に終わるとしても，筆者にはもう残された時間はない。このような形で本にするのは，読者にあまり親切ではないかもしれないし，内容のあちこちで異論や批判が続出するかもしれないが，ご指摘・ご批判をいただけるならば，それはむしろありがたいことだと思う。

　社会学の研究者，そして社会学というものに関心をもたれている読者には，現代の社会学においてその研究対象がいかに幅広いか，ということのみならず，その研究方法がいかに多様で分裂しているか，を反省的に検討してほしいというのが，本書での筆者の意図である。

注

1 ）スチュアート・ヒューズ『意識と社会—ヨーロッパ社会思想 1890-1930』生松敬三・荒川幾男訳，みすず書房，1970 年。

2 ）富永健一による造語。富永健一『現代の社会科学者　現代社会科学における実証主義と理念主義』講談社学術文庫，1993 年。

3 ）布施鉄治・岩城完之・小林甫『社会学方法論——現代における生産・労働・生活分析』御茶の水書房，1983 年，150 頁。

4 ）筆者がこの問題をとりあげる動機について触れるなら，次の2点を述べておく。

それは「現実」にふれるとはどういうことかという問題と，「科学的知」は人間を幸福にすることとは関係がないのかという問題である。どちらも簡単に答えは出ない難問である。筆者は，素朴な実証主義のなかで訓練を受けてきたが，「実証」が何か理論を確証しているのではなく，自分を揺さぶる事実の中でごくごく些細な意味しか発見できないことはよく知っている。それを，疑いようのない「真実」だなどと思う人は，調査の現実というものを知らない。

5）富永健一『社会学講義―人と社会の学』中央公論社，1995年，57-70頁。
6）佐藤俊樹『社会学の方法　その歴史と構造』ミネルヴァ書房，2011年，24-26頁。

第1章
社会調査における「量」と「質」

　フィクションでもドキュメンタリーでもないが、『ショアー』は、現場と人の声と表情、という、驚くほど節約した手段をもって、過去の再創造をやってのけた。場所をして語らしめ、声を通じて現場を甦らせ、言葉を越える表情によっていわく言い難いものを表現したことこそ、クロード・ランズマンの卓越した技術であった。

（シモーヌ・ド・ボーボワール「恐怖の記憶」[1]）

はじめに

　ある出来事が起きたということを「知ること」は、その出来事について考えることの出発点であるが、通常考えられるほど容易なことではない。それはどうやって「知ること」ができるのだろうか。また、どういう形で「知ること」ができるのだろうか。

　社会学は、社会に起こる出来事、とりわけ現在起こっている「事態」について「経験的」にこれを把握し、考える営みだとすれば、その手段としての社会調査はまずこの出来事を正確に知り捉えることができていなければならない。「事態」を把握し、考えるために必要な手続きは、もちろんひとつではない。個々の問題に対応した経験的研究の方法は、さまざまなかたちで構想され試される中で、研究者のグループや組織の間に一定の定型化された方法として定着する。それはいろいろあってもいい。しかし、社会学がひとつの名称で呼ばれ

16

るディシプリンであろうとするなら（そうある必要はないという立場もあるし，実際にもそうなっていないが），使用される方法間にさまざまな差異はあっても，少なくとも一定の共通の広い土俵を可能にするような方法的合意が成立していなければならない，と思う。

　自然科学の発展の歴史において実現したことは，「世界」を記述する方法の出発点である測定が，時間空間を超えて普遍的な数字や記号で表現されること，そのような形で記述された「世界」が数学や論理学のア・プリオリな規則にしたがって理論や法則に仕立て上げられていったことである。20世紀前半の論理実証主義では，「実証的科学」の手続き，つまり科学上の理論から導かれる仮説や命題，それを測定可能な経験的データの探索と結びつけて検証され，あるいは反証されることによって，科学者集団という公的権威が保証する確実な知識が累積していくという方法が明示された。社会科学においても，同様の過程がある程度進行した。第二次世界大戦後の先進工業国を中心とするアカデミックな科学の制度化は，経験科学のディシプリン間で，方法的合意の程度はさまざま異なるものの，共通の分析枠組と測定手段が少なくともいくつか存在し，研究と教育においてそれらが基礎的な訓練として次世代の研究者に伝授される，という体制が成立するかにみえた。

　しかし，それから半世紀が経過した現在，それはきわめて楽観的な展望であったことが明白になりつつある。少なくともいくつかの社会科学においては，同じ土俵で積み上げられた知見の累積は，学生と研究者の数を飛躍的に増やしたものの，20世紀の前半に成し遂げられていた理論的成果に，多少のデータをつけ加えたに過ぎないようなものではないのか。それは意味はあるけれどもたいした価値はないようなものではないのか。そして，日本の社会学の現状を見るとき，研究上の方法の合意などは限りなく分裂しているようで，とてもひとつの名称を冠したディシプリンであるとは思えない。「社会調査」「フィールドワーク」「経験的研究」などの意味内容は，合意されているように見えて実際は合意されておらず，実際に行われていることは千差万別であって，結果は交換不可能な形になって残されている場合が多い[2]。

第1章　社会調査における「量」と「質」　17

　少々面映ゆいのを覚悟の上で，筆者は社会学における方法論全般の再検討が必要だと考える。そのためにはまず，ささやかながら既存の方法論についてのあるかなきかの合意，つまり社会調査の常識，について検討を始めたい。

　以下本章では，ふたつの初歩的な問題を手がかりとしてとりあげる。第1は，「調査票」に関するものである。社会学における標準化された社会調査は，一定の質問文を並べて印刷した調査票を用い，調査対象者から回答を得て大部分を数値として変換しデータとして利用するものである。調査票そのものがもつ問題と，調査票を用いた調査の現在における実際的な困難について検討する。第2は，「量」的方法と「質」的方法に関するものである。社会調査においてしばしば二分法的にタイプ分けされる用語として「量」的方法と「質」的方法，あるいは「定量」的方法と「定性」的方法という言い方があるが，これは意味があるのか，そして「質」的調査として目指されているものはいったい何なのか，を検討する。

　その前におよその前提と見通しを述べておくことにしよう。

1　社会現象の研究法についての常識と疑問

　近代科学の特性は，宗教的・伝統的・道徳的価値前提から段階的に離脱する過程で，経験論的にせよ合理論的にせよ，認識主体から独立した「外部の自然」あるいは「世界」を想定し，それを「客観性」をもって認識できるという信念を固めてきたことと，そして科学がもたらす知識は技術として応用されて「外部の自然」や「世界」を合目的的に，ということは操作する人間の意志にしたがって作り変えることが可能だ，という確信を強めてきたことにある。近代科学が19世紀から20世紀にかけて飛躍的に発展し，社会的にも大きな承認と制度化を遂げたことはいまさら言うまでもないであろう。もちろん近代科学批判も，近代科学が始まると同時にさまざまな形態で展開され，今日まで客観性批判や人間中心主義批判や技術万能批判は枚挙にいとまがない。今ここで近代科学をめぐる哲学的議論をおさらいする余裕はないので，方法論という点で後の議論に必要な点だけを，科学哲学的な視点で確認しておこう。

18

　科学的認識にはいくつかの位相がある。自然科学をモデルに考えると，第1は「客観世界」から特定の対象を選び出し，そこに認識可能な事物を「発見」する。何が発見されるか，どうやって発見したか，それはまだ偶発的で個別的なものであり，科学者集団のなかに知識として堆積される中で吟味されることが必要である。この段階で科学者集団が行うことの中心は「命名」である。承認された述語による「命名」によって発見された事物は，自然言語による世界の中から「概念」として切り取られる。その際，統一した測定の基準と方法が開発される必要がある。天体を観察して星々の位置を確認し，新星を発見するのは既知の大方の星について命名されており，その位置関係がある程度知られているから可能になる。植物の新しい種類の発見は，半ば偶然になされるとしても，その情報は既知の植物の情報をたくさんもっている人あるいは集団に伝えられたとき，初めて新種として名づけられ認定される。

　第2は，こうして発見され命名された事物についてひとつの体系を想定しつつ「記述と分類」を行うことである。それは同時に行われることもあるし，一気に体系化されることもあるし，時間をかけて付加され修正されることもある。似たものをまとめ，同時に差異を分別する。いずれにせよ，そこでの経験的知識はある名をつけられるだけでなく，いくつかの基準となる指標を測定されて体系の中である位置を与えられる。それは発見者の意志を超えているし，研究目的にとって妥当であるかも疑問はあるが，科学という広い場所で専門家集団の共有財産として利用されるには不可欠な過程である。体系的分類は複数存在することは望ましくないから，すべての情報はひとつにまとめられる。天上に観測されるすべての星は，位置と等級と軌道を記録され分類される。新種の植物は，植物の分類体系の中に新しい部屋を与えられて公開される。

　第3は，その記述された知識の集積，ひとつの体系のもとでそれらの相互関係や変動などを理論化する「命題による説明」に進む。なかでも一定の事物や現象がなぜそうなっているのか，を説明するには因果的な説明が要請される。この位相ではとくに，あくまで経験的観測の結果から理論が引き出されるのか，そうではなく，ア・プリオリな論理，あるいは概念による思考そのものが

第1章　社会調査における「量」と「質」　19

説明に不可欠なのか，という経験的帰納論理をめぐる議論がある。またそもそも経験とはなにかという厳密な議論もある。しかし，経験論的な立場に立つ人は，論理整合的な説明は何通りも可能であり，その説明が論理的に整合的であるということと，それが経験的観測データと一致するかということとはもちろん別のものであること，説明が妥当であるかどうかを決めるのはそれを構成する命題が観測データと一致するかどうかということだ，と強調する。たとえばホワイトヘッドはニュートンの「万有引力の法則」を引き合いに出してこう述べる。

　確かに，「実証主義」の説は，科学の方法論に関するひとつの基本的な真理を含んでいます。たとえば，科学的一般化のすべての最大のものたるニュートンの「万有引力の法則」を考えてもらいましょう。この法則とは，「2つの質点は，それらの質量の積に正比例し，距離の二乗に反比例する力で互いに引合う」というものです。しかるに「力」の考えは，どちらの質点にせよ，その加速度に1つの成分が加わるという考えに関係します。この「力」の考えはまた，これら質点の質量の考えにも関係するものです。さらにまた，質量の考えは，さきの陳述の中に明示して言及されてもいます。したがって，質点相互の空間的関係とその個々の質量とが，この「法則」に必要とされることになります。この程度のところまでは，この「法則」は，当該質点に仮定されている性格の1つの表現になっています。しかし，この「法則」の形式，すなわち，質量の積や距離の二乗の反比例はひとえに，観察された事実の記述を基礎としているものです。ニュートンの『プリンキピア』の大部分は，こうした記述が彼の示そうとする論点に十分かなうものであることを証明するような数学的研究に向けられているのであって，それは，多くの細目を1つの原理の下に集めているものなのです。ニュートン自身が，まさにこの点を力説しているのです。彼は思索をめぐらしていたのではありませんでした。彼は説明していたのではなかったのです。私達の宇宙論がどんなものであれ，惑星の運動や石の落下は，とにかく直接に測定されたかぎりにおいては，ニュートンの「法則」に従うのです。ニュートンは，観察された事実の，観察された相関関係を表現する公式を言明しているわけです。
　露ほども疑うことなく，科学の全体が，以上のような手続きをみずからの根拠としています。「観察された事実の，観察された相関関係を言明せよ」——これが科学的方法の第1の規則です。次のようなこと，つまり，「観察には観察を重ねよ，最後に因果的連鎖の規則正しさを発見するまで」というのが偉大なベーコンの説です（ホワイトヘッド『観念の冒険』1933，邦訳1980，505-506頁）。

いうまでもなく，ニュートン物理学は時空を通じて貫通する法則と考えられていたのを，アインシュタインの相対性原理は時間や空間の一定条件下の法則でしかないといってみせる。それは必ずしも観察された事実だけから発見されたわけではない。つまり観察データから理論が導き出される，とはいえない[3]。こうしたことは，科学の歴史の中ではしばしば見られるが，特殊相対性理論は経験的観察データを裏切ることなく新たな説明体系を構築したことになるとすれば，少なくとも 20 世紀半ばの自然科学については，「実証的」科学の原則を方法的に堅持することで，かろうじて「知の共同体」を成立させ得た，といってもいい。「パラダイム革命」は少なくとも数百年単位の出来事である。ただいくつかの自然科学の先端は，もはや経験や観察という言葉が想定していた次元をはるかに超えてしまったので，旧い科学の枠組でそれを見た時には，あたかも科学がまったく姿を変えてしまったかに見える。しかし，『科学の終焉』[4]などというのは悪い冗談でしかない。

　問題は社会科学，なかんずく社会学である。経済学や心理学では，経験科学的方法それ自体への懐疑は提起されなかったわけではないが，データが生み出される具体的な方法論の次元で決定的な批判は力をもたなかったように思う。なぜかといえば，経済学の経験的データは統計によって得られることで限定され，心理学のデータは実験室や臨床によって得られることで限定されているからである。資料に依存する歴史学も，対象とデータの範囲は限定されている。したがってそこで採られる方法はある範囲で合意されやすい。これらに対して，現代の社会学はこうした限定が対象に関しても方法に関しても，ほとんど限定されていない。およそ社会的なるものに関係していれば，なにをどのような方法で研究してもそれは基本的に自由である。だが，学問はほんらい自由である，としても少なくとも方法のないところに研究などありえない。経験的データに無関心な世界の考察は単なる思弁であって，社会学を名乗らない方が望ましい。考えてみれば，はじめからこうであったわけではない。

　日本では 1950 年代に普及した標準的な社会学の教育カリキュラムは，社会学は哲学ではなく経験科学であり社会科学であると表明していた。そのひとつ

第1章　社会調査における「量」と「質」　21

の徴表が方法論としての社会調査であった。社会現象の研究を使命とする社会学における社会調査は、「実証的」科学の論理にしたがって客観性と価値中立性を基本とした「社会認識の方法」でなければならない、とされた。もっともその結果得られたデータは、アカデミックな知の共同体に奉げられて真理に接近する一助となると考えるか、歴史的社会変革のための主体形成に資するべきだと考えるかで意見は分かれてはいたが、そこでの社会調査とは、調査票を用いた不特定多数へのアンケートか、戦前からの農村調査などに典型的な社会踏査系列のエスノグラフィックな観察が主なものと考えられていた。

　しかしその後の流れは、アメリカで発展した統計学的な手法を応用した数量的な社会調査が急速に普及し、逆に調査票を配るのではなく、ひとつのフィールドに長期間滞在して人々や出来事を観察する農村調査などを行う研究者は、次第に少なくなっていった。標本調査という手法が知られるようになると、大量の人間集団について、たとえば1つの都市の全住民とか、ある国民全体とか、について信頼できる経験的データが得られる、という魅力が社会学者を捉えたといってもよい。しかも標本調査は、対象の性別や年齢といった属性要因だけでなく、その人々がなにを考えているか、という意識まで集合的な数値として捉えることができる。社会学が拡大する大学教育の中で、人材と資金を増やしていくのと並行して、調査票を用い多数の標本を対象とする社会調査が隆盛となった。

　大型コンピュータが利用可能になった70年代には、大量の社会調査データの集計が一般化し、さらにパソコンによる統計ソフトの利用が普及した80年代後半には、膨大な数値データを個人が短時間で自由に分析することが可能になった。しかし、それは同時に膨大に生み出される調査データの利用と保存について、満足な管理システムがないこと[5]、民間の商業的なアンケート調査を含め、調査公害ともいうべきアフターケアのない調査を繰り返した結果が招いた一般市民の調査への拒否や忌避、プライヴァシーの防御という壁、統計的数量分析技法の精緻化によって結果分析があまりにも専門的になり、一部の人間にしか解らない難解なものになってしまったこと、などの問題点が現れてき

た。そして，若い世代の研究者に調査離れともいうべき傾向が広がった。社会調査はもはや社会学研究の王道である，などと言いにくくなった。注意すべきは，そこでもっぱら批判されていたのは，調査票を用いる大量調査であったことである。

　欧米では，1970年代から，日本では1980年代からこのような社会調査の盛行への疑問から，異なった社会学方法論が提起され，実際に試みられるようになってくる。たとえば，データ源泉としての私的な日記，記録，手紙あるいは写真，映像など文字以外の資料の内容分析，フィールドワーク法としての個人生活史の聴き取りや参与観察，日常場面の微細な局面に焦点を置くエスノメソドロジーの会話分析などが，大量調査に対する新しい方法として注目されるようになる。これらの多くは，社会学の歴史の中では以前から試みられていたもので，最近急に発明されたものではないが，経験的なデータを用いる現代社会の分析にとって改めて有効性を発揮するものと期待されて，若い研究者を惹きつけているとみられる。

　こうした大量調査批判とそれとは異なった方法論への注目は，より実際的な背景を考えることもできる。社会学の調査データは，標本調査の場合，母集団が大きくサンプル数も信頼性を確保するには十分に多くとるため，確かなデータを得ようとすればかなりの費用と労力を必要とする。自然科学とは比較にならないが，個人で大きな調査をするのは恵まれた条件がないとできないし，若い研究者の場合，自分の研究テーマとは多少異なっていても共同研究の調査プロジェクトに入れてもらわない限り，実践的な調査経験は積めない。フィールドワークの大半は，実務的な半熟練作業であるから，徒弟制度的な枠がなくなってしまえば，データがほしいだけの研究者であれば何でこんな事をしなければならないのかと疑問をもつであろうし，時間の無駄と感じるかもしれない。面倒な面接調査はやめて郵送調査にしてしまうとか，予算をもっととって専門の調査機関に委託すればよいと考えるだろう。あるいは官庁がちゃんと統計を取ってくれるデータを利用してパソコンを操作していればいい数理経済学者がうらやましくなるだろう。研究材料やデータを集めるのは研究者の中心的

な役割ではなく，それを分析し思索することが自分の仕事なのだと[6]。

　そんなことも考えない文献と頭脳だけで社会学をやっている人びとはさておき，経験的データやフィールドというものが気になる社会学者であれば，あまりお金も要らず手の届く範囲で具体的な経験的データが得られる方法があれば，これを使わない手はないと考えて当然である。そして，そういう現実的な理由の他に，もしかしたら数量や数学への抵抗というものがあるかもしれない。つまり人間の行為や意識を数字として表現すること，あるいは数学のように抽象的な記号や数字でものを考えるのは，結局対象としてのその人間のもつ多様な特殊性を捨象する，つまり研究者にとって知りたい豊かな情報の大半を手の指からすくい漏らして，無味乾燥な数字だけを残骸のように残すことでしかない，という考えである。

　いつの頃からか，社会調査の教科書の中に，「量的な調査」と「質的な調査」という表現が登場した。「量的」「質的」というのはもちろん日本だけの用語ではない。筆者が知る限り，アメリカでもイギリスでもフランスでもドイツでも，比較的標準的に普及した社会学や社会調査のテキストには，量的データ quantitative data と質的データ qualitative data という用語と説明が載っている。しかし，これはあとで述べるように統計的分析にのせるときのデータの性格のことを言っている場合がほとんどであって，日本のような調査法そのものの違いを指しているのではない。これに対して，簡単に言ってしまえば日本の「量的な調査」というのは，多数の調査票を配り，数字とコンピュータを使って分析をする調査のことであり，「質的な調査」というのは調査票も数字もコンピュータも基本的には使わない，たとえば対象者とじっくり会って会話し，相手の表情や態度や暮らしぶりから何かを読み取るといったものをイメージするのである。なぜこういう表現になったか。おそらくある種の社会学者たちは，いわゆる「量的な調査」だけでは物足りないものを感じたからである。いわば「質的な調査」にこそ方法として期待をかけたのである。

　この点を含め「量」と「質」について検討してみたいが，その前に予備的な考察として「量的な調査」の柱である調査票について考えておきたい。

2 調査票について

　社会調査における調査票とは，強迫的なまでに「主観的」要素を排除することで成り立つ。それは価値中立的で科学的であるために要請される社会調査の実際的用具であり手段であるからだ。

　実験室における観察の場合は別として，現に日常生活を生きている生身の人間を対象にして経験的データを生み出そうとするのは，体温計を肉体にはさむよう依頼するのに似たある意味では不自然な行為であるが，当人の合意さえ得られれば実行できる。回答を要求される対象者は，当然多様な変異をもっている。しかし彼らに向けられた質問はまったく同一の刺激でなければならない。回答によって与えられるデータから観察者の「主観的」要素を極力排除して，すなわち観察者が誰であっても結果としてのデータが変容しない同一の調査票の使用こそが客観性を保証する，というわけだ。

　社会調査において用いられる「調査票」という考えに対する第1の反問は，この同一刺激という前提である。質問がまったく同じ刺激であるからこそ回答の分布が意味をもつ。質問文は回答者によって正しく内容を理解される必要がある。それには当然文として平明でわかりやすく作るという技術的な配慮がなされなければならない。しかし，考えてみればまったく同じ条件同じ刺激などということが社会調査の場合可能であろうか。実験室での観察は，他の条件をすべてコントロールして，限られた指標のみを理想状態で測定する。ところが個別面接調査と集合調査と留置き調査ではそれぞれ回答するときの条件が異なる。そしていずれも回答に影響を与える不確定な要素を完全にはコントロールできない。たとえば，回答を記入する場に誰か他の人がいたり，会話を聞いていたりすることで回答が変容する可能性が高い。留置き調査や郵送調査では，対象者本人でない者が記入したとしてもチェックできない。

　しかし，いくつかの比較研究などで示されているように，面接調査でやっても留置き調査でやっても実は結果にたいした相違は出ないのかもしれない。だとすればそれは回答場面のコントロールという問題より，そうした条件が大き

く結果を左右するような可能性のある質問は，そもそも調査票に盛り込めないということであるだろう。回答者に著しく不愉快や不利益を感じさせるような質問は，それがあるだけで調査自体を拒否されるような結果を招くおそれがあるから，調査票という形式から排除される。また面接調査の質問者は，理論上は個性をもたない黒子であることが望ましいとされるから，質問の間中機械のように振る舞うべきであろうか。実際の調査場面では，質問者としての調査員の個性が大変重要であるということはしばしば痛感する。たとえば回答者と同じ地方の言葉を話すとか，親しみを持たれやすい容姿であるとかといったことが，調査の円滑な進行や回収をかなり左右する。調査票は同一でもそれをもって訪問する人間は同一でない以上，回答者が受け取る刺激は同一とはいえない。

　このように完全にコントロールされた同一刺激としての調査票，というものはありえないが，しかし多数の回答者に同じ質問をするということの意義は，そのことによって失われるものではない。十分なサンプル数をとった標本調査が一番威力を発揮するのは，まさにこの当人すら意識しえない全体の傾向がある程度出てしまうということにある。

　「調査票」という考えに対する第2の反問は，用意された選択肢という問題である。選択肢は質問が始まる前にあらかじめ作られて調査票の中に用意されている。われわれが回答者の立場で調査票を見るとき，用意された選択肢の中にぴったりくるものがない，ちょっと違うんだが……と感じる経験はよくある。しかし，あえてそれにこだわって「その他」としてくわしく記入する労を普通は省く。この用意された選択肢という問題は，より一般化していえば，調査票を作る側つまり研究者の側が，回答者が答えるであろう回答の幅をすべて予測してある，あるいは回答に適用される基準を質問と同時に提示していることになる。面接調査のような他記式と留置き調査のような自記式ではこれも条件が異なるが，選択肢が予想していない回答が出てきたときにとる解決法は，その他として拾い上げるか，既存の選択肢の中で相対的に近いものにつけてしまうかである。そして，選択肢が予想していない回答とは，多くの場合調査票

がその質問で前提している尺度や規定の内部におさまる極限値ではなく，尺度や規定をずらした次元の異なるものである。それは欠損値や無回答として処理される可能性が高い。

　選択肢を用意する積極的な意義は，回答の整序であり集計の効率である。この効率によって回答の多様性や微妙な差異は捨象されるが，調査の時間と労力を節約し多数の回答を得ることができる。社会調査のデータの多くが数量データではなくカテゴリー分類に基づく質的データであることを考えれば，選択肢こそが言語的情報を数値的な情報に置き換える変圧器である。それは調査する側によってあらかじめ用意されているという点で不備を抱えてしまうが，良い選択肢は回答の思考をも整序する。

　「調査票」という考えに対する第3の反問は，人はこのような状況の下に行われる質問にほんとうのことを回答するものだろうかという疑問である。誰でも初対面の人間に本音は言わない，ということは一般的に正しいであろう。自分が答えたくないことを聞かれたと感じる人，あるいは調査そのものに不信感を持っているような人であれば，あえて虚偽の回答をする可能性は常にある。そして通常の社会調査は，調査票の上の論理チェック以外にそうした意図的な虚偽や不誠実な回答を見破るすべをもたず，回収した有効回答票に虚偽はないという楽観的な信念のもとに集計分析している。この種の意図的な虚偽回答は，でたらめにつけていない場合は統計的な信頼性や妥当性のチェックもすりぬけてしまう。しかし，だからといって調査データが信用できない，と決めつけるのは早計である。

　それは実際によく考えられた社会調査では，虚偽回答を多く誘発するような質問は避けられるであろうし，また調査自体に非協力的な人は必ずいるが，そういう人は調査票にわざわざ虚偽を記入する前に，調査自体を拒否するであろうからである。

　このように調査票は，多数の無作為に選ばれた対象者に対して，可能なかぎり同一の刺激を与える努力をして，効率よくできるだけ多くの回答票を回収しようとする目的で作成される。そうした形式で得られたデータや結果が，基本

的に信用できないという見解は，調査票が持つ当然の限界を見誤って，その調査に過剰な「深さ」を期待している無い物ねだりなのである。ただ，それが一定の有効性をもつからといって，よくできた調査票を用いればほとんどの問題について数量化可能な調査ができる，などということはない。ここでみてきたように，聞いても答えてもらいにくい質問ははじめから入れないのが普通であり，選択肢にない回答は潜伏してしまう。だとすれば，社会学が対象とする問題群のうち，調査票を用いる社会調査がとりあげることの可能なものは限られている。それは標準正規分布が想定する世界に似て，平凡で平均的な多数派に照準した比較的わかりやすくシンプルな質問であり，それは十分に多数のサンプルを得たとき確かに意味があるのである。

　しかし，「量的」方法と「質的」方法にはそれぞれ一長一短があり，必要に応じて使い分ければいいのだ，と言って安心している場合ではない。「量的」方法が可能な調査の条件が失われてきているし，「質的」方法が何であるかは実はよくわからないからである。

3　「量的」方法と「質的」方法について

　既に触れたように社会調査法の説明において「量的」調査と「質的」調査という用語がしばしば使われている。「量的」データと「質的」データという言い方も使われる。そもそも測定における量や質とはそんなに明確に区別されるものなのだろうか。一見自然科学における測定は「量的」なものが中心であるように思われているが，果たしてそうなのだろうか。ここでは，やや長くなるが大森荘蔵の議論を追ってみることにする。

　　質又は量であるという時，一体質であり量であるとはどういうことを意味しているのか，という事は可成り漠然曖昧としたものである。然し，事物とか事件とかが量であったり質であったりするものでない事は明らかである。机や人間，又は机が組み立てられたり人間が死んだりすることは量でも質でもない。又長さ，或いは重さが量であるという時，我々の意味しているのは，長さとか重さとかいう事物があって，それらが量であるというのではないだろう。そうではなく，或

るものが何尺あるとか何キロあるとかいう規定が量的規定であるというのである。質であったり量であったりするものは，事物や事件ではなく，事物や事件の性質である。言語の側からいえば主語的なものではなく述語的なものが，質や量であり得るものである。この事をはっきりさせる為，以後量とか質とかいう代りに量的規定，質的規定という事にする。然しこういってみた所で之等の概念につきまとう曖昧さは少しも減らない。（中略）

　我々が或規定が量的であるという時，その必要条件の１つとしてその規定が数量的に表現されているか又は表現し得るという事を要求しているとみて差支えないと思う（大森荘蔵，1956，136頁）。

　事物や事件のある状態，それを表現するのに数量的な規定を用いる事がひとつの必要条件であるような場合を「量的」，そうでない場合を「質的」ということにしておこう，というのが大森の立場である。事物や事件（あるいは人物）という主語的なものが，どういった状態にあるのかをどこに焦点を当てて表現するかによって，それが「量的」規定をとるか「質的」規定をとるかが述語的なものとして選ばれる。それが数量的に表現できるなら量的規定を用いればよい。そして質的規定を用いる方がより適切であればそうすればよいが，それはある程度互換的であって概念としてはあいまいなものである。しかし，量的規定は一義的な尺度で測られるとすれば，そこからは質的規定が排除されるのではないか，という疑問がありうる。

　まず，量的規定を与える時，質的規定が必ず捨象されると言われるが果たしてそうであろうか。

　果物籠の中の果物を数える時，我々は数えられるものが梨であっても林檎であっても等しく１つと数え，梨又は林檎という質を無視する。又温度や重さを計る時，計られるものが何であるかは一応無視される。この事は確かにそうであり，これを捨象というのならば確かに捨象が行われている。然しこのような意味での捨象は量的規定，または測定の時に限るだろうか。我々は林檎の味がよいとか悪いとかいう時には，その林檎の重さや色や電導度を無視しているのではないだろうか。林檎を林檎として規定する時，その温度，又は温みは無視されているのではなかろうか。もしこのように，ある１つの個物のもっている無数の質的量的規定の中から１つの規定又は一部の規定のみを考察・観察の焦点に持ち来す時，残りの諸

規定が捨象されると言うのであれば，この特質は何も量的規定に限らない。又更に量的規定が捨象するとき何か物の本質が失われ，血の通わぬ数字にされるという感じがあるというのであれば，之は根拠があるとは思えない（大森，1956，141-142頁）。

　要するに量的規定が質的規定を捨象するのではなく，主語である事物・事件（そして人物）などがさまざまな規定をとったときの状態（特性）を表現するのに，量的であれ質的であれあるひとつの規定を採用することは，同時に他の特性に言及しないことになる。それは単に言及していないだけであって捨象しているのではない。ある人の年収は金額として表せば量的規定である。それだけで人間を分類すれば，他の諸特徴を捨象したことにはなるが，逆にその人を一定の性格類型だけで分類するならば，それも他の諸特徴を捨象している。すべての規定は部分的でしかない，ということは自明のことである。その規定が量的であるか質的であるかの問題ではなく，単一のあるいは少数の規定で人間や事物の特殊性を表現できると考えるのがおかしいのである。

　　結局，量的規定のみがその前提として捨象を必要とするということは正しくないし，又量的規定が物の特殊性や個性を無視するという事もできない。むしろ反対に量的規定は対象の特殊性なり個性なりを，質的規定よりもより特殊的，より個性的に表現し得る場合が多い。機械の構造，国家経済，企業組織の状態，電磁場の状況等を充分特殊的に表現するのに，量的規定を積重ねていくことを拒んではほとんど何も出来ないであろう。自然科学や経済学の発展に量的規定が果たしている役割のことを考えればこの事は恐らく自明のことである。量的規定によってより正確な状態，より微細な区別，より広範な連関を表現できるのである（大森，同書，142-143頁）。

　現在では自然科学や経済学の限界や批判は珍しくないので，量的規定が優れているといえばそれなりに反論はあるだろう。しかし，かつて質的規定によって表現していたものを量的規定に置き換えたりする技法はいっそう可能になっている。たとえば色はある時期まで質的規定によって捉えられていたが，カラーモニターの画面の中では量的規定として変換され表現されている。色相，

彩度，明度を数値化して組み合わせることで微細な色の変化を操作することができる。社会学の取り扱う対象はもちろん，単純な要素に分解できるようなものは少ない。しかし可能な限りそれを量的規定によって表現することができれば，調査票という分析的な装置にとっては望ましいといえる[7]。

このように質的特殊性と考えられるものも，操作を工夫することによってかなりの程度量的指標に置換することが可能であり，実際に現代の統計的技法は質的データを十分に扱うことができると主張している。多変量解析はほんらい連続的変量同士を複合して取り扱うために発展したものだが，質的データも数量化できる限りはそこに取り込み，数量化理論のように質的データの分析は可能になっている。ただし，そこで「質的データ」と呼ばれているものは，連続的変量ではなく分類カテゴリーとしてとられたデータのことである。これには測定の尺度における名義的レベルあるいは順序的レベルが対応するわけであり，たとえば性別などは男女の二項分類であるから，「質的データ」以外ではありえない。「男らしさ，女らしさ」は，程度を示す変量として男女双方を対象に測定する方法を作ることはできるであろうが，その人が男であるか女であるかは質の違いとしてどちらかに分類する他ないからである。

既にみてきたように，ある研究対象を経験的に把握するという目的にとって，それが量的規定によって把握されようが質的規定によって把握されようが，どちらかでなければいけないというものではない。それは何を測定しようとするのか，何が測定できるのか，によって決まってくる。もちろんその場合に，測定する側の問題と，測定される側の問題がある。測定する側の問題とは，対象を精密に把握するためにどんな方法を採用するかということであり，測定される側の問題はそのような測定にどこまで反応し答えるかということである。量的規定によって把握されるものがすべてではなく，質的規定によってしか把握されないものがあるとすれば，当然両者の方法を適宜併用していくことが望ましい。しかし，数量的な調査に批判的な立場から対象の「質的把握」が重要だと言われるときの「質」とは，おそらくこのような統計的な意味の「質的データ」ではないであろう。「質的」研究が重要だという主張は，何を言お

うとしているのだろうか。

　たとえば，高齢者の認知症を研究対象としてあるフィールドでエスノグラフィー的調査を行っている研究者は，次のようなことを述べている。

　　このような，「呆けゆく」人びとの主観的体験を汲み取るという作業は，（1）被験者である「呆けゆく」人の能力に限界があると想定されていたり，（2）「呆けゆく」人には「呆け」ている自覚（病識）がないと考えられていたり，（3）本人や近親者による「呆け」の否認があること，（4）「呆けゆくこと」を「語らない」「語れない」状況にあること，（5）被験者である「呆けゆく」人を動揺させ精神的な混乱に陥らせるような人権的／倫理的な問題が生じやすいことなどから，困難なこととされている。この困難の中，〈わたし〉は何故に，「『呆けゆく』人自身から『呆けゆくこと』体験を汲み取る」という，無い物ねだり無謀ともいえる作業に拘泥しているのか。それは，ひとえに〈わたし〉のフィールド体験に根ざしているように思う。冷徹な観察者として老人ケアの現状を描こうともくろんだ〈わたし〉が，フィールドに入って直面した問題は，施設でのケアに対する〈わたし〉の怒り，疑問，異和感／抵抗感と，「呆けゆく」人に対する〈わたし〉のボランティアとしての援助における曖昧さや無力感であった。その曖昧さや無力感に向かい合うべく，調査営為／フィールドワークの方向性を変えていった。それはまた，〈わたし〉が主体的／意図的に変えたというよりむしろ，フィールドからの影響も大いに含まれている。

　　さらに，〈わたし〉がフィールドで体験したことの記録は，調査対象それ自体を沈着冷静に事細かく観察し，状況を丹念に記述する，などという従来のエスノグラフィーからは，性質的にもほど遠いものである。むしろ，〈わたし〉自身が行った所業，フィールドで感じた驚きや興奮，異和感，嫌悪感や感動をそのまま記述しているに過ぎない。それはすなわち，「調査の道具」としての〈わたし〉の身体（ボディ）に湧き起ってくるフィール（感触）を「素朴実感主義」的に表出しているといった，「身体感触表出行為」なのである。

　　しかしながら，こうした表出行為は，得てして自己中心的・自己顕示的・ナルシスティックな記述になりがちである（出口泰靖，1998，469頁）。

　「呆けゆく人」つまり認知症が進行する高齢者を対象に，自記式の調査票を配っても意味はない。しかし，認知症の程度を測定するテストは面接による調査票のかたちでも可能であるし，現に治療の現場で使われている。「呆けゆく人」を対象として社会調査が取り組もうとする問題はおそらく，医療が主とし

て問題にする脳などの身体的・精神的疾患と同じではないから，エスノグラフィーも有力な接近法であろう。しかし，ここで述べられているような「素朴実感主義的」な「身体感触表出行為」としてフィールド調査の記録を公表するという態度は，調査票を用いた社会調査が前提としていた経験科学としての合意とは，まったく異なった地点から方法論を主張していると考えるほかない[8]。

　それはおそらく，哲学的にいえば，近代の理性的認識論に対する批判としてたびたび主張されてきた「直観」，単純な知覚を基礎とする経験や，記号や言語を媒介に分析的に何かを認識するのではなく，直接対象の全貌と本質を一挙に把握する能力としての「直観」を，客観性や価値中立性といった諸前提を取り去った上で，きわめてナイーブに，つまり自己の身体が感知するフィール（感触）として主張しているのである。それは当人にもある程度自覚されているように，ナルシスティックな態度であり，果たしてこれが間主観的な認識行為であるのかさえ疑わしいと思える。しかし，社会調査の方法論という点で重要だと思われるのは，他者と直接向き合う時間の中で調査者がそういう身体の感触でしか，もはやリアルな認識ができない，と思っているらしいことだ。これは決してこの論者に限らない。彼らは調査票を送りつけて記入されたことをいじくって何かが解ると思っている調査や，通り一遍の「浅い」調査の結果など信用できない，と思っている点で共通している。

　もうひとつ例をあげてみよう。これはある被差別部落の人びとを対象に聞き取りをしている研究者の文章である。

　　聞き取りの「経験」を，人々のまえに呈示するとき，どのようなやり方があるだろうか。まず思いつくのは，聞き取りのデータの開示である。そのデータは，基本的には，いつ，どこで，だれが，だれに，どのような状況で聞いたかという情報と，そのときに聞き取ったテープ起こし記録からなっている。これが普通，私たちが基礎資料とする報告書のスタイルである。そしてつぎに，それをもとにして，テーマ別の「作品」づくりがおこなわれる。たとえば「行商」「祭り」「食」といったように…。

第 1 章　社会調査における「量」と「質」　33

　しかし，このように説明するだけでは，ある種の重要な「経験」がまったくつたわらない。重要な「経験」とは，相手の話を聞いている最中に，ある瞬間，不意におとずれる驚き，衝撃，違和感のことであり，また，その聞き取りをおえたのち，早ければすぐ後，遅い時には何年もたった頃に，突如おとずれるある一定の気づきのことである。

　さらに，聞き取りの中で，研究者が保持している理論枠組み自体が揺さぶりをかけられることもある。たとえば，あるむらで「おこない」という祭祀にかんする，つぎのような説明を聞いていたときのことである。

　「夜中の1時にお鏡をつきますとね。そと，それをお宮さんにまでもってかんならん。お宮さんへいく道中には，各辻々に全部張り番，青年会であろうとあるまいと，一般の人たちも，手伝いの人もみな出てきて，張り番すんですよ。この張り番するとはどういうことかというと，この通る道には四つ足を通してはならんと。だから，犬ですね，それが通らないようにずうっと張り番。ほと，そこへこのお餅もった行列がお宮さんに…。これは，昔も今も変わらないですね。絶対，犬にはじゃまさせない」

　これを聞いて，私はなにものかに頭をガツンとやられたような気がした（三浦耕吉郎，1998，470頁）。

　この「頭をガツンとやられたような」感覚はまさに身体的なものと感じられている。しかし，彼がそう感じたのは明らかに研究者として抱いていた一定の予見と理論的枠組みを突然裏切る事態を経験したと思ったからである。このこと自体は調査が対象との相互行為として行われる限り，しばしば起こることである。平坦で膨大な聞き取り記録だけでは「ある種の重大な経験」がつたわらない。ここでは直観的認識というようなことは主張されていないが，この「ガツン」のような重大な経験をもたらさない調査は，対象の本質をリアルに表現できず表面的な認識に終わってしまうと考えられている。

　このような調査現場での身体感覚的な認識の重視こそが，「量的」調査に対する「質的」調査の優位を主張する大きな動機になっていると考えられる。しかし，筆者からみれば身体感覚に響いてこなければ有為な経験ではない，といった主張であればそれは社会調査の矮小化でしかないと思う。調査活動を通じて「重大な経験」をすることは貴重であり結構なことであるが，それを自己反省という以上に一般化して語るならば「思いこみの一般化」という危険に踏

み込むおそれがある。それは他者に出会っていながらどこまでも自己に経験を回収してしまう。

この問題は，他者理解とくに「人の痛みを理解できるか」という原問題において考えてみる必要があると考えるが，この点は第4章以下で検討する。

おわりに

現代社会学はほとんど方法的に分裂している。いちおう「実証的」経験科学の合意ができる部分では，より確実な真理への累積的努力が尽くされてはいる。しかし，それは現実と思想の両者から挟撃されている。社会学研究のオーソドックスな方法論として教えられてきた「量的」な社会調査も，いまや大量面接調査など不可能な現実の前に方向転換を余儀なくされつつある。そして思想的には，「実証的」経験科学という前提が一部の社会学者にとって，あまり魅力のない，むしろつまらないものに映ってきつつあるのかもしれない。実はそれは今に始まったことではないが，依然として社会学の抱える思想的な課題である。「実証的」経験科学に自信がもてない社会学者は常にいるが，結局彼らは頭が悪いか素朴すぎるのだ，といわんばかりの以下のような文章は，筆者には書けない。書けないが，フィールドワークで他者に出会いながら素朴実感主義に回帰してしまう調査者をみると，思い当たる節はあるのである。

　　実証主義科学は経験の世界であり，経験は感性に依存しているが，デカルト的懐疑にかかると感性的経験に依存する一切のことは必然的（apodiktsch）な明証性を要求し得ない低い次元の世界であると宣告されるのである。経験的研究に没頭してきて哲学的論議には「素朴」な実証主義科学者の何人か——もちろんそのすべてではないけれども，実証科学の中に身をおいていながら，フッサールの言っていることが気になる程度にまで実証主義に自信をもてずにいる人たちというものは常に存在している——はそう言われるとにわかに心細くなって，では明証的で確実な世界に入るためにはどのようにすればよいのだろうかとフッサールの著作にうかがいを立てる。彼らはフッサールの『イデーンI』に彼らの問いに対する重々しく哲学的な解答を見出す。そこにはいわく，汝が今までとってきたその自然的態度を「括弧に入れる」——比喩の巧みなフッサールはおなじことを「ス

イッチを切る」「停止させる」などといろいろに表現し，またギリシャ語を使って「エポケー」ともいう——のだ，そうすれば汝がいままで知らなかった「純粋意識」という本質の世界が汝の前に開かれるであろう，汝はただその扉をくぐればよい，と（富永健一，1984，371頁）。

　本章の冒頭に掲げたボーヴォワールの文章は，ホロコーストの証言を集めた映画『ショアー』の記録の序文として書かれたものである。ユダヤ人などの大量抹殺という歴史的事件は，記録も記憶も抹殺されようとした出来事である。クロード・ランズマンは生き残った人びとを中心に長時間のインタビューを映画にした。これをひとつの社会調査と見るのはもちろん正確ではない。それは少なくとも文章や数字で表現された記録ではないし，かといってフィクションとしての芸術表現ともいえない。もちろん「実証的」経験科学であるか，などと問うことにさして意味はないだろう。しかし，本章で考察してきたことからすれば，『ショアー』を見るものは出来事自体の異常さを，登場人物たちが回顧する語りの中に身体的に感じ取ることができる。しかしそれだけではない，我々に十分な用意があれば複合的な認識を汲み取ることもできる。ボーヴォワールの言葉は，それを「曰く言い難いもの」といってしまうことで「質的」あいまいさを持ち込んでいる，ともいえるだろう。しかし，従来の社会調査が「量的」にせよ「質的」にせよ，文字や数字に多くを依存してきたことを思えば，場所と声と表情が表現するものを経験としてどうとらえるか，は考えるべき課題となる。

注

1） シモーヌ・ド・ボーヴォワール「恐怖の記憶」（SHOAH by Claude Lanzmann, Editions Fayard, 1985. クロード・ランズマン『ショアー』高橋武智訳，作品社，1995年，序文，15頁）

2） 調査データの公開と相互利用という問題は，この意味でも重要である。アメリカ合衆国と西ヨーロッパ諸国では多少事情が異なるが，社会調査データを一定の手続きを踏めば作成者以外が利用できるようなシステムは既に整備されつつある。調査に資金を出した財団などがそれを義務づけている場合の多いアメリ

カでは，調査データは必ず登録され公開されることを前提にしている。インターネットはこれを促進し加速する。公開されるという事は利用可能な形式のデータになっているという事であるから，方法的に標準化されたデータ形式である必要が出てくる。

3）観察や実験データから説明の理論が導かれるとする「教科書的」記述の問題点については，村上陽一郎の次の指摘を参照。「一方にブラッドリーの星の光行差現象の発見によって，光エーテル系に対する地球の相対速度を肯定するかのごとき材料があり，しかもその上で，マイケルソン＝モーリーの実験によるその否定的結果が得られたために，このような論理的に両立しえないかのように見える2つのデータ間の矛盾を解決することをめざして，つまり，そうした相矛盾するデータから導かれて，アインシュタインは特殊相対性理論を着想した，という」教科書的記述は，村上によれば結果として成功したアインシュタインから遡っていく「遡及主義の欠陥」を示している（村上陽一郎『科学史の逆遠近法』中央公論社，1982年，講談社学術文庫版，1995年，40-41頁）。

4）Horgan, John, *The end of science*, 1996.『科学の終焉』竹内薫訳，徳間書店，1997年。これはたくさんの著名な科学者や科学哲学者にインタヴューしたジャーナリステイックな本であるが，それらが述べていることは『科学の終焉』ではなく，科学者でない人びとが科学に抱いているイメージや期待が見当違いな幻想にすぎないということを意味している。

5）データの保管・公開を行なうデータ・アーカイヴについてはアメリカでは既に，早くは1957年設立のRPORC（The Roper Public Opinion Research Center）の世論調査アーカイヴがあり，他にも多くの分野領域別のデータ・アーカイヴがある。ヨーロッパでは，欧州12カ国加盟のCESSDA（Council of European Social Science Data）がアムステルダムに1976年に設立されている。日本ではようやく1998年に東京大学社会科学研究所に付属の日本社会研究情報センターSSJ（Social Science Japan Data Archive）が設立された。このSSJの定義によれば，データ・アーカイヴとは，「統計調査，社会調査の調査個票を収集・管理し，その散逸を防ぐとともに，学術目的での二次的な利用のために提供する機関」である。また，社会学分野での社会調査データについては，近年SORDプロジェクト（Social and Opinion Research Database Project 代表，札幌学院大学，新國美千代）が全国のデータ情報の収集と公開を進めている。ただし，これは情報だけで個票の保管は行っていない（社会・意識調査データベース作成プロジェクト『日本の社会・意識調査』（1）1994年，（2）1995年，（3）1997年，札幌学院大学社会情報学部）。

6）実際問題として，社会学者がみな自前の社会調査をやっている必要はないし，十分な訓練や経験をもたない人による未熟な調査はそれこそ調査公害を助長するだろう。むしろこれからは信頼のおける専門調査機関が，十分な予算と準備

第1章　社会調査における「量」と「質」　37

の下に大規模で有効な調査を行い，その結果をデータそのものとコード表・調査票とセットで公開し，研究者が自由に利用できるようにしていくことが可能になるし，望ましいと思う。これは学生の教育という面でも，おおいに有効である。しかし，私はそうした分業が進むことが効果的である反面，研究者を堕落させる可能性があると考えている。それは「自分の業界をもつ官僚は腐敗しやすい」ということとの対比で言えば「自分のフィールドをもたない社会学者は呆けやすい」とでもいうしかない。

7）ただし，このような量的規定の重視と数量化分析への志向は，現実の調査行為の中で大きな困難にぶつかっている。原純輔は 1982 年の時点で既にこう述べている。「社会調査がこれまで追求してきた方向の 1 つは，量的指標（量的変数）を作成するために，なるべく細かいデータを収集しようとすることであった。しかし近年の社会調査をめぐる状況は，それを困難にしてきていることを指摘しておかねばならない。」（原純輔「質的データの解析法」青井和夫監修，直井優編『社会調査の基礎』サイエンス社，1983 年，263 頁）

8）「呆け」「呆けゆく人」という表現は，現在では「認知症」への否定的表現として使わなくなっているが，ここでは 98 年当時の引用文の原文通り表記する。

第2章
社会階層研究の「数量化」と「数理」について

　ユークリッド空間で非ユークリッド空間では不可能な現象があって，それを実験して直接的に非ユークリッド幾何学を否定することができるだろうか。そんなことはありえないことで，まじめにとり上げるにも値しないと思う。幾何学が生まれるには実験がかなりの役割を果たしているが，このことから幾何学が部分的にでも実験科学であると結論するのは誤りである。かりに実験科学であるとすれば，近似的，暫定的なもののはずであり，近似といってもごく粗末なものであろう。この場合幾何学は，固定の運動を研究するものとなるが，ほんとうの幾何学は，外界の固体を相手にせず，その対象は，ある理想的な絶対不変の固体であり，非常に単純化され，現実の固体から相当へだたったものである。この理想固体の理念は全く心的なもので，実験は，この理念に達する機会となるだけである。……

　実験はこの選択の参考になるが，選択を強制するものではない。実験でどちらが正しい幾何学かは分からず，どちらの方が便利かということが分かるだけである。

（アンリ・ポアンカレ『科学と仮説』河野伊三郎訳，岩波文庫）

　理念の世界が，経験から論理的に導かれるのではなく，人間の心の創造であるとしても，着物の形が人体の形と無縁でないのと同様に，理念の世界が経験と無縁であるとはとても言えないであろう。

（アルベルト・アインシュタイン『相対論の意味』矢野健太郎訳，岩波書店）

第2章　社会階層研究の「数量化」と「数理」について　39

はじめに

はじめにひとつのエピソード的なところから始めたい。

いまやもう古い話になってしまうが，1970年代なかばに東京大学出版会から福武直監修で全18巻の『社会学講座』が刊行された。それ以前もそれ以後も，社会学の多様な諸分野をカヴァーする『社会学』シリーズがいくつか刊行されているが，この連辞符的タイトルを並べた『社会学講座』は，日本の戦後社会学の成果を広く世に知らしめた画期的仕事であった。そのときの社会学は，第二次世界大戦後の先進工業国を中心に，急速に新しい社会科学系学問として大学教育に登場し，学生を集めはじめていた。『社会学講座』はこの大きく育ち始めた戦後世代の第一線の社会学者を網羅する形で刊行されていた。

これより15年ほど前に刊行された『講座社会学』シリーズ（福武直・日高六郎・高橋徹編，1957-58）は，戦前にドイツやフランスの社会学を学んだ少数の社会学者とその学生が，新しく流れ込んだアメリカ社会学の理論や方法に接して，驚きと憧れを感じてこれを吸収しつつある時期のシリーズであり，戦後の日本社会学の出発点ともいえるものだった。しかしそこでは，戦前の西欧社会学の社会哲学的な伝統と，日本の現状分析と，新しいアメリカ社会学の方法とがまだうまく接合せず，とくに東西冷戦を背景にイデオロギー対立を意識したマルクス主義の影響が強く働いていた。

1970年代になって，社会学が独立した社会科学の一領域として認知され，アメリカ社会学の最新動向にも精通する若い世代が日本の社会学会を担うようになっても，しばらくは「社会の封建制を止揚し，敗戦で混乱状態におちいっていた日本社会を民主的な社会に脱皮させたい，という秘められた願い」[1]を社会学に托していた『講座社会学』の枠組みは大筋で引き継がれていた。しかし，1950年代の『講座社会学』にはなかった巻が1970年代の『社会学講座』にはいくつか入っていた。

『家族社会学』（森岡清美編），『農村社会学』（蓮見音彦編），『都市社会学』（倉沢進編）などの聞きなれた連辞符社会学に加えて，なぜか最初に『理論社会学』

（青井和夫編）と『社会学理論』（浜島朗編）が並び，さらに『社会意識論』（見田宗介編）と『現代社会論』（辻村明編）が並ぶ。当初「理論社会学Ⅰ」「理論社会学Ⅱ」として予告されながら「理論社会学」と「社会学理論」というタイトルになった詳しいいきさつは知らないが，読んでみると両者は基本的なスタンスが異なり，単に現代社会学の諸理論を分担して紹介解説するようなものではないことがわかる。とくに『社会学理論』の諸論文にはマルクス主義を意識して共同体の再編と解体，分業と社会体制，疎外論などのテーマが並ぶのに対し，「理論社会学」の方はパーソンズの構造―機能主義，社会システム論の解説・論評になっているのは明らかに対照的である。

　それはともかく，ここである意味ユニークなのは聞きなれない『経済社会学』（富永健一編）と『数理社会学』（安田三郎編）である。経済社会学というネーミングは，編者の富永がヴェーバーとパーソンズを意識して経済現象の社会学という構想を立てたものと思われるが，経済学に対して経済社会学がどういう位置を占めるのか，社会システム論の中に経済現象をどのような形で対象とするのか，という出発点の理論考察が延々と述べられている。たいへんに野心的な試みなのだが，日本における経済社会学の研究者と蓄積はまだ乏しいので，経済システムの理論部分は社会理論に理解のある経済学者である村上泰亮と公文俊平に任せている。経済社会学がこの後，日本社会の経済現象を十分に分析し多くの研究者を輩出するに至ったかどうかは，その分野の専門家の判断に委ねるが，筆者の狭い範囲で知る限り画期的な業績を生み出したとは聞いていない。

　ここまでは余談に属する。

　筆者が本章で論じたいのは，社会学における数量化，あるいは社会現象の研究における数理的方法の可能性という問題を，日本の戦後社会学という場で考えてみる，ということにある。その出発点に，安田三郎という一種の天才的社会学者がいる。

1 日本の社会学における「数理社会学」の提唱

1973年1月に東京大学出版会から刊行された『社会学講座』第17巻『数理社会学』の序論冒頭で，編者である安田三郎は，まず「数学への憧れ」を語る。

　　西暦紀元300年ごろのアレキサンドリアにおいて活躍したEukleidesは，数千年のオリエントおよびギリシアの数学を総合して『幾何学原論』を著した。以後，数学はそのギリシア的均整のとれた美しさにおいて，また他の諸科学への応用の広さにおいて，諸学の王として君臨し今日に至っている[2]

安田三郎（1925~1990）は，1951年東京大学文学部社会学科を卒業，翌年に福武直と2人で戦後社会調査のバイブルとなったランドバーグの『社会調査』を翻訳刊行し，日本における数量的社会調査の紹介者・実践者として先頭を走った。73年当時は東京教育大学文学部助教授と東京大学文学部助教授を兼任し，大著『社会移動の研究』（東京大学出版会，1971）を上梓したばかりの40代半ば，学者研究者として脂の乗り切った時期であった[3]。安田は先の引用部分に続けて社会学と数学の関係について触れている。

　　したがって，はるかに歴史を降った19世紀にようやく独立した新興の社会学においても，数学に対する接近のあこがれは，意識的であれ無意識的であれ，素直な形にせよ裏返しの形にせよ，A. Comte以来，数多くの一流の社会学者の間にみうけられる。統計学者としての業績もあるF. Tönniesや，数理経済学の紹介者でもあった高田保馬が，社会学への数学の導入に魅力を感じなかったと想像することは到底不可能である。生の哲学者G. Simmelや経済史家M. Weberにおいてすら，その〈社会の幾何学〉とか〈行為のチャンス〉とかの概念に，数学への抜きがたいあこがれを，われわれは感じとることができよう。その後の社会学の歴史は，数学を本格的にとり入れることに，しだいに成功していった。そして今日，社会学への数学のかかわり合いを，三種類の形でもっている。すなわち，（1）社会調査法，（2）社会統計学，（3）数理社会学である。この三種類は，歴史的にはこの順序で成立している[4]。

ここでの安田の説明によれば，社会調査法は社会学と数学の出会いによって

始まったが，あくまでもデータ蒐集と簡単な分析の技術しか意味せず，クロス集計分析などは小学校水準の算数だけが用いられる初歩的技術であって，社会学との距離はまだ大きい。次の社会統計学は，サンプリング理論や統計的検定を含む「社会学のための統計学」を意味するが，社会調査法から区別した社会統計学を立てるのは，回帰分析や相関分析，それ以上の高度な解析法としての多変量解析を使うかどうかにある。当時の日本の社会学者の数学的数量分析への理解の水準を考えれば，安田の自負と苛立ちは大きなものがあった。

　安田の構想の中では，社会統計学まではまだ数理社会学ではない。では，数理社会学とは，社会調査法や社会統計学と本質的にどこが違うのだろうか。安田の説明を聞こう。

　　社会調査法や社会統計学が，元来形式科学（方法科学）であって実質科学でないのに，数理社会学は実質科学としての社会学の一部である。この点はいくら強調しても，強調しすぎることはないだろう。しかし，社会調査法や社会統計学を使った実証的社会学が数理社会学であるわけでもない。数理社会学とは，"数学的モデルを設定することによって社会学的諸現象を説明しようとする研究"をいう。一言にしていえば，それは〈数学的理論社会学〉である。したがって実質的な社会学の一部である。ところで，数理社会学が社会学の実質的な一部であるとするならば，まず社会学の全体系がどのようなものなのか再検討し，その中での数理社会学の位置を説明する必要があろう[5]。

　「数学的理論社会学」つまり社会学が研究対象とする社会現象の諸問題を，「数学的モデル」を使って説明する，ということは，単に個々の社会現象を数量データとして測定し，そこから帰納的に何らかの理論を導き出したり，いくつかの仮説の妥当性を検証したりする「実証的社会学」ではなく，数学的モデル設定によって最終的に社会学理論そのものを作り出すようなものだということである。その後45年という時間が経過した現在から，この安田の気負いたった言明を読むと，ある種の感慨・感銘を感じざるを得ない。数理社会学は，この宣言を受けて日本の社会学の中にささやかな歩みをはじめ，その後1985年に「数理社会学会」が設立され機関紙『理論と方法』Sociological Theory and

第2章　社会階層研究の「数量化」と「数理」について　43

Methods が発行されて今日に至っているが，安田の夢は実現したのだろうか。

　社会学講座第17巻『数理社会学』が各論で扱っているのは，情報の流れにおける数理モデルとしてポアソン分布を適用したモデルで小集団のソシオメトリーを分析した第2章「情報伝播の数理モデル」（吉川栄一），態度や意見の変容を観測データに基づいて推論・分析する数学的モデルを論じた第3章「態度変容の数理モデル」（鈴木達三），社会移動プロセスに適用する二時点間の推移確率行列に注目した有限マルコフ連鎖モデルを測定データで分析した第4章「マルコフ連鎖と社会移動」（原純輔），二人零和（ゼロサム・ゲーム）やジレンマ・ゲームなど，ゲーム理論の社会学への適用を解説している第5章「社会行動とゲームの理論」（太田英昭），行動科学的集合行動の工学的説明である第6章「群衆行動と群集心理」（戸川喜久二），社会心理学で開発されたソシオメトリーを連鎖行列や優越行列といったマトリックスで分析する第7章「集団構造の数理分析」（池田央），大都市を複雑なシステムとしてモデル化し，仮想都市のコンピュータによるシミュレーションを行う第8章「都市化社会のシステム分析」（安田八十五）の7つの論文である。

　どれも当時の社会学会には，きわめて目新しく，パソコン普及以前で大型コンピュータで統計解析を行う技能をもっている社会学者はまだごく少数であったから，この『数理社会学』の数式を含む内容を読みこなした社会学者がどの程度いたのか，おそらく数式など無縁の旧来の社会学書に馴染んだ旧世代の研究者や学生にはショックと同時に拒否感もあっただろうと思う。しかし，読んでみると『数理社会学』の7つの論文は，方法的に多少とも数学を使うという以外に相互にほとんど結びつきがなく，それぞれ独立して固有の対象，固有の技法を使って分析を行っている。そのことは，編者の安田もよくわかっていて，最後の第9章「数理社会学の展開と基本文献」で，こう述べる。

　　数理社会学は社会学の中での一つのまとまった体系的部分をなすわけではない。したがって数理社会学の展開をふりかえってみるとき，それが一つ，ないし少数の，明白な系譜的展開を見せていなくても，それは理の当然といってよい。ある

44

のは，本巻の第2章から第8章までに示したような，各領域ごとに別々の，相互に無関係な展開でしかない。そして，各領域ごとの展開は，本巻の各章においてそれぞれの執筆者に書いていただいたから，ここでそれを繰り返す必要はない[6]。

やや苦しい弁明である。

隣接領域といっても行動科学や社会心理学プロパーの研究者に関心があるのは，もともと数量化可能な観察や実験データを使った数学モデルとその分析結果の方にあり，社会学者が従来使ってきた数量化を念頭に置いていない概念や理論に数学モデルを適用するには，まず測定可能な指標や尺度を作るところから始めなければならない。安田はそれを1950年から1965年までの間に自ら先導して行った社会階層と移動をテーマとした一連の調査によって実現し，さらにそれを駆使して『社会移動の研究』を書いて，日本における数理社会学の実例を示そうとした[7]。それが実に画期的な仕事であったことは論を俟たないし，その成果のひとつである社会移動における開放性係数というアイディアは国際的評価を得ていることもいまさら言うまでもない。

しかし，数理社会学のその後は前途洋々と発展したのだろうか。1973年の『数理社会学』で提示された研究のうち，社会学の中で組織的に展開されたのは原純輔の書いた第4章の社会移動研究の領域だけといってもいいだろう。確かにそれは社会学の伝統的なテーマであった社会全体の不平等構造を，階級という質的カテゴリー視点から階層という数量的技法に転換させることに成功し，単なる統計分析を超えたナショナルレベルの数量データによって共通の議論を可能にする土俵設定を創設した。この意味で社会移動分析を含む社会階層論が日本の社会学において，実質的に日本社会を対象とした数量データによる実証主義的研究の代表領域となったといっても過言ではないであろう。しかし，社会階層研究は「計量社会学」ではあっても「数理社会学」なのだろうか？

そこで，次に社会階層研究とSSM調査について振り返ってみよう。

2　社会階層研究とSSM調査における「数量化」

社会学における社会階層研究の基本的枠組と手法は，よく知られているよう

第2章　社会階層研究の「数量化」と「数理」について　45

にアメリカで 1960 年代にまずブラウとダンカンによって開発されたものである[8]。彼らは人びとのもつさまざまな社会的属性のうち，おもに職業経歴および地位に注目してそれを序列化した指標を工夫し，個人を単位とした社会調査によって数量化したデータをとることによって，階層の構造と移動の趨勢分析を可能にした。「階層」stratification という概念は，「階級」Class のように，分類基準となる基本的要素で大きく人びとをくくり，社会の中のいくつかの異質な集群を階級と呼んで，その階級間の対抗・闘争過程を分析するのではなく，職業，所得水準，学歴，など複数の個人がもつ社会的諸属性，さらに性別や年齢，人種といった生得的な要素と，威信，権力，宗教，文化資本などまでの獲得的要素を加味して，数多くの指標を組み合わせて作る操作的連続的な概念であると考えられる。

　階級が，日常的な用語として人びとに認識されている場合は，言語的モードがある種の現実となっているともいえようが，それを実際に社会調査で測定しようとするとむしろ困難である。もともと階級という言葉がなかった日本で考えれば，戦後のある時期まで「あなたは自分が資本家階級，労働者階級あるいは中間階級のどこに属すると思いますか」という質問が実際行われたけれども，これに明確に答えられる人は少なかったであろう。階級の基準を理解するには一定の知識が必要だったからだ[9]。

　一方，社会階層はいろいろな要素に分解して個人の属性を聞く形で，それを後で組み合わせるものであり，さらに個人データを総合して上下に配分するためには，所得・資産・教育などの量と合わせて，職業や権力を序列化した尺度に数量化して把握する必要がある。ブラウとダンカンに始まる社会階層研究の一番の武器は，「職業威信スコア」の考案である。人の職業には貴賤はないけれども，職業同士を比べた時に威信の上下は経験的に存在するから，社会調査で数量化データとして測定することができる。これが突破口になる。

　先の安田三郎はいち早くこれを吸収し，日本において社会階層と移動の経験的データを集めるためにまさに先駆的な仕事をした。『社会移動の研究』冒頭の「本書執筆の意図」で，安田は第1に戦後日本社会学研究のひとつの典型・

道標を提出すること[10]，次に社会移動論によって後続の研究者に跳躍台を提供したかったとして以下のように述べている。

　戦後，日本の社会学は，日本の社会そのものがかつての部落共同体的社会から市民社会への脱皮にともなって，集団社会学から個人社会学への移行が行われつつあると筆者は考える。戦前盛んだった家族社会学や農村社会学のウェイトが戦後相対的に低くなったのは，その現れである。この方向において，独立した主体者である個人が大社会の中におかれている態様とその変動が，社会学の中心的研究課題とならなければならない。社会移動論は，まさにそのような課題に真正面からとり組む研究分野である。しかるに，戦後の日本社会学は，応用分野に身を売って，〇〇社会学といった社会学の周辺部分のみがいたずらに股肱を競っている。われわれは後に続くものあるを信じて，彼らのために将来の跳躍台を準備してやらねばならない[11]。

　確かに『社会移動の研究』は，あるべき社会学研究の王道の実物見本を，内容と方法とにおいて天下に示したといってもよい。しかし，1971年時点で，社会階層という問題領域は，社会全体の不平等構造を扱うという点で半ば必然的に，マルクス主義的階級理論との理論的・方法的対立・論争を乗り越える必要があり，1960年代から80年代はじめまでは欧米でも日本でも，「階級vs階層」あるいは「階級闘争理論vs機能主義的均衡理論」などという対立図式のもとに，社会学内部で盛んに議論が戦わされる情況が続いていた[12]。
　そもそも社会階層研究が「社会的不平等の実証研究」であるのかどうかも議論のあるところだが，今日から見て，あれやこれやの大きな社会理論の立場の相違ではなく，議論の共通の土俵を数量データとして蓄積し，しかも同じ手法で時間間隔を置いたパネルデータをとることで変化の趨勢分析を可能にしたことの意義は誰も否定できないだろう。なによりもそれは安田三郎が大きな期待と自負をもって提起した「数理社会学」につながる大きな可能性を秘めていた。その出発点は戦後10年目という早い時期である1955年に，まだ草創期にあった日本社会学会の総力をあげた調査として行われた「社会階層と移動調査」いわゆる第1回SSM調査であった。

第2章　社会階層研究の「数量化」と「数理」について　47

これがその後 10 年おきに継続して行われる全国標本調査に発展し，その調査データがやがて一括して公開されたことで，社会階層研究は多くの研究者の参加を集め，日本の社会学における大きな領域を形成した。その広がりは地位達成分析など狭い意味の階層研究だけでなく，教育社会学，社会意識研究，社会的ネットワーク研究などに波及していった。しかし，私見によれば日本の社会階層研究の中心は，（1）職業経歴データを尺度化した職業威信スコアによる地位達成分析などの社会移動研究，（2）ナショナルレベルの階層構造の分布と変化を跡付ける趨勢分析，（3）移動を動機づける教育アスピレーションや階層帰属意識を扱う社会意識論の3つになるのではないかと考える。女性の標本を 1975 年 SSM までとっていなかったことによる問題や，データの制約としての年収や資産の捕捉の信頼性と学歴に重点を置いた分析の問題は重要であるものの，全体社会の中で個々人がどの位置にいるのか，そして長い時間の間に（空間移動の問題もあるが）そこをどう移動するのかという，社会階層と社会移動研究の基本視点のスタンスは変わらない。

『社会移動の研究』における安田三郎の構想の中にも，この三者が含まれていたが[13]，数学モデルを駆使して数量データ分析する上で，もっともふさわしいのはマルコフ連鎖モデルからパス解析，対数線形モデルと分析手法が高度化していった（1）の地位達成分析に代表される社会移動の計量分析であり，これに比して（2）の階層構造分析はせいぜい階層分類の基準と構成要素間の比率の問題であり，（3）の階層帰属意識や中流意識論は，データを解釈する複数の要素同士の影響や関連を分析するに過ぎないとみることもできる。

公開された SSM 調査データは，時系列的数量データ・セットであることで，いかなる立場，いかなる思想的背景であるかにかかわらずそれを一定の明示された手続きで分析することが可能であり，実際そのように使われて膨大な論文が生産されることになった[14]。今ここでそれら個々の業績に網羅的に触れる余裕はとてもないので，ここは先へ進む。

問題は，社会階層研究が日本の社会学において社会の実相を説明する唯一の「数理社会学」の達成なのか，あるいは社会階層研究が日本社会の実証的「社

会科学的」分析として有効な達成をもたらしたか，という点にある。これはなかなか難しい問いであるが，『数理社会学』刊行から 45 年という時間が経ち，膨大な論文が蓄積された現在，それなりに評価を要求されることではあろう。10 年おきに行われ，それぞれの時点で集計分析された SSM 調査の報告書は，その時点で学術レベルを超えた社会的問題への社会学の発言としても，それなりに影響を与えていた[15]。

しかし，近年ジャーナリズムを賑わせた若年層の不安定雇用・失業や「格差論争」言説群などは，まさに社会階層研究の中心テーマのひとつであるにもかかわらず，社会階層研究からは注目される見解は出ていないという橋本健二の「なぜ社会学は『格差社会論』をリードできなかったか」[16] の問いは，社会階層研究の限界に再び「階級」概念をもちこむことで克服する必要があると主張する。その是非はともかく，これまでの社会階層研究，とくに社会移動を量的に測定し分析する「地位達成分析」の多くの研究は，そもそもの提唱者であり先達であった安田のいう，数学を駆使した理論社会学としての「数理社会学」になったのか，それともあくまで現象を捉える方法として，時空を特定した一定の観測値として記録し分析材料を提供する社会調査活動によって成り立つ「計量社会学」にとどまっているのか，という点だけ考えてみたい。

だが，そのためにはもう一度，数学を社会現象に適用する場合の，理論的な可能性と問題を確認する必要がある。

3　数学の効用と「確率統計的方法」の可能性と限界

偶然と必然をめぐる考察で，竹内啓は以下のようなことを述べている[17]。近代科学は「原則的に検証可能な科学的法則によって説明される事象だけが必然的である」と主張するが，このこと自体は科学的に証明できることがらではない。そしてニュートン力学的宇宙観によれば「すべての事象は数学的に表現できるような力学的法則に従い，したがって必然的である。この宇宙に偶然なるものは本来存在しない」と考える。もし偶然的と見える事象があれば，人間の知識が不十分なためであるとラプラスは考えた。これに対して，20 世紀の量

子物理学は，ニュートン力学的決定論を否定して，すべての事象は確率的にしか予測できないとした。しかし，現代物理学は，素粒子のミクロレベルから宇宙全体のマクロレベルまで，そして宇宙発生の時点から無限の未来まで，すべての現象が数学的に表現される少数の基本法則によって記述され説明されるということを固く信じている。

　確率は，偶然生起するとみられる現象について，その出現の可能性の大きさを数量的に表現したものであり，数学の確率論はニュートン力学の体系化とほぼ並行して，フェルマー，パスカル，ベルヌーイらによって展開され，ラプラスが完成したといわれるが，それには賭博ゲームの謎解きが背後の動機となっている。確率論におけるもっとも重要な定理は，大数の法則と中心極限定理である。大数法則は，一般には直感的に「多くの偶然現象が積み重なれば，偶然的な影響は互いに打ち消しあって一定の明確な傾向が現れる」と解釈され，中心極限定理は「多くの偶然的な変動の分布は，正規分布に近似している」とされるので，人間の集合的・大量的な行動に適用すれば統計や社会調査に応用できる。

　今日，社会統計学や社会調査の技法として普通に教えられている統計的推測の基礎に，この大数法則と中心極限定理があることは言うまでもない。偶然に影響される観測事実の中からなんらかの法則性を発見しようとする帰納論理から導かれる確率論は，大数法則の多数の事例を集めれば集めるほど得られる結論の信頼性が高くなるという見通しと，中心極限定理から算出される誤差の範囲を特定することで確からしさを判定するという武器により，あらゆるデータ分析に使われる統計的検定や無作為標本抽出という技法に発展した。

　18 世紀に数学者によって発見された大数の法則は，統計学者ケトレー（1796-1874）によって社会の基本法則とみなされた。人間社会の統計データが集められるようになった 19 世紀は，多数の人びとからなる社会は全体として一定の法則の下にあり，それは統計で知ることができるという信念が強くなる。たとえば，犯罪などの事件は個々別々に偶然的に発生した現象のようにみえても，その発生率は一定であり，犯罪者になる確率が計算できて，多数の人が集まっ

ていれば起こる犯罪の数はほぼ一定に予測できる，ということになる。さらに
ケトレーは，多数の人間の身長などを測ってその分布が正規分布になることを
示した上で，個人の特性は身体だけでなく知能や倫理性までもみな正規分布に
なっていると指摘した。社会の特性は平均値に等しく，社会を「平均人」が代
表するとみなした。

　これが過剰な思い込みであることは今日明らかで，多数を十分に測定するこ
とができる方法（とくに観測対象の選び方），という問題と測定値が正規分布に
なるという現象は限られているので，それを一気に大数法則に結びつけて説明
はできない[18]。ただこのような考え方は社会学にも浸透して，デュルケーム学
派などは統計データから社会的法則を導こうとしたことは知られているし，20
世紀の社会調査の隆盛にもつながっている。

　このような「大数の法則の時代」であった19世紀は，自然科学ではニュー
トン力学的な機械論が優勢であったが，自然科学と数学の結びつきをみると，
それが機械論的決定論に適合しやすい物理学，それも力学と電磁気学や化学，
さらに生物学とは異なり，確率論的統計学は生命現象の方に応用された。生物
学に統計的方法を適用したF. ゴールトン（1822-1911）は，親と子の身体を調
べて，一般に親の身長が平均より高ければ子の身長も高く，親の身長が低けれ
ば子も低い傾向があることから，その関係の強さを表す尺度として相関係数を
定義し，計量生物学を創始した。現在「回帰」regression という統計用語が使
われるが，このもとはゴールトンの研究，つまり親の身長が平均よりたとえば
10 cm 高いとすると，子の身長も平均より高いものの，平均的に見れば親と同
じ 10 cm ではなく 6 cm しか高くないという発見により，親が平均より高く離
れていても子は平均のほうへ戻る傾向があり，これを「進歩」progress の反
対語，もとに戻るから「回帰」と呼んだのである（しかし，現在多変量解析で回
帰分析などとして使われる回帰には戻るという意味は失われている）。

　社会現象への数学の適用は，まず19世紀の統計学から始まっていると考え
られるが，そもそも古代ギリシャ以来，世界の秩序を法則的に説明しようとい
う動機から数学も自然科学も始まっているのだとすれば，研究対象が何であれ

数学は使えるはずであるし，実際ニュートンもガウスも，偉大な数学者であるとともに自然科学者として垣根を越えた大きな仕事をしている。しかし，数学と自然科学的知の関係を問うたモーリス・クラインによれば，20世紀の科学は高度化し，数学も高度化した結果，専門家たちはもはや数学が普遍的で絶対的な知識の体系とは考えられていないし，数学と物理的実在との間にどんな対応があるかについて何も定説がない情況にあるという。

> （経験的世界と切れてしまった：筆者注）数学が，実用性も大きいユークリッド幾何学，観測によく合ったケプラーの惑星理論，ガリレオ，ニュートン，ラグランジュ，ラプラスの包括的な力学，物理的に説明できないが広い適用性を持つマクスウェルの電磁気理論，高度の数学を用いるアインシュタインの相対論，原子現象を説明する量子論など，多くの有効な理論を提供し，特に，相対論，量子論をはじめとして最近の物理学では，その目的で考えられたのではないいわゆる純粋数学の理論まで有効に適用されているのは不思議というほかない[19]。

これを20世紀の社会科学の場合に言い換えれば，数学一般ではなく少なくとも確率論による統計に関する数学は，社会現象の観測とデータ分析において不思議にも活用されたといってもいい。でもそれは観測技術と分析法における数学の利用，つまり「計量社会学」であって，数学がそのまま世界の説明であるような「理論社会学」であるとはいえないだろう。このことを考えてみるために，寄り道してひとつの典型例をみてみたい。

たとえばニュートンの「プリンキピア」の場合，探求は「すべての物が大きさと数と重さで秩序付けられている」様子を正確にとらえる定量的原理に立っている。有名な万有引力の発見と説明において，月と地球の中心間の距離は地球の半径のほぼ60倍であるから，地球が月に及ぼす力は，地表に近いものに及ぼす力の$1/(60)^2$で，月は地球の方へ毎秒$16 \times 1/(60)^2 = 0.0044$フィートだけ引かれるはずであると考えたニュートンは，三角法による数値計算の結果，これが実際の値に「かなり近い」ことを確かめる。こうしてニュートンは，宇宙のすべての物体が同一の法則に従って相互に引き合うということの，重要な証拠のひとつを得る。さらに研究した結果ニュートンは，2物体間の引力が公

52

式,

$$F = \frac{KMm}{r^2} \qquad (1)$$

で表されると結論した。ここで, F は引力, M と m は二物体の質量, r は両者の距離, K はどの物体に対しても同じ定数である。たとえば, M が地球の質量, m が地表に近い物体の質量, r を地球の中心からその物体までの距離とすれば, (1) は重力の法則にほかならない。ニュートンは, 地上と天上の運動についての全結果を整理して, 現在ニュートンの運動の法則 (はじめの2つはデカルトとガリレオによってすでに述べられているが) と呼ばれる3つの法則を数式化する。さらに万有引力の法則をある程度確かめた後, ニュートンはこれが地上に近い物体の運動に適用できることを示す。地球の質量を M, 地表に近い物体の質量を m とし, 公式 (1) を書き直した,

$$F = \frac{kM}{r^2} \, m \qquad \text{の両辺を m で割れば,}$$

$$\frac{F}{m} = \frac{kM}{r^2} \qquad (2)$$

となるが, ここで r は約 6,400km でほぼ一定であり, M も k も一定であるから, (2) の右辺は, 物体によらない一定の値をとる。ところが運動の第2法則により, 重力による力 F が質量 m の物体に与える加速度 a は $F=ma$ を書き直して,

$$\frac{F}{m} = a \qquad (3) \quad \text{で表され, (2) と (3) の左辺は同じであるから,}$$

右辺を等しいと置いて,

$$a = \frac{kM}{r^2} \qquad \text{を得るのである。}$$

この結果は, 地球の重力による力が物体に与える加速度は常に一定であることを示している。したがってどの物体も同じ加速度をもって落下する。これはガリレオがすでに実験から導き, ここから同じ高さから落とされた物はすべて

第2章　社会階層研究の「数量化」と「数理」について　53

同じ時間で地面に達することを示した結果となる。これは教科書的によく知られている物理学上の大発見であり，ニュートン力学の金字塔だが，観測データから帰納的に結果を導いたのではなく，ニュートンは先験的な思考実験としての数学によって結論に到達した。ただしガリレオのヒントとデータがあってできたことになる。ここで行われていることは，思考の操作と証明としては数学，それも単純な関係式による考察であるが，第3法則を導くところまでは地球と月の運動を幾何学的に分析し，実際に数値計算と測定データを用いて物理学的真理を確信している。

　ニュートン力学のようにうまくいく例はむしろ少ないだろうが，自然科学の経験的研究に数学を使うことの前提は，まず（1）すべてを数量化すること，（2）記号を操作する規則の体系があること，（3）観測や実験データで理論を検証してみようとすること，にあるだろう。数学をもとにした単純明快な数式が，世界を理解し説明するうえで役に立ったのは，多様な物理現象の時空間を異にするあらわれを数量化して記録した個々の事実を，その表層の姿に惑わされることなくmやrとして規定される少数の要素とその間の関係として説明できること，しかもその関係を数式に表すことによって，論理的に変換しそこに新たな意味を発見することの効用である。これは確かに思考ゲームに等しい数字と記号を駆使する数学のお蔭というしかない。ニュートンの見出した運動法則は，現実のすべて（ただし地球上の現実だが）を説明し，そこから現実を改変する技術にも繋がる。

　宇宙を含む存在する世界に，神の創造のごとき明確な秩序があり，それを解明するために数学という特殊な思考方法を適用する物理学という経験科学の達成したことは，他の科学にも応用できるかもしれない。しかしそれは物理学の決定論と同じやり方でできるかどうかはわからない。化学，生物学，医学などの方法を見る限り，物理学のように数学をそのまま理論構築に利用できる科学はむしろ少ない。数学の発展の歴史自体が，人間の歴史的経験と記憶の中にあるというクラインの記述からは，自然科学の方法と成果をひと括りにすることなど無知な素人の議論だといわれるだろう。彼の論述の中にある，20世紀は

じめの数学基礎論[20] のような数学の経験科学からの自立，完全に世界の存在とは切れた数式と論理だけの世界がありうるという確信は空虚ではないか，という主張の妥当性については，社会学者としては今のところ口を出せない。

言うまでもなく，われわれは数学者ではないし，自然科学の専門家でもないので，数学や物理学の先端研究内の問題に素人が踏み込まない方がよいだろうと謙虚に思う。ただ，数学の中でも社会現象に適用できるものは，おもに確率論であり，分子や原子の運動は必然的で予測可能な法則の中にあると考えられるのに，社会を構成する人間の動きは歴史的で偶然的であるからあくまで確率論的であることはどうやらはっきりしている。ここでの問題は，社会学の領域で，しかもそのまた一部分を構成する社会階層研究，あるいは社会移動を含む数量化された調査データをもとにして成り立つ研究領域内で，ここまでみてきた数学を用いた理論社会学としての「数理社会学」の可能性，それと密接に関わるとしてもあくまで数量化された経験的調査データを収集し加工し分析する個別領域の「実証研究」としての「計量社会学」の関係，および多くの業績が蓄積されてきた日本の社会学的階層研究の現在の問題にある。

たかだか 19 世紀によちよち成立した社会学など，経験科学としても誇れるほどの実績はないかもしれないが，社会科学でも経済学のように人間の作り出す事象を精緻な数学の体系にとりこめると信じた 20 世紀均衡理論のミクロ経済学者は，安田三郎と同様意欲に溢れ自分の学問の未来に楽観的であったといえよう。ただし，経済学には国家が権力によって収集した膨大な経済統計という「経験的実証データ」が，自分の手を汚さずに利用できたという有利な条件があり，それは数字だったので数式数学を使って理論化するには好都合だった。だから経済学には，「計量経済学」も「理論経済学」もとにかく立派に成立したわけである。

しかし，社会学はこういう好条件に恵まれていなかった。戦後日本における安田三郎の戦いは，まず信頼できる経験的数量データをどうやって手に入れるか，欧米の文献を読んで書斎で考えているだけの年老いた社会学者を無視して，自分で調査の予算を調達し，学生を巻き込んで調査員に動員し，大型コンピュー

タも満足になかった時代にオリジナルな数量データを紙媒体で処理する苦労は，した者にしかわからない昔話である。安田は，70年代から80年代にかけて社会学会で熱心に議論されたパーソンズの構造—機能主義と社会システム論対シンボリック・インタラクショニズムや批判理論，現象学的社会学などの「意味学派」をめぐる「理論社会学」の熱い論争を横目で眺めながら，経験的社会調査の可能性を社会階層研究と「数理社会学会」に賭けていた。まもなく安田は病に倒れ現役を退かざるを得なくなる。おそらく「理論社会学」の論争は，安田には経験的データとは切れた不毛で空虚なものだと見えていただろう。

　では，安田が夢をかけていた「数理社会学」のその後はどうなったのだろうか？

4　「計量社会学」としての社会階層研究の方法と困難

　ここではまず，日本の社会階層研究の現在の水準を示すひとつの代表例として，2005年SSM調査の職歴データを用いて世代間移動の性別比較を分析した鹿又伸夫の論文を，少し丁寧に読んでみよう[21]。

　この論文の関心は，これまでの世代間移動の研究ではほとんど男性を対象としていて，そこでの階層別の出身—到達格差は安定的に持続していて，明瞭な時代的変化は認められないとされている。そこで，男性と対比した女性の世代間社会移動の特質，つまり女性の出身—到達格差は男性のそれと同じといえるか，そして男性同様に時代的変化がないのかを検討課題としている。この論文で鹿又が意図したのは，既存の移動研究の多くのように単に数量的データ分析結果の記述にとどまるのではなく，そこから推論に基づいて提示した要因と仮説的予測によって説明できるかを検討する方法を探ることにある[22]。

　ここで用いられたデータは2005年SSM調査からある操作を経て取り出されている。つまり1935年から1985年までに出生した者（つまり2005年時点で70歳から20歳の年齢幅）で，1950年以降当人が学卒後59歳時までの職業移動をみるため，本人到達階層を従属変数として各変数のデータを暦年1年ごとに1件の観測とみなすデータとする。こうして作成した1950年から2005年まで

の 56 年分のデータセット（欠損値をもつ観測を除外して，男性 68,423 件，女性 76,659 件）を分析にかけている。ここで使用されたモデルは，移動傾向および移動障壁の強弱を各階層の距離的なスケールとして推定する Quasi Row and Column Ⅱ モデル（Goodman 1979a, 1979b）で，通常の父―子の移動表データではなく個人レベルのデータを分析するために Multinominal Conditional Logistic Regression によって推定している。本人到達階層が j になる確率 π_j のロジットを従属変数とする（1）式で示される分析モデルである。

$$\ln \frac{\pi_j}{\pi_r} = \alpha_j + \sum_k \beta_{kj} T_{kj} + \gamma_{i0} + \sum_l \gamma_{il} T_l + \sigma_i \phi_j (\mu_0 + \sum_m \mu_m T_m) \qquad （1）$$

α_j は切片項，$\beta_{kj} T_{kj}$ の項は k 番目の時間変数 T の効果，時間変数 T には暦年 Y（西暦年 − 1950/10），暦年時年齢 A（暦年次年齢/10）およびそれらの正弦関数 cosY および cosA を用いる。γ_{i0} は階層 i の非移動の強さをあらわすパラメータ，$\gamma_{il} T_l$ の項はその時間的変化をあらわす（$i = 1, 2, ..., 10 ; l = 1, 1, ..., L$）。$\delta_i$ は出身階層，ϕ_j は本人到達階層についての序列的スケールで，これらの積によって出身階層と到達階層の関連パターンが表される。正弦関数として cos を選ぶのは sin よりも相関が低かったからだという。また正弦関数を利用するメリットは，2 次および 3 次曲線に近似する変化あるいは波動的な変化も統制可能なことである。

　鹿又は注意深く出身―到達階層にさまざまな変化を仮定した世代間移動の 17 のモデルを検討し，関連度 μ が年齢とともに曲線的に変化する仮定をもつモデルがもっとも望ましい結果と判断する[23]。そしてここから導かれた分析結果によれば，第 1 の世代間移動機会に男女の差があるか，という点については女性の機会格差が男性より小さいという結果がえられ，とくに 38 歳以降女性の出身―到達格差は男性より確実に小さいと結論づける。第 2 の非移動の暦年変化で，階層再生産の時代的変動については男性ではなく女性において顕著だったことを示している。個々の分析結果はさまざまな数値と興味深い知見を提供しているが，ここでは省く。

　ここで試みられている方法が優れているのは，SSM 調査データを使って行

第2章 社会階層研究の「数量化」と「数理」について　57

われた社会階層と移動研究の多くが，世代間移動あるいは世代内移動の移動表をもとにした地位達成分析に典型的なように，データ適合的なモデルを設定し，そこにあらかじめ6回のSSMで得られている時系列データを投入して結果を記述し，開放性や地位の非一貫性などの仮説の妥当性を判断するというやり方であるのに対し，2005年という1時点のSSMデータから各個人の移動時点を暦年ごとにひろいあげる作業をして新たなデータセットを作り，そこから男女別に分析を綿密に展開していることにある。

　研究の目的はあくまでも，これまでの社会階層と移動研究の枠組の中で，解明されていない課題について最新データを駆使する形で分析しており，日本社会を対象とする「計量社会学」として行われているのだが，同時に「数理社会学」としての方法意識も注意深く検討されている。しかし，こういう研究は必ずしも多くないし，分析モデルをめぐる海外の動向をフォローすることはあっても，どこまで使いこなしているかは心もとない。階層研究に限らず，これまでゲーム理論，ファジー理論，自己組織性，合理的選択理論など社会学に導入を図った数学起源の理論はいろいろあったが，「数理社会学」の議論としてとりあげられても，調査データの分析に使える「計量社会学」として有効な成果をあげたものはあったのだろうか。

　本章では膨大に積み上げられた社会階層・移動研究に，まんべんなく触れる余裕がないという言い訳と無責任のそしりを覚悟しながら，あえて乱暴に言ってしまえば，社会階層・社会移動研究は，結局安田の夢みた意味での「数理社会学」ではなく，「計量社会学」にとどまっているし，そのことによってむしろ生産的な業績を生み出してきた[24]。

　結局，1980年代から本格的に始まり，日本の社会学研究において経験的「実証的」数量データに基づく長期間持続する地道な研究領域として，ほとんど唯一ともいえる成果を挙げた社会階層・社会移動研究は，その先導者安田三郎亡き後も多くの研究者を惹きつけ，SSM全国調査と数理社会学会の「理論と方法」を拠点として，研究活動を持続しているという点で日本社会学が誇るべき事実ではある[25]。「数理社会学」の意義と評価は今ここで問わないとして，少

なくとも「計量社会学」としては大きな成果をあげたといえるだろう。

しかし，21世紀も18年が経過した現在の時点で，日本の社会階層・社会移動研究の前に，理想主義者安田が予想もしなかった大きな壁が立ちはだかっている。

それは要約してしまえば，次の3つになると思う。

（1）社会階層論の問題設定の危機：社会学の個別研究領域の拡散と社会学というディシプリンを統一する基礎理論の崩壊によって，全体社会をひとつのものとして分析するもともとの社会階層論の視点が掘り崩されてしまうこと。階級や階層という視点は，社会学の草創以来の独自の武器であり，国民国家と市民社会という歴史的視野の中で，個々の人間個人が生きている現実と社会とを結び付け鋭く切り取るユニークな批判的拠点であった。しかし，マルクス主義的階級論が現代社会論としての説明力を喪失し，パーソンズ流の社会システム論も現実の問題を十分に説明し得ない状況であるとすれば，社会階層論の射程には，これまで無視してきたグローバルな民族や技術，国境を超えた移動の要素を加える必要がある。

（2）日本社会の歴史的変動の再検討：社会階層論は一時点の社会を生きている人びとの静態的構造の布置を見るというデータと，それを時間的変動のもとに「実証的」に捉えるという動態的目的の結合に最大の価値がある。だからこそ，SSM調査データは貴重な基礎的貢献なのである。それは個々の論者の拠って立つ学問的，思想的立場を超えて，共同利用する価値がある共有財産になっている。しかし，安田三郎がもっていた豊富なアイディアは，大日本帝国の敗戦という未曾有の経験を背景に，100年単位の歴史的変動を見据えたパースペクティブに導かれていた。しかし，現在は逆に数量的社会調査のパソコン分析技術の普及と，身銭を切った地道な社会調査の苦労をさっさとすっ飛ばして，経済学における経済統計を自由自在にエレガントな理論と数学モデルにのせる研究と同様，サロンで遊ぶような空虚な数学基礎論に似た道を歩む危険性はないだろうか？

（3）標本調査としてのSSM調査の信頼性の危機：10年おきに継続された

第2章　社会階層研究の「数量化」と「数理」について　59

6時点のSSM調査が一国レベルの標本調査であり，日本という社会の長期的変動を測定したデータであるがゆえに，多くの研究成果をもたらしたことは，安田三郎の夢をある意味で実現しているのは間違いがない。だが，筆者はその回収率が著しく低下してしまったという事実に注意を払わざるを得ない。表2-1に示されるように，第2回SSM調査の郡部回収率87.3％を最高として，1995年SSMまではかろうじて60％台は維持していたSSM調査の有効票回収率が，2005年調査に至って一気に50％を下回って有効回答44％という数字になってしまった。これは誰が見ても，日本社会の全体像を統計的に推定する信頼できるデータとしては苦しいといわざるを得ない。そこで，次の2015年に実施された第7回SSM調査は，地点数と標本数をこれまでより多めにとって，熟練度の高い調査員を用意し，800地点を3期に分けて実施するという，相当の覚悟と準備をもって実施された。結果は有効回収票7,817票，回収率50.1％におわった。

　20世紀の前半で，数学の一分野である確率論を社会統計に応用して，大量の人間集団を全体として把握する技術としての標本調査が脚光を浴びて以来，

表2-1　SSM調査の概要

回（調査年）	種別	設計標本数	回収標本数	回収率
第1回	区部	1500	1138	75.90%
(1955)	市部	1500	1230	82.00%
	郡部	1500	1309	87.30%
第2回 (1965)		3000	2158	71.90%
第3回		4001	2724	68.10%
(1975)	威信	1800	1296	72.00%
第4回	A票	2030	1239	61.00%
(1985)	B票	2030	1234	60.80%
	女性	2171	1474	67.90%
第5回	A票	4032	2653	65.80%
(1995)	B票	4032	2704	67.10%
	女性	1675	1214	72.50%
第6回 (2005)		13031	5742	44.06%

社会学はこれこそ「実証的」社会科学の有力な武器だと期待と夢を託して，あちこちに出かけては調査票を配り，数量化を前提とする社会調査を繰り返してきた。しかし，標本調査というものは，母集団を縮約し推定できる十分な標本が得られるという前提で，統計的な有意性を云々するものであることは教科書通り疑いの余地はない。自然科学の実験や観測データに関しては，ほとんど100％のデータを前提に分析や検定が行われる。それは必要なら何度でも同じ条件の下に測定を繰り返すこともできる。

　しかし，社会科学の調査データは，多くの場合自然科学より不確定な要素，つまり時間によって常に条件が異なり同じ調査は原理的にありえない。あくまで大数法則的な確率的に幅をもったデータであるが，そうである以上，「十分に大きな n」をとる必要があるのであり，だからこそ最低限の標本を取って結果の信頼性を確保できる水準は，まさに数量的に計算できる。一国レベルの国民を母集団として 1,000 から 4,000 人規模をサンプルとした全国標本調査が，回収率 40％台であるならば，統計的にはそうとう危うい水準である。このデータから導き出されるさまざまな結果を過去のデータと並べて論じることもきわめて危うい。SSM 調査は，10 年ごとに継続して同じ調査項目をとることで，共通時系列パネル・データとして大きな意味があるのだから，今後もやめることはできないだろう。しかし，回収率の問題は SSM の信頼性にとって致命的アキレス腱になる可能性がある。

　保田・宍戸・岩井の研究によれば，日本の社会調査の回収率は，2005 年以降に急速に落ちている[26]。これを改善するには調査員の行動を把握する必要があるというのが，保田らの主張だが，それは当面の短期的な対策であって，法に基づく国勢調査すら郵送方式になる情況をみても，長期的に考えるともはや SSM 調査がやってきたような訪問面接調査を続ける限り，少なくとも大都市部では調査対象者の協力どころか接触すら不可能になって回収率は今後さらに低下するだろう[27]。さらに，今までのデータについても，拒否票・不能票と有効回収票の相違は，確率論が想定する偶然性ではなく，社会的属性において社会調査に協力的な個人と非協力的な個人の違いが反映していると見るほうが

第2章　社会階層研究の「数量化」と「数理」について　61

自然であって，データはその意味で偏っている。

　そう考えると，いくら数量的に統計的確率と妥当性を云々しても，50％を割った調査データが母集団を代表しているとはいえなくなり，「計量社会学」の前提が崩壊してしまう。これは「数理社会学」では問題外の要素で無視しても理論はできるが，「計量社会学」では根本に関わる出来事である。これは日本に限った困難ではないが，面接調査に代わるウェブ調査や電話調査などは，確率論の前提である無作為抽出の論理からすれば，全体を縮約した標本という条件を満たせないから，別の方法と論理を見つけない限り解決にはならない。

おわりに

　対象が何であれ，観測データや実験データは数量として把握され記録されるのが経験科学の通常の方法である。数値が意味するものはもちろん測定の尺度や用いる手段（測定の精度は技術に依存するし，技術や機器は進歩する）によって異なるだろうが，「数量化」が可能な指標を作っておけば，データは数量のセットとして研究者が利用可能な情報資源になる。「数理社会学」は単なる社会学の材料集めである社会調査や，その調査から得られた数字データであれこれの理論を裏づけ検証するだけの社会統計学あるいは「計量社会学」ではなく，それ自体が社会学の独立した一分野なのだとかつて安田三郎は高々と主張していたが，それは今から考えれば研究者にとって理想的な社会調査，母集団から無作為に選ばれた「統計的に十分な数の n」が完璧に，少なくとも無視できる例外的な拒否票がせいぜい10％以内，つまり回収率90％が確保された調査データが得られるという楽観的な見通しのもとに成り立っていた。

　しかし現実には，いくら精密で周到なサンプリングをしたところで，50％にも満たない調査票しか回収できず，しかもそれに答えた人びとが社会の好意的な一部しか代表していないとしたら，数学と自然科学のような幸福な関係を社会現象に適用すること自体，大きな誤りになってしまう。十分にコントロールされた実験観察による100％の数量データを基幹的な方法として組み込んだ自然科学の応用としての数学的分析技術，あるいはそうした方法を取り込もうと

する指向の強い心理学や経済学に比べて，社会学は果たしてどこまで個別ディシプリン内部で地歩を固めたといえるのだろうか？

21世紀も18年を経過した現在から見て，「数理社会学」の発展に関して国際的・国内的にどのような評価がなされているのか，非力な筆者には判断できるだけの準備も情報も不足している。しかし，無責任な言い方はまことに失礼ではあるが，安田三郎が切り開いた日本の社会階層研究の現状を見る限り，SSM調査を土壌とした「計量社会学」の今後は，現実的な調査方法の何らかの革新を行わないと袋小路に入り込むのではないか，という危惧を感じる。

注

1）青井和夫「序論」『社会学講座・第1巻理論社会学』東京大学出版会，1974年，1頁。
2）安田三郎「序論」『数理社会学』第1章，東京大学出版会，1973年，1頁。
3）私事になるが，筆者自身は安田先生に直接教えを受けた関係にはないが，大学院生時代何度か謦咳に接する機会があり，またその『社会移動の研究』（東京大学出版会，1971年）には多くの影響を受けていることを書き添えておく。
4）安田三郎，1973年，前掲書，1頁。
5）安田三郎，1973年，前掲書，「序論」2‐4頁。
6）安田三郎，1973年，前掲書，第9章「数理社会学の展開と基本文献」237頁。
7）安田の『社会移動の研究』で用いられている調査データは，TAS Ⅰ～Ⅲと名づけられた東京区部でとられた3回の調査，および1960年に予備的に実施されたSSM調査と1965年のSSM全国調査などであり，これらの設計・実施・集計分析に安田は中心的役割を果たした。
8）Blau, P. & O. D. Duncan, *The American Occupational Structure*, New York: John Wiley, 1967.
9）社会階層研究の場合も，帰属意識を質問するが，それは単に「社会を上中下と分けたとしたら，あなたの生活はどこにあると思いますか」という程度のもので，これをもとにした「中流意識」「下流意識」はあくまで浮動的な「あいまいな気分」を瞬間的に測定するものでしかない。
10）その意気込みは「戦後全世界の社会学の主流である〈新社会学〉─統計的研究による実証的社会学─については，ほとんど全く，そのあるべき姿のイメージが確定していないことは，数多くのすぐれた研究者が，統計的研究とは調査票から得たデータをただ機械的に年齢別，学歴別，職業別に集計してその有意差

第2章　社会階層研究の「数量化」と「数理」について　63

を検定することであると思い込み，学生にそのように教えているという，誠に慨嘆すべき事実に明らかに示されている。われわれはそのような蒙を啓くための，豪快な場外ホーマーをとばさなければならない」という言葉によく現れている。安田三郎，1971年，前掲書，3頁。

11）安田三郎，1971年，前掲書，3-4頁。

12）ブラウとダンカン以後の社会階層研究は地位達成分析を核にフェザーマンとハウザー（Featherman, D. L. and Hauser, 1980）をはじめ多様な広がりを見せるが，他方でマルクス主義的階級理論を社会調査データを使って理論化しようと試みた代表はアメリカのE. O.ライト（Wright, E. O., 1979）や日本の大橋隆憲などがある。それぞれ独自のデータをもとに論争を展開したが，用いる概念と指標が異なるため生産的な結果はもたらされなかった。

13）安田の『社会移動の研究』は，階層と移動研究の嚆矢となったが，そこに収録された個々の研究は多様で，後の狭い意味の階層と移動研究を超えた国内外の多様な問題を含んでいた。とくに「兄弟順位と社会移動」「女性の社会移動」「立身出世主義」「士族と平民の社会移動」などはユニークで興味深い。

14）これまで公刊されたSSM調査研究のおもな論文を集大成再録した資料集が，2007年から『戦後日本社会階層調査研究資料集』（全5巻，日本図書センター）として刊行されている。

15）とくにマルクス主義的な階級論が退潮していく中で，高度経済成長を経た日本社会の「平準化」「開放性の上昇」と「収斂仮説」，「地位の非一貫性」などを打ち出した75年，85年SSMの分析結果は，ちょうど「一億総中流」論がメディアで騒がれたこともあり，注目された。

16）橋本健二「『階級―社会階層研究』の可能性」『理論と方法』23巻第2号，2008年，5-21頁。

17）竹内啓『偶然とは何か―その積極的意味』岩波新書，2010年，iv頁。

18）竹内によれば，個人特性の分布は正規分布になるはずであるという「ケトレーのドグマ」は，その後も多くの分野の統計的分析において用いられているという。「すでに19世紀において『統計学者は特性値の分布が正規分布になることを数学者が証明したと思い，数学者は統計学者がそのことを経験的に実証したと信じている』と批判されたにもかかわらず，現在でも『ケトレーのドグマ』はなくなってはいない。知能指数IQの分布は正規分布になるということが仮定されることが多いのはその例である」という。竹内，前掲書，2010年，193頁。

19）モーリス・クライン『何のための数学か　数学本来の姿を求めて』雨宮一郎訳，紀伊国屋書店，1987年，216頁。

20）クラインは「数学とは何かということが改めて問題となるのが当然であるが，19世紀の末から今世紀のはじめにかけて，ラッセル，ヒルベルト，ブロウァーなどの，数学は，論理学の一部であるとか，公理からの演繹の体系であるとか，

直感に基く具体的構成の行動であるなどのさまざまの諸説が対立した。当時このような議論は『数学基礎論』と呼ばれたが，現在ではこの名称は，数学の論理的形式的構造を研究する数学の一分野を表すものになり，数学が何かということについては，数学者の間でも一定の見解がないままである」としている。クライン，前掲書，215-216頁。

21) 鹿又伸夫「世代間移動の性別比較—職歴データによる推定—」『理論と方法』23巻第2号，2008年，65-81頁。

22) 鹿又は，女性の移動を制約する3つの要因を考えている。第1は資産相続などの息子優先という家父長制的伝統，第2は女性の就業が特定の職業に集中する性別分離，第3は結婚が属性原理つまり出身階層との関連を弱める影響を仮説的予測としている。鹿又，同論文，68頁。

23) 鹿又はこの論文で，これまで階層のひとつとして扱われていなかった非正規雇用と無職を含めた階層分類を新たに使って性別比較を行っていることが注目される。

24) 筆者も80年代から多少は社会階層研究に関わってきたし，SSM調査だけでなくE. O.ライトの国際比較調査などにも日本チームとして参加した経験がある。ただ，SSMを中心とした階層と移動研究にはあくまで外部にいたので，実質的な貢献はしていない。

25) さらに東北大学を拠点とする社会階層と移動研究センターが作られたことも付け加えるべきだろう。

26) 保田時男・宍戸邦章・岩井紀子「大規模調査の回収率改善のための調査員の行動把握—JGSSにおける訪問記録の分析から」『理論と方法』23巻第2号，2008年，129-136頁。

27) SSMも実際の調査方式についてはこれまでも試行錯誤で，第4回のように調査会社に委託することもあったが，専門のリサーチ会社でも個別訪問面接はもはや困難であろう。

第3章

「統計的」社会調査法と
ビッグデータ

　抽象化というものに危惧を持ち，データから決して離れまいとする人がいます。ちょうど記述言語学や記述意味論をやるようなものですね。人文科学や自然科学における研究活動を観れば，ごくわずかの例外を除いては，データに依っている度合いが非常に高いことがわかります。人文科学でも自然科学でも，単にデータを整理する類いの研究に留まらず，理論的研究へと進んでいくような知的試みはごく一部分でしかなされていません。アルゴリズムを作っていると安心感があるんだと思います。とんでもない誤りは犯しようがないですから。

　これは思いつきの精神分析みたいなものになるかも知れませんが，こう思うんです。多くの人々は，真に発見できるようなものはめったになくて，全ての事柄は，概ね目に映る表面的なものからは程遠いものでもなく，そして，複雑で，もしかしたら驚嘆すべき特性さえ持つようなものなどは存在しないのだ，と信じたがっているのでしょう。そういうものを発見しなくてはならないのだなどとは思いたくない，ということも十分あり得ますね。そして，文の統辞解析用のアルゴリズム等を作ったりしている限り，遠大で抽象的な諸原理や複雑な演繹構造をもった理論，さらに，そのような心的対象が持つ物理的本質は何かという問題などは存在する世界に足を踏み入れずに済むように感じるんでしょう。言語学における行動主義や記述主義が推し進められた原因もこんなところにあるように思うんですが，初めに言ったように，これは総て素人の精神分析に過ぎません。

（ノーム・チョムスキー『生成文法の企て』原著 1982 年，
福井直樹・辻子美保子訳，岩波現代文庫，2011，65–66 頁）

はじめに

特定の社会現象を一定の方法で測定して数量的データとし，これを統計的手法で分析するのがこれまで行われてきた数量的社会調査だと考えると，そこに大量現象を把握する方法として単純に対象を片っ端から度数を数えていく記述統計学（descriptive statistics）に代わって，20世紀前半，R. A. フィッシャーが創設した統計的推測理論が，社会学においても有力な技法として定着したのは日本では第二次世界大戦後だったといえよう。今日にいたるまで，われわれはこの推測統計を社会調査の標準教科として学生に教えてきた。

いわゆる標本調査は数十万，数百万，ときには一国単位の国民有権者を大量母集団として，そこから無作為抽出によって選ばれた標本を調査することで，誤差やノイズを管理できる，つまり，誤差を正確に想定された確率分布として計算できるように設計すればよい，という考え方に基づいていた。これができていれば，標本の示す結果から母集団の特性値を推定することが可能である。標本誤差をどの範囲まで許容するかは，標本分布についての前提があてはまるなら誤差は確率的に計算でき，たとえば5％なり1％程度に収まれば母集団での特性にもほぼあてはまると判断してよい，というのが教科書の記述である。

それは，ある仮定に立っている。つまり，現実の観測値の背後に，安定的な「無限母集団」が存在すると想定でき，観測値はそこからランダムに選ばれたものと見なす過程である。この仮定が満たされるなら大数法則が成立する。だが，工場での大量生産品の検査のような場合はともかく，多様な人間が含まれる社会集団を「無限母集団」とみなしてランダムな観測値が出てくるとは考えにくいから，現実に社会調査を行う場合は，ランダム性を確保するためには，確率的に誤差を計算できる程度の無作為抽出（ランダム・サンプリング）の技法を駆使する必要がある，というのも初歩的教科書に必ず書いてある。

統計的推測理論の基本的枠組みは1960年ごろまでに完成されたが，折から先進各国で工業化，消費社会化，大衆社会化が進行し，その変動を捉えるためには，推測統計の技法が最も有効だとみられた。工業，農業等における大量生

第3章 「統計的」社会調査法とビッグデータ　67

産の場での品質管理と，官庁統計を中心とした標本調査で，この標本調査の技
法は活用された。確率メカニズムを持ち込むことによって，大規模な集団の平
均的性質，あるいは構成比を把握できるからだ。そして社会学が20世紀後半
に「実証的研究」と称してせっせとやってきた社会調査の多くは，やはりこの
標本調査を使ったものだった。

　しかし，21世紀の現在，われわれが生きているのはポスト工業社会，高度
化し変質した大衆消費社会である。この目の前の社会を正確に捉えるための方
法は，今までの標本調査，あるいは推測統計を基本とした数量的調査でよいの
だろうか？

　統計学者竹内啓は，ビッグデータに触れた文章でこのように書いている。

　　フィッシャー・ネイマンの統計的推測理論は，20世紀の大量生産，大量消費，
　大衆社会のMASS論理の支配する時代に最もよく適合したものだったのである。
　　しかし20世紀の最終四半期になって，IT技術が発展し普及すると，規格化され
　た大量生産の時代から，個性的な多種少量生産の時代になり，不良率を抑えるこ
　とではなく，不良品を出さないことが目的とされるようになった。それとともに
　古典的な統計的推測の方法が必要とされる分野は少なくなった。勿論それが有効
　に用いられる場合はまだ多くあるが。コンピュータの発達とともに発展した計算
　科学，情報科学は，統計学以外に数量的情報を処理する多くの方法を生み出した
　のである。
　　ところが最近になって，ビッグデータが重視されるようになって，統計学がま
　たもてはやされるようになった。永年統計学の研究に携わってきた者としては喜
　ぶべきことかもしれないが，統計学を単にビッグデータを扱うための「道具箱」
　として，使いやすい道具を適当に使えばよいと考えられるのはよくないと思う。
　或いは道具にしても大工道具ならば，非常に多くのものがあるので，使われる材
　料や何を作るかに応じて，適当な道具を適切に用いなければならない。それを判
　断するには，大工としての「腕」が必要である。統計的方法を適切に用いるのには，
　統計的方法の性質をよく理解し，データ分析の目的に応じた方法を選び，その結
　果を正しく解釈しなければならない。その判断をコンピューターソフトに任せて
　しまうことはできない[1]。

AI（人工知能）とビッグデータ，これにからむIoT，ディープラーニング，
シンギュラリティなどという用語とその応用例は，数年前から企業やジャーナ

リズムだけでなく政府の関心も呼ぶホットな話題になっている。その中には多分に見当違いの過剰な期待や，万能のマジックであるかのような怪しげなお話も混じって賑わっている。いまのところこれは，新しい技術が未来を拓く，といったような「明るい話題」として語られることが多いのだが，果たして手放しで喜ぶようなことなのだろうか。

楽観的なテクノロジー礼賛に批判的な論者もいて，その中には19世紀の10年代にイングランドで起きた労働者や農民の機械破壊運動「ラッダイト」を想起し，後世まで技術革新を受け容れない愚かな人びととして見られてしまったが，技術が社会を変える変動期には光と影があり，産業革命には犠牲を伴ったことを忘れない方がよいと警告する[2]。

筆者は人工知能や情報学の専門知識は持っていないし，AIやビッグデータ・ブームに積極的な何かをコメントするつもりも資格もないので，ここではただ，社会学のやってきた社会調査という方法との関わりで，この人工知能ブーム周辺の動向について考えてみることにする。つまり，端的に言えば，この新しそうなテクニックは，果たして社会調査になにか利用できるものなのか？　あるいはもしかしたら社会調査は，もう古臭い使えない技法になってこっちのビッグデータ的方法にとって代わられるというような可能性はあるのか？　という問いを立ててみる。

1　ビッグデータとは何なのか？

とりあえず初歩的に，「ビッグデータとは何か？」から始める。

大手メディアに流れたごく最近の話題に，囲碁の世界トップとされる韓国人棋士にグーグルが開発した AI（Artificial Intelligence 人工知能）が4勝1敗で勝った，というニュースがあった。手順の組み合わせが10の120乗のチェスや，220乗の将棋ではすでに人間の名人に AI が勝っている。だが，囲碁の盤面は縦横19×19あって1手目に取りうる手は361通りあり，2手目以降の手の可能性は361の階乗になるから，ものすごく膨大でコンピュータで計算させても時間がかかって，実際上はまだ無理だといわれていた。

第3章 「統計的」社会調査法とビッグデータ　69

　盤面ゲームのような例外なき比較的限られたルールであっても，人間の知能に匹敵する正解を導くのは難しいとされていた。しかし，囲碁でもAIが人間に勝てたのは，コンピュータの計算能力が予想以上に高まったこともあるが，それだけではなく，とりうる手とその手の勝負上の評価をコンピュータにすべて計算させるのではなく，別の方法をとったことにある。それは，人間の脳が行っている仕組み（囲碁名人が行う天才的記憶とひらめきの実績・棋譜）のパターンを模倣するというディープラーニングの手法を使ったことによって，グーグルのAIは囲碁名人に勝ったと報じられた。

　というわけでいよいよAIは人間の知的活動を超えるか，超えないまでもそれと同等の仕事をするようになる，と話は拡大し，ロボットにAIを搭載して合理的で正確な判断をするAIロボットはそう遠くない未来に，頭の悪い人間に代わって労働現場で中核的意思決定に関与したり，あるいは自動運転自動車がまもなく実用化されるように，これまでにない明るい未来がAIによって人類に約束されるのだ，というテクノロジーの楽園を語る人があちこちに現われている。

　こういう言説に共通なのは，人間の環境への認知能力は身体の疲労や意識の指向性に左右されて，気まぐれや曖昧さ，あるいは誤認・錯覚が忍び込むのに対して，機械であるセンサーは補足に漏れがなく故障さえしなければ，常時観測し記録することができる，だからそれをもとに合理的な判断がAIによってなされれば，その方が人間が行う判断よりずっと正確で的確である，という信念である。そしていまや人間を超える能力を持つAIがハイスピードで実現しつつあるということになる。

　確かに人間の行う判断にはしばしば間違いがある。単純な疲労や老化からくるミスもあれば，熟慮の果ての失敗もある。それに比べればAIは過去のあらゆる事例や理論的整合性をチェックして出てくるものだから，ずっと信頼できるはずだと。自動運転自動車はほんとうに事故は起こさないのか？　という危惧に対して，仮に事故が起きたとしても人間が運転した場合の事故率よりも，自動運転車の事故確率はずっと低い，と説明されるだろう。さて，われわれは

これに納得できるか？

　またこれも最近のニュースでとりあげられたもうひとつの話題をあげてみる。

　日立製作所が2016年6月，労働者の幸福感を向上させるAI技術を実用化したと報じられた。これは職場で個人に名札型のウェアラブルセンサーを常時携帯してもらい，各自の行動データを蓄積して幸福感を高めるアドヴァイスをするというサービスだという。センサーには「誰といつ会っているか」という対面情報を記録する赤外線センサーと，オフィスでのデスクワークなど身体動作を記録する可読度センサーが搭載されている。人と会っている時なら「話し手」か「聞き手」かまでも記録される。日々膨大なデータになるが，これをHと呼ぶAIで分析し，その結果をスマートフォンを通じて自動でアドヴァイスを行うという。

　すでに13社で実証実験をすませ，システム導入が始まっているという。実は今までは経営管理層の労務管理支援のために，この種のデータをAIで分析していたのだが，今度は従業員自身が自分の幸福度に関するデータを見ることができるというわけである。たとえば，従業員の平均幸福度が高い日は，低い日に比べ受注率が34％高いという実験結果が出たという。

　開発者の説明によれば，これまでに長期にわたってムードが悪くなったり，逆に充実感を感じていたりする際に，人間がどのような反応をするかを大量に分析するために，10の組織，468人に幸福感に関する20項目のアンケートを行い，その結果を組織ごとに平均化し，その組織が幸せかどうかを数値化する。そして468人にウェアラブルセンサーを長期間装着してデータをとったところ，行動の多様性が強いほど，組織での幸福感が高いことが分かったという。

　当社のHは，データから自動で学習し，"賢く"なる。特徴は3つあり，1つ目は，アウトカム（目的）と入出力を人間が定義することである。今回の場合，アウトカムは「一人一人の幸福感の向上」である。アウトカムを基に，関連データを入れていくことで，Hが自動で学習していく。2つ目は，人の仮説や問題特有のロジックは入力不要なこと。3つ目は，既存システムに追加し，動作できることだ。

　当社は，大量の複合指標の生成と，その中から少ない重要な指標を自動で絞り

第3章 「統計的」社会調査法とビッグデータ　71

込む処理を行う「跳躍学習」技術を開発した。跳躍学習は，強化学習の分野になる。しかし，現行の強化学習は，結果のデータが少ないことに対応できていない。また，特定のニーズに特化してプログラムを開発しているため，汎用的でない。H は，非常に汎用的に作られているため，14 分野 57 案件で活用されているが，全て同じプログラムを活用している。これにより，機械学習やディープラーニングにおいて必要だった教師となるデータ，報酬ロジックなどが不要となっている[3]。

この手法が従来の社会調査と違うところは，なんだろうか？

　10 の組織の 468 人に幸福感に関する 20 項目のアンケートをするのは，どのようなサンプリングをしたのかが詳らかではないが，手法としては社会調査の方法と変わらない。問題はその次に，その 468 人全員にウェアラブルセンサーを装着して，本人の日常で誰といつ会っているか，そこで話し手か聞き手かまでデータにすることが実現していることだ。つまりこれがいわゆる「ビッグデータ」の特徴のひとつである。

　従来の社会調査では，あらかじめ設定された質問項目に応えた数値のみがデータであった。それは調査する側が絞り込んだ現実のある側面（変数化した測定値）に限ったデータであるが，それ以外の情報は得られないし初めから捨象されている。われわれはあらゆる無数の情報をくまなく知ることはできないし，知ることができたとしても大量すぎてとても「処理解析」できない。ところが高速処理するコンピュータと工夫された AI ソフトを使えばそれは「できる頭脳」になるのかもしれない。というより，センサーを任意の対象に設置できさえすれば，日々データは自動的に生産され蓄積される。それは特定の目的や研究意図に制約される必要はない。むしろ目的など設定せずに人の行動や言動を片っ端から記録してしまうことで，それは巨大な記録の集積，つまり「ビッグデータ」になる。

　単純に考えても，ひとりの人間の購買行動の記録，GPS の位置情報の記録，さらにはネット SNS やスマホの通信記録が捕捉されているのなら，個人の住所氏名といった個人情報よりもある意味で物凄いプライヴァシー情報であるにもかかわらず，すでにどこかにしっかり記録されている。それが使われ解析さ

れているかどうかは，当人には知ることができない。もしそこから誰かがプロファイリングしたデータ分析結果が，悪用される可能性はないとはいえない。ではいっそ，20世紀的なプライヴァシー保護などという時代遅れの配慮はやめて，社会学はこれをデータとして活用できる可能性はないのか？

　もうひとつビッグデータとAIがらみの話題をあげてみる。

　2016年文部科学省が発足させた「第5期科学技術基本計画」なるものがある。科学技術基本計画は，科学技術基本法の定めにより政府が定める5年単位の計画であるが，この第5期計画は2016年1月に閣議決定された。その計画のタイトルは「IoT／ビッグデータ（BD）／人工知能（AI）がもたらす「超スマート社会」への挑戦　～我が国が世界のフロントランナーであるために～」となっていて，中心的アイディアはこのBDとAIという新しい技術を，「我が国が世界的な経済競争に打ち勝つ観点から」期待を込めて「超スマート社会」を国として取り組む「society 5.0」と定義する。白書として訴求力のあるキャッチフレーズを文部官僚が工夫したのだろうが，中身ははなはだ曖昧である。

　「超スマート社会」とは何か？　白書の説明はこうなっている。

　　超スマート社会とは，第5期基本計画によれば，「必要なもの・サービスを，必要な人に，必要な時に，必要なだけ提供し，社会の様々なニーズにきめ細かに対応でき，あらゆる人が質の高いサービスを受けられ，年令，性別，地域，言語といった様々な違いを乗り越え，活き活きと快適に暮らすことのできる社会」と定義している。なお，Society 5.0は，「狩猟社会，農耕社会，工業社会，情報社会に続くような新たな社会を生み出す変革を科学技術イノベーションが先導していく，という意味を持つ」，としている。Society 5.0は，具体的には，超スマート社会の実現に向けて，「超スマート社会サービスプラットフォーム」を形成し，複数の異なるシステムを連携協調させることで新たな価値創出を図るとともに，データフォーマット等の標準化や，必要となる人材育成等を実施することとしている。さらに，「超スマート社会」における我が国の競争力強化に向けての知的財産化や国際標準化，基盤技術の戦略的強化としてサイバーセキュリティ技術，IoTシステム構築技術，ビッグデータ解析技術，人工知能技術等の強化を図ることとしている[4]。

この説明の中にはないが，国民向けの「超スマート社会」の便利さと快適さ

の説明には，ロボットも頻繁に登場している。以前にもどこかで聞いたような話だと思ったら，21世紀が始まった頃にひとしきりIT技術の日常生活改善として騒がれた「ユビキタス・ホーム」の夢であった。帰宅する時間に合わせて電気がついたり風呂が沸いたりする「いつでも，どこでも，誰でも，何でもつながるユビキタス社会」を推進すると言ったのは日本の総務省だった。あれはまだスマホが浸透する前だったが，コンピュータを駆使してどんどん生活は便利快適になる，という能天気な楽観的技術信仰に果たして一般の人びとがどこまで共感したかはわからない。だが今，「ユビキタス社会」などもう誰も話題にしない。

また，2006年頃に話題になった「Web2・0」の夢も，一億総表現社会というような表現で，誰もがブログで自己表現をし，世界中で何十億人が意見を発表する民主的なネット環境ができると囃し立てた。そこから新しいビジネスチャンスも生まれるという期待は果たしてどうなったのだろうか。ハードとコストの面ではおそらく長足の進歩をしているのだろうと推測するが，移り気なメディア上の議論ははしゃいで終わった感がある。

今度の「超スマート社会」に新しいアイディアがあるとすれば，人工知能（AI）が進化して自動車も飛行機も自動運転するだけでなく，自分の健康管理から余暇娯楽のメニューまでロボットが用意してくれる社会といったイメージなのかもしれない。そして当然その反動に，そんなのいやだ，という意見も出てくるだろう。先にみた19世紀の「ラッダイト運動」は，愚かなプレモダン的抵抗と笑われたが，もし「超スマート社会」が実際にわれわれの生活の中に浸透したら，「ネオ・ラッダイト運動」も芽を吹く可能性はないとはいえない。「超スマート社会」に抵抗したければ，なにもコンピュータやスマホを破壊する必要はなく，それを使わなければいいだけで，使わない不利益は耐えられないほどのものでもないが，それでもセンサーから逃れるのは電波の及ばない山の中に籠るくらいしかない。それは信念と価値観の問題でもあるが，すでにかなり社会生活に浸透している現実でもある。

たとえば毎日身につけるメガネフレームに，マイクやカメラを埋め込んだセ

ンサーを仕込んでおけば，その人の現在見ている光景や，会っている人物の様子を自動的にネットに送信し，友人に知らせることが可能になる。体温，脈拍，血圧などのデータを常時計測するツールをつけていれば，健康モニタリングも完備する。それらのデータがコンピュータ処理されると，自分のライフ・ロギング（行動や生活の履歴）に基づいた的確な診断が送られてくるわけで，高齢者が一人暮らしをする状況が激増する社会には役に立つだろう。

　囲碁や幸福度センサーといった話題は，その一端であり，スマホが浸透した現代の情報環境において，なにか人間生活を豊かにする素晴らしいものであるかのような言説と社会的期待が強まっていることは確かだろう。顧客の消費性向に合わせてピンポイントの広告を不断に提供してくるターゲティング広告や，オンライン・ショップの協調フィルタリング（よく似た商品購買傾向を持つ顧客たちの購買歴からお好みの商品をお勧めする機能）など，AI活用の例は今日われわれには日常ありふれたものになっている。人工知能という技術は，コンピュータが誕生した20世紀半ばからいろいろと検討されてきた歴史があり，最近急に出てきた話ではない。これに対して，「ビッグデータ」のほうは20世紀にはとても考えられなかったものである。

　通説に従っておけば，「ビッグデータ」については3つの特徴があると説明される。いわゆる3つのV。つまり，デジタル化による桁違いのデータ量（Volume）がひとつ。これはもう人間が眺めて処理できる限界はとっくに越えている。1メガバイトのフロッピーの時代からみれば嘘のように，USB容量は10ギガ，30ギガと拡大し，2020年には，地球上のデータ総量は40ゼタバイト（1ゼタは10の21乗，10億兆）になるという。とにかく物凄い量のデータが，従来の図書館に積み上げられていた，紙に書かれた情報の数十倍，いや数千倍の勢いで記録されているわけだ。

　第2は，データの種類がむやみに多いこと（Variety）で，量だけではなく内容も形式も多様であること。今までの統計データのように限定され整理された数字だけではなく，文章もあれば画像もあり，SNSに書き込まれた短文から音声記録，写真・映像や音楽まで，およそあらゆる情報が意図するしないにか

かわらず，日々記録され利用されている。しかも，ただ多様なデータが別々に並んでいるだけでなく，コンピュータの上で連結し組み合わせて共有したり新たなデータを（その気になれば…）作ったりできることである。

第3は，超大規模なデータ群を取得し上手に処理するためのハードとソフト技術の出現であり，各地で発生する気象データ，交通状況データ，ツイッターの発信データなど，リアルタイムで流れていく膨大なデータを扱えるようになったストリーム・データを処理する速度（Velocity）の早さである。インターネットを前提とした近年のデータ処理サービス，とりわけクラウド・コンピューティングが，ここで解決の道を開いたという。個々のユーザーは，自前のコンピュータにデータやソフトを揃えて組み込んで，あれこれ苦労して難しい処理をするのではなく，専門サービス業者にデータ処理をいわば外注委託するだけでいい。天空のクラウド（雲）の向こうで処理を請け負うサービス業者は，インターネットのどこかで巧みな高速分散処理をおこない，結果を送ってくれて，ユーザーの要求に応えてくれるようになりつつある。

西垣通の教えるところによれば，人工知能が一般社会でブームになったのは，今回が3回目だという。その第1次は1950〜60年代で，「正確な思考計算」のための機械としての大型コンピュータで，人間が頭を使うパズルやゲームを論理的に分析するという試みだった。これは頭の体操にコンピュータを使う遊びだった。ただこの段階ではまだ，チェスでもコンピュータは人間の名人に及ばなかった。

次の第2次は1980年代で，これは大量に蓄積された特定の専門的データを，人間がいちいち手で探さなくてもいいように，コンピュータで演繹的に整理し引き出すエキスパート・システムのような試みだった。医療や法律の分野ではこれに大きなメリットが期待された。筆者にもあの頃，膨大な判例をコンピュータで即時に検索するシステム構築に情熱を燃やしていた法律家の友人の情熱を思い浮かべる。病気の診断や係争事件の判例をコンピュータが即時に回答してくれるシステムのメリットは，経験の乏しい未熟な専門家よりエキスパート・システムの答えの方が効率的で信頼に値するというユーザーの期待

表3-1　人工知能ブームの歴史

ブーム	キーワード	応用範囲	正確性
第1次 （1950 ～ 60 年代）	論理	小 （パズル，ゲーム等）	◎
第2次 （1980 年代）	知識	中 （エキスパート，システム等）	○
第3次 （2010 年代）	統計 （学習）	大 （パターン認識，機械翻訳等）	△

出典：西垣通『ビッグデータと人工知能』中公新書，2016，172 頁

に，確かに応えるものだったと思う。しかしそれは，あくまで医療や法律など特定の体系的な知識と専門家の経験的判断を，コンピュータ上の記憶装置に溜め込んだ大きなファイルキャビネットの高速検索システム以上のものではなかった。

　そして第3次が今回の2010年代になる。前の第1次，第2次と違うのは，扱う大量データの統計処理の導入によって，パターン認識や機械翻訳が可能になり，専門家だけでなく一般大衆に属する人びとの具体的な生活に統計的な根拠を与えアドヴァイスまでする，という，実用性にまで一気に飛んでしまう危うさである。しかも，データは単体のコンピュータ記憶措置にではなく，クラウド型ネットワークに日々記憶され，誰が使うかもわからない。人工知能が単に専門家の新しい高度技術であるうちは，無視してもとりあえず問題はないと思っていた社会学は，ここから先に社会学が引き受けるべき課題に，AIがじわじわ踏み込んでくることを予感せざるを得なくなった。

　人工知能をめぐるホットなブームの応用を，とりあえず西垣通のあげている成功例とされた試みを参考にみてみたい。

　米国ニューヨーク市では毎年，数百もの電力用マンホールが内部で引火して，爆発事故を起こしていた。爆発すれば重い鉄の蓋がものすごい勢いで吹き飛ばされるので，危険きわまりない。だが，同市の電力ケーブルの総延長は地球3周分以上であり，更にマンホールの総数はマンハッタンだけで5万をこえるので，危険箇所の特定は容易ではない。そこで，電力ケーブルの使用年数と，過去に爆発

第3章　「統計的」社会調査法とビッグデータ　77

事故をおこしたマンホールの位置情報とを関連づけコンピュータで分析した。そして危険個所のリストを作ったところ，リストにあげられた多くのマンホールでその後，現実に爆発事故が起きたのである。つまりビッグデータ分析の結果，かなりの確度で，危険なマンホールを予測することに成功したというわけだ[5]。

　これはビッグデータの特徴の第1，とにかく人間の把握の限界を越えたボリュームの大量データをコンピュータは情報処理できるという威力を示した。ここでニューヨーク市がやっていることは，きわめて常識的な手順だが，これまでは人間には膨大すぎて不可能と考えられた情報処理解析もコンピュータならできるという事実である。

　近代科学が研究の方法として鋭意確立してきたのは，経験主義，合理主義，実証主義を基本とする実験・観察・分析の手法である。そこで得られたデータの分析を行う意義は，さまざまな現象を説明しそこに働く法則を解明することにある。研究者は自分の立てた理論仮説をデータによって検証することこそ，知的活動の主流と考えるようになったのである。だが，いま問題のビッグデータ分析処理は，こうした従来の考え方とはかなり異なる特徴があるようだ。西垣通があげているおもな特徴は，次の3点である。

　第1は「全件処理」。これは従来の方法，つまり，推測統計理論に基づく標本調査，たくさんのデータから限られた少数のサンプル（標本）を抜きとり，それらを分析してデータ全体の傾向を推し量るという方法とは，基本的に大きく違う。推測統計では，全体（母集団）の縮図を作るように，まんべんなく標本抽出をすることが何より大事だとされる。数値が「正規分布にしたがう」という数学的な性質をもつと仮定すれば，一定数のサンプルの分析によって，母集団の特性をかなり正確に推定することができるからだ。

　ところが，ビッグデータはこういったアプローチは不要だと考える。サンプルでなく，ともかくすべてのデータを調べようという。社会調査で言えば標本調査ではなく全数調査。工場の生産管理で言えば，製造機械や部品にセンサーをつけ，計画通りに作られていく全部品のデータを時々刻々，無線で細かく取得し，リアルタイムでコンピュータ処理による集計分析を実行しながら品質管

理をする，といったイメージである。

　ここで，西垣のあげる「質より量」というビッグデータ分析の第2の特徴が現われる。

　センサーは山のように多数設置するので，その一部は壊れたり摩耗して，測定精度が低下している可能性は高い。つまりデータの質は落ちているのだが，そういうデータは「ノイズ（雑音）」であり，誤差として無視しても，全体的な特性は全件処理によって正確にわかる，というのがビッグデータ分析の基本的な考え方だという。

　このことは，製品の品質管理よりも，ツイッターの分析といった例をあげたほうがわかりやすい。ツイッターで刻々と発生する膨大な発言一つひとつの内容を，きちんと論理的に分析するのは至難の業である。だがそれらをとにかく山のように集めれば，多少のブレは相殺され，全体の傾向があぶり出されてくるだろうとみなす。たとえば，ある政治的なテーマについて世論の動向を調べたいとしよう。従来の世論調査ならアンケート項目を準備し，無作為抽出した2,000人くらいに対し，政策への賛成反対を調査票や電話で尋ねる，といった方法がとられた。だが，ビッグデータ分析では，大量のツイッター発言をまるごと自然言語処理プログラムで分析し，キーワードなどを抽出して，集団的なおよその特性を探りだそうとする。ツイッター発言には俗語表現や文法的誤りも少なくないが，そんな乱雑データはノイズであり，無視してよいというわけだ。つまり，ここには，データの質が多少悪くても大量処理によって正確性が増す，という強い信念があるのである。

　かつての全数調査主義，記述統計学が諦めたことを高性能コンピュータを使って復活させたともいえる。しかし，西垣も言うように，「データの質が悪くても，ともかく量をこなせば正確な分析ができる，という考え方は少々乱暴すぎ」[6]だと思う。データの質は要するに玉石混交であるから，分析結果といっても言語表現データのデジタル変換や処理の仕方次第で，正反対の結果になる可能性があり，信頼度は落ちる。それを克服しようと推測統計学に基づく社会調査では，質問項目や回答処理にじゅうぶんな統計学的注意を払ってデー

タの信頼性を大事にしてきたのである。

　多くの場合，データ分析の目的が，未来の出来事の予測なのはご承知の通りだ。明日の天気だの，火山の噴火だのを予測するといったことである。しかし，当然ながら未来の出来事のデータは存在しない。つまり過去に蓄積したデータから推測するほかはないのである。したがって予測問題はどうしても推測統計学の領域に入りこんでしまわざるをえない。要するに，ビッグデータの全件処理といっても厳密には，ただサンプル数が増加しただけではないか，という冷めた議論があらわれるわけである。

　予測の問題はさておいても，超大規模データに対してそもそも全件処理など技術的に可能なのか，という疑問も無いではない。いくらコンピュータが高性能といっても，無限の処理能力を持っているわけではないし，コストもかかる。ゆえに，あまりにデータ量がふえれば全件処理は現実味をうしなうのだ。そして，この疑問は，次にのべる第3の特徴と深く関連している[7]。

　西垣が挙げているビッグデータ分析の第3の特徴とは，「因果から相関へ」である。

　原因と結果の関係にあると想定される事項，つまりあることが原因でしかじかの結果が起きた，という説明方式をとるのが因果的説明である。喫煙を永年続けた結果，肺がんになった，雨が多かったので水たまりがふえ，蚊が大量発生してマラリアが流行した，といった場合である。Aを原因，Bを結果として両者を因果関係で説明するには，あらかじめどれかを独立変数，別のどれかを従属変数と想定してそこに絞って測定をしてみる必要がある。事象を説明する論理的思考として，因果関係のモデルは代表的なものであるが，原因はひとつとは限らず，さらに結果を導く過程で働く条件がいろいろあり得る。ところが，ビッグデータ分析では，そんな面倒な手続きはやめ，コンピュータで全部を一気に因果関係ではなく相関関係を調べればよいという考え方がもてはやされているのだという。

　相関関係というのは，単にAとBのデータの統計的な関連性を示すものである。たとえば，身長と体重のようにAが高いものはBも高いという正の相関，あるいは運動量を高めれば皮下脂肪が減るといったAがふえるとBが減ると

いった負の相関があるかどうか，データから確かめることができる。だが，身長とIQ（知能指数）のように，明確な相関関係がみられないものも少なくない。

　この相関関係を利用するだけでも，確かにいろいろ実用に役立つ。だが，ビッグデータ分析の魅力は，常識を超えた相関関係を発見することで，有効な行動をとれるということなのだ。たとえば米国でグーグルが行った成功例として，「咳止め薬」や「解熱剤」といったキーワードによるウェブ検索頻度をしらべて，どんな地域でインフルエンザが流行しているかを特定できたという。検索キーワードの使用頻度とインフルエンザ感染の時間的・空間的な広がりの相関関係を分析して，米国の公衆衛生当局よりも早く，インフルエンザ流行の予測に成功したのだという。

　検索キーワードとインフルエンザとの相関関係をとってみようというのは，コンピュータの腕力でこそ可能な独創的発想である。ここから，手あたり次第にさまざまなデータのあいだの相関をとってみれば，必ず何か新たな発見につながる，という発想が出てくる。しかし，2者の相関だけではたまたまそうなったにすぎず，データの種類や件数を増やすと組み合わせ数は飛躍的に巨大になる。検索キーワードとインフルエンザ流行の相関分析にしても，グーグルの研究チームは4億5,000万にものぼる膨大な数式モデルを使って分析作業をおこなったという。このようにおよそ，データの相互関係を2変数で分析するだけでもたいへんなのに，もし，関連の深い4人ずつのグループを見出そうとして分析作業をすれば，対象者が1万人でもその組み合わせ数は約400兆通りに及ぶことになる。将棋のような限られたルールのもとに1手ごとの可能な展開を計算することはできるとしても，異種データ相互の相関関係を分析するには，複雑多岐な組み合わせを，あらかじめ整序することなしに片端からシラミ潰しに計算していくなら，そのコンピュータ計算は想像をはるかに超えた量になるはずだ。

　さらに，「因果より相関」というアプローチには，計算量だけでなく，いっそう本質的な問題点がひそんでいると西垣は言う。およそ，「相関関係さえ見つかればいいんだ，結果がわかれば理由なんていらない」という乱暴な手法は，

第3章 「統計的」社会調査法とビッグデータ　81

単純で反知性的なにおいがする。因果関係をたどるのは面倒くさいし，非効率かもしれない。だが，いかに苦しくてもそれは，「思考する存在」である人間にとって，かけがえのないものであり，もし，コンピュータがわれわれの直観や常識に反する相関関係をはじき出したなら，それを安易に信じて行動することは適切なのか。むしろ疑って立ち止まるべきではないのだろうかと述べている[8]。

　テクノロジーで問題を片付けようとする工学的思考に，はなから違和感を持つ社会学者としては，そもそも「因果より相関」というアプローチでは，なぜそうなるのか，また問題そのものが孕む価値や目標について，思考の対象から外してしまうものに見える。

　また，西垣はデータから「帰納」する論理に対して，ビッグデータ分析では「仮説推量 abduction」という処理をするが，それには誤りが含まれる可能性が排除できないと論じている[9]。

　コンピュータが人間のように自ら学習し思考して，正しい判断をするといっても，個々の事実を一般ルールに照らして個別条件を導く仮説推量をしているだけなら，そこに他の条件が働いていることに気づくことができない。これを社会調査で考えてみれば，2変数の相関があっても，それはみせかけの疑似相関である可能性があり，第3変数，さらにはそこに影響を与えていると考えられている多数の媒介変数を組み入れて考えなければならない，ということは初歩の常識である。多変量解析のさまざまな技法は，そうした考慮の数量分析の基礎にある。

　ベルギーの数学者，A. J. ケトレー（1796〜1874）に始まる近代統計学が追求してきた，当時の新しい研究分野である確率論と統計学は最小二乗法などの形で主として天文学に応用されていた。ラプラスは確率論を社会研究にも応用することを考えていたが，ケトレーはこのアイディアに基づき「社会物理学」の名で研究を開始した。彼の目標は，犯罪率，結婚率，自殺率といったものの統計学的な法則を理解し，他の社会的要因の変数から説明することにあった。このような発想は当時の学者の間に議論を巻き起こしたが，18世紀以来の「神

の秩序を数学的に明らかにする」という思想に対して，個人の行動に基づいて科学的な法則性を追究した点で際立ったものだった。彼はそれを社会物理学と呼んで，「平均人」(*l'homme moyen*：社会で正規分布の中心に位置し平均的測定値を示す）という概念で説明した[10]。

　竹内啓はビッグデータに統計的方法を適用するに当たって，４つの段階を経なければならないと指摘している。それは，①データの吟味，②モデルの選択，③手法の選択と適用，④結果の解釈と判断，である。とくに第１段階のデータの吟味という点で，ビッグデータには問題がある。

　　ビッグデータは莫大な量のデータを含んでいるが，量が多いというだけでは，分析の目的に対応した良質な情報がふくまれているとは限らない。ビッグデータは，ふつう何らかの管理業務のために記録されるのであって，統計的情報を得るために作られるものではない。従ってその対象となっている集団は，分析の目的からすれば偏っているということが少なくない。例えば特定の店のPOSデータは，当然その店の顧客に関するものに限られるから，顧客の性，年齢，所属，職業などによって偏ったものになる。また業務記録はその主要な項目についてはほぼ正確であるが。それとともに記録されている項目については偏りが大きいことがある。所得や資産については過少に申告されることが多い。また１つの対象について記録される多数の項目について記入が欠けている，いわゆる欠測値が多くあることも少なくない。その場合存在するデータだけを単純に集計すると，結論が偏る場合がある。またデータの中には最初から不適切なもの，或いは根本的にまちがっているものがあり得る。それらは本格的な分析の前に除いておかねばならない。データの吟味はデータ解析において絶対必要である。データが膨大である場合には，その一部を標本として取り出して予備的解析を行うことも必要である[11]。

　また，こうした統計学的な観点とは別に，大黒岳彦が指摘するように，ビッグデータについてたんなるビジネスに資する道具としてしか見ようとしない多くの誤解があり，こうした誤解はビッグデータが指し示している社会の基底的次元での構造変動から目を逸らすことになる，という点は重要である[12]。

　以上，おもに西垣通の所説を追って，ビッグデータとそれを処理するAI技術の現状についてみてきた。ビッグデータという言葉のあいまいさにさまざま危惧は感じるものの，AI技術の可能性という点では，もはや現実の応用分野

でこれを反対方向に押しとどめることはほぼ不可能だし，技術的に進むところは進んでいくだろうと筆者には思える。おそらく学術研究とは別の場所，とくにビジネスや金融などの分野では放っておいても，AI 技術の利用はスピードを増していくに違いない。そこで，本章では問題をもっと限定された場で考えてみたい。

2　数字と言葉への補助線──チョムスキーの言語論

　コンピュータ技術がもたらした AI とビッグデータの問題を論じているのに，言語学を持ち出すのは奇妙だと思われるかもしれないが，まずこういう設定をしておきたい。

　「データ」という言葉の語源は，datum という，ラテン語の「与える」dare という動詞の過去分詞形「与えられたもの」から来ている。人間が知りたいという事象，それを記録しておいた「与えられたもの」をデータと呼ぶとすると，コンピュータが直接に扱うのは，言葉ではなく数字である。いうまでもなく，数字や単純な記号だけなら，パリだろうがニューヨークだろうが，東京だろうが時間，空間，文化の差を無視して共通の記述に使うことができる。序数奇数を問わず数字は単に量を表示するだけでなく，アルゴリズムを与えて演算処理させると，最適解をはじき出す。コンピュータの出発は二進法を応用して電子回路で計算させる機械から始まったことは知られている。ということは，コンピュータが得意なのは，「与えられたもの」としての数字で計算することで，人間が使うことばのうち数字以外の言語，文字で書かれる文などをそのままでは扱えない。通常ある場所で使われていることばは文法や語彙がそれぞれ違っていて，それが意味するところは数字のように一義的ではなく，表現に無数ともいえるヴァリエーションがあるから，その違いを認識するのはコンピュータにはひどく厄介な作業になる。

　そこで，ことばで認識し記録したデータを人間が数字に置き換える，数量化の作業が必要になる。たとえば社会調査がいつもやっている回答をカテゴリーごとの選択肢に落とし，それに数字をふって一定の尺度にしたがって数量化す

るやり方がある。あるいはことばで記録された事実や発言の文を，用意した
コードにふり分けて番号を付ける。それは数字に変換されているからコン
ピュータに読み込ませることができる。あとは計算の速度だけの問題である。
しかし，この数量化の作業はふつう人間がやらなければならないし，そこには
言語に関する恣意的で文化的，あるいは微妙な「文学的」解釈が入り込むこと
は避けられない。できれば，そういう個別言語のもつ差異は消去しておきたい
とIT情報学者は考えるのだろう。

　そこで，AIとビッグデータの議論では，もっとシンプルに言語情報を数量
化するのではなく，センサーでデータを採る段階で会話も映像もすでに数値に
なっており，自動的にデジタル情報や機械翻訳で計算可能な形にしておけばよ
いと考える。あとは計算能力・速度とアルゴリズムをどう工夫するかの問題で
あるとする。技術の指数関数的進歩を謳う「ムーアの法則」よろしく，それは
すでに人間の手にするところとなっているのだ，と。

　しかし，これは技術の進歩がつねに人間の幸福利益にプラスに働くという根
拠の希薄な妄想でないとは言いきれないだろう。そのことを考えるために，も
う一度言葉の問題，言語学を覗いてみる。人工知能とビッグデータの社会への
影響というものを，冷静に考えようとするとき，この問題に当初から示唆を与
えたチョムスキーの言語論が，補助線になるかも知れないと筆者は考えてい
る。

　ユダヤ系アメリカ人，ノーム・チョムスキーは20世紀言語学に革命を起こ
した人として著名であり，一般にはヴェトナム戦争を推進したアメリカ政府に
対して批判的なリベラル派知識人として，ジャーナリズムでもすでに世界に知
られた名前である。でも，その言語論，変形生成文法と呼ばれる理論は，いか
なる由来，いかなる学問的意図のもとに形成され，革命と呼ぶに値するものな
のか，われわれは十分に理解しているとは言えない。

　近代科学というものの見方・考え方が，広く体系的理論的に整備されたの
は，19世紀なかばの西欧で，自然科学の発見・成果が疑いもなく現実の変化
として人の生活を変えることが目に見えるようになった産業社会以後である。

電気, 動力機械, 鉄道, 自動車, 飛行機, 軍艦, 大砲。それを生みだしたのは, 実験と観察, 現象を説明する理論とそれを応用する技術の結合だった。その方法は, 物理・化学から生物学・地学・医学および, さらに社会現象にまで及んで次なる20世紀に発展する。しかし, 人間が話し書き読む言語の研究は, どんなに精密に研究し, 世界中の言語を採集して記録してもまっとうな社会科学にも入れてもらえなかった。経験科学として人のことばを研究するとしたら, まずは世界中で話されている言葉を収集記録し, そこからなにか法則や理論を導き出す以外にないと考えたのは当然とも言える。チョムスキーの言語理論が, 革命とも呼ばれたのは, この前提を覆したからだという。

　科学研究における経験主義の帰納的方法と, 論理主義の演繹的方法との対比は, さまざまな領域分野において問題の焦点になると思うが, 言語学の場合, 世界の言語の採集を丹念に蓄積することから辞書の作成や音韻論, 文法規則の系譜論などが経験的に行われてきたという点では, 帰納的方法が主流を形成したのだろうと思う。これに対して, 普遍主義・論理主義の言語論は西欧ではつねに存在したが, それが20世紀にはっきりと表明されたのはチョムスキーになる, といっていい。たとえば,『統辞構造論』第3章第1節で, チョムスキーはこのように書く。

　　言語に関するこの考え方 (有限状態文法) は, 極めて強力で一般的なものである。この考え方を採用できれば, 話者というのは本質的にここで考えている機械であると見なすことが出来る。文を産み出すとき, 話者は初期状態から始め, 文の最初の語を産み出し, そのことによって二番目の語の選択を制限する第2の状態に移るというような形で進んで行く。話者が通る各々の状態は, 発話におけるその地点での, 次の語の選択を制限する文法的制約を表している。
　　言語に関するこの考え方が持つ一般性とコミュニケーション理論など関連分野における有用性を考慮すれば, 英語のような言語, あるいは数学の形式化された体系の統辞的研究において, この観点を採用することによってもたらされる帰結を探求することは重要である。そして, 英語に対して有限状態文法を構築する試みは, たとえそれがいかなるものであっても, 最初からすぐに重大な難点や厄介な問題に直面することになるが, このことは読者にも容易に確かめてもらえるだろう。但し, 英語に関する次のようなより一般的な言明を考慮すれば, 今述べた

86

ことを実例によって示す必要もないであろう[13]。

　ここでチョムスキーのいう「有限状態言語（finite state lenguage）」とは，有限数の異なる内部状態（internal states）のうち，「ある機械」がいずれかひとつを取ることができると仮定したとき，産み出された言語のことを指す。そして，文を産み出すその機械を有限状態文法（finite state grammer）と呼ぶ。ある言語，それが産み出すことのできる文の集合を定義するものが，有限状態文法になる。なぜ文法が必要か，といえば，語の列である文は無限にたくさん存在するのに対し，文法は必ず有限であることが求められるからである。

　チョムスキーが拒否する記述言語学は，発音であれ，文法であれ，実際に話されている言語の経験的研究によって得られたデータから帰納したものを基礎にする。世界にはさまざまな異なる言語が併存しており，言語の研究はそこから出発すると考える。しかし，チョムスキーはそうした努力は必要ないと主張した。話され使われていることば（コーパス）の採集は，言語の研究にとって些末で末梢的なものである。コーパスとは，ことばの能力を用い，その力を行使（perform）して，その実演（performance）として現われた，過程の末端に現われる結果にしかすぎないのだから，それをいくら集めても，部分的なものでしかない。むしろ，追及すべきはより本源的なコーパスを産み出すそのもとにある，言語を使う人間の能力（competence）に注目すればよい，と考える。

　そこで登場するのが，この能力がそなえている基本的な（言語）形式があらゆる実際の言語表現──つまり表層構造をつくり出しているもの，「深層構造」になる。それぞれの言語は，この深層構造を，一定の規則に基づいて変形し，表層構造において，いわゆる言語として実現する。この深層構造と表層構造との関係，とりわけ深層構造を表層構造にもって行くのに，どのような変形規則が使われるか，それを明らかにするのが文法の仕事だと考えた。これは言語研究における経験主義・実証主義の否定である。

　この深層構造というのは，いくつかの命題（proposition）から成るひとまとまりであって，それにはいろいろな組み合わせがある。その命題の基本的な形

は単純な「主語＋述語」であり，それ以上には分解できない文の骨格のような
ものと考えられる。チョムスキーが説明のためにあげた実例は，たとえば次の
ようなものである。

Dieu invisible a créé le monde visible. (仏語)／
Invisible God created the visible world. (英語)
目に見えない神が，見えるこの世を作った。

　表層構造としては単一の文のかたちをとっており，通常の文法ではこの文
は，invisible God（目に見えない神）というひとつの主語と created the visible
world（見えるこの世を作った）というひとつの述語から成るとされる。しかし
チョムスキーは，オトになって出てくる表層ではそうなっているが，深層にお
けるそれ以前のもとのかたちでは，「目に見えない神」がすでに，「主語＋述語」
の観念をそなえていると解釈する。このような考え方にしたがえば，表層構造
において，見かけはひとつのこの文が，深層構造では次のように3つの命題に
還元される。
1，Dieu est invisible. (God is invisible.)　神は目に見えない。
2，Il a créé le monde. (He created the world.)　かれはこの世を作った。
3，Le monde est visible. (The world is visible.)　この世は見える。
　こうして描き出されたそれぞれの文は，もうそれ以上分解することのできな
い基本命題だという。
　これらの命題は，人間がもの言うとき，そのままじかには現われないが，「精
神に現前している複合観念のうちに入っている」[14]。そのことは別の個所では，
「深層構造は含蓄的（implicite）であって，それは表現されることはなく，ただ
精神のなかに表示される」。深層構造は口に出されることはなく，ただ心のな
かでなんとなく思われるだけにとどまる。それは「純粋に心的（purely
mental）」な過程なのだから[15]。この「心中に思われているもの」が「一定の
精神的操作」によって表層構造として姿を現わす。その深層が表層へと変形す

る過程をいくつかの規則として引き出し，それをチョムスキーは「文法」と呼ぶ。つまり，文法とはチョムスキーによれば，ことばそれ自体の中から現われ，それ自体の中に見出されるのではなく，心（それも脳の働き）とことばとをつなぐつなぎ方の方式を記述するものだということになる。それではチョムスキーにとって，深層構造と表層構造のいずれが言語の本質，本物であるのかといえば，深層構造の方である。

構造ということばを使っているが，これは構造主義言語学を唱えたソシュールの立場に根底から批判を浴びせるものとなっている。田中克彦はそれをこのように言う。

　　ある文の深層構造とは，ある文の底にひそんでいて，その文の意味をきめる抽象的な構造（structure）である。表層構造とは諸単位から成る表層の組織（organization）であって，これがどういうオトとなって出てくるかを決め，実際の発話の形式，その受容され，あるいは意図された形式に従わせる。ここでは，深層構造は構造であるが，表層構造は諸単位からなる組織（＝組み合わせ）であって，それは構造の名にあたいしない。すなわち，深層構造こそがまともに相手にできる対象だと述べているのである。
　　我々はこのことばを聞いたときの構造主義者の驚愕がいかばかりであったかを想像しよう。ひたすら眼前に置かれた，現実の言語のかたちに目をこらしていた，そのような節度ある態度こそが「まさしく，実際の言語運用に関する理論の発展を妨げている」と言うのだから[16]。

科学研究における経験主義の帰納的方法と，論理主義の演繹的方法との対比は，さまざまな領域分野において問題の焦点になると思うが，言語学の場合，世界の言語の採集を丹念に蓄積することから辞書の作成や音韻論，文法規則の系譜論などが経験的に行われたという点では，帰納的方法が主流を形成したのだろうと思う。これに対して，普遍主義・論理主義の言語論は西欧ではつねに存在したが，それがはっきりと理論として表明されたのはチョムスキーになる，といっていい。

言語学では，通常その分野を意味論（semantics），語用論（pragmatics），そして統語論（syntax）に分け，さらに派生的に音声学（phonetics）や語彙論，

第3章　「統計的」社会調査法とビッグデータ　89

文字論，比較言語学などが展開するのだが，チョムスキーはもっぱら統語論（構文論とも訳される）中心の生成文法を開拓したといわれる。意味論が，語・句・文・テクストなどの記号列が表す意味について論じるのに対して，語用論は，実際の発話や文脈に依存した記号の使用を問題にし，統語論は，その記号列の構成について論じるものとされていた。

　たとえば，Colorless green ideas sleep furiously.（無色の緑色のアイディアは猛り狂って眠る）という文は，語の文法上の位置は正しいから統語論的には問題ないが，意味論からすればめちゃくちゃで意味をなさないことになる。この違いは，「緑色のアイディア」のような表現が，意味論的にはわれわれが日常的に経験している事象の中には見つからないことを知っているからだ。

　「近代言語学の父」と称される F. ソシュール（1857～1913）は，社会的文脈から言語というものを切り離して研究する方法を樹立した人といってもいいが，そのためにはことばを話す個人と社会をどのようなものと設定するかが鍵になる。ソシュールは，デュルケームが始めたフランス社会学の成果のなかにある，個人を超えた「社会的事実」という概念に啓示を受け，自分の理論に言語共同体（la communauté linguistique）というものを持ち込んで，ことば一般のなかで「社会的に制約された部分」，「その社会のメンバー相互の間に交わされた一種の契約にもとづいてはじめて存在する」ラングという概念を確立した[17]。

　ソシュールは，言語学とはこのラングを，「社会的生活の内奥において研究する」ものであるとしたが，言語学がその対象を限定し，科学になるためには，言語の超個人性，個人にとって外的であり，強制的であるというこの性質が必須であった。だが，ある言語が存在するためには，話す大衆（masse parlante）が必要である。ソシュールは，社会的事実としての言語に基礎をあたえるために言語共同体を設定したが，その半世紀後に，チョムスキーは言語のあり場所を，社会や大衆などではなく，生物的個体の中に閉じ込めた。

　ソシュールではラングとパロール，概念と音響映像の対を言語がむすびつけ構造化すると考えるのに対し，チョムスキーではそれが心の中で，つまり脳の

機能として可能なのかを問題にする。だから，それは社会の中で言語の体系がどう作られるかではなく，ことばを話す人間の能力を構文や文法の生成として問うシンタックスの問題になる。そこには，人間が生まれながらに持つ言語の能力が，新しい文を自由に作り出す「創造性」をもつという思想が「デカルト流」の言語観として理論化される。

　言語に対するチョムスキーのこのようなアプローチは，人文科学あるいは社会科学に分類されていた言語学を，基本的に自然科学に近づけていく。「人が言葉を話す能力をもつのはなぜか」というチョムスキーの問いは，文化や歴史の個別性ではなく，時空を超越した普遍性に指向するところから，記号と論理をあやつる人間の思考能力の問題になり，生物学的基盤につながるからである。つまり，すべての言語が共通に持つ普遍的一般文法は，論理の普遍性によって根拠を与えられ，その論理はまたさらに，種としての人間に特有の能力を基礎に持つ。種とは生物中の，ある特徴を共通にするグループのことを言うわけだから，すべては結局，生物学的な基盤に還元できることになる。

　西洋語にはなぜ日本語にはない冠詞というものがあるのか？　しかもフランス語では冠詞が男性名詞，女性名詞などで変化するのか？　など，ある言語特有の規則はいろいろ違いがある。それには合理的な理由はなく，ただそういう規則になっているから，というだけで，その根拠を考えるとその言語を話す人々がいる，つまり「話す大衆」がいるからという社会的事実に帰着する。ソシュールはその「話す大衆」を仮定しておいて，言語の作り作られる構造を考える。でもチョムスキーは，そういう個々の言語の使われ方とか，差異とかいうものに興味がない。いわば言語をどんどん骨だけに分解してしまって，変形規則という次元にまで抽出してしまえば，フランス語だろうが英語だろうが，何語だろうがみんな同じというところまで持っていく。

　こういうあたりの思考様式は，社会学でも 20 世紀の半ばに「交換理論」というのが出てきて，人間の社会的行動を複雑なものと見るのではなく，基本的に単純ないくつかの心理的命題に還元してしまい，あとはそこに働く条件だけで全部説明可能だとする，G. C. ホーマンズのような社会学者の理論が思い出

第3章 「統計的」社会調査法とビッグデータ　91

される。

　しかし，チョムスキーのように構文の形式だけを，内容から切り離して抽出
してくるのは困難な言語もある。たとえば中国の古典語（漢文）は，内容を捨
象して文の論理形式（文法＝構文論）を考えるのが，たいへん難しい。中国古
典語は，個々の単語の意味解釈に依存しない，むきだしのシンタックスは成立
しない。文法は，品詞の別のない，概念だけの単語に依存していると見えるか
らだ。ギリシャ語とかラテン語のように，極めて発達した形態論をそなえた言
語を見なれたヨーロッパ人には，「名詞と動詞の区別すらない」「極度に不完全
な言語」である漢文と，その言語によって達成された高度な文明との不可解な
対照の前にとまどったはずである。

　なるほど，漢文には形態上，名詞，動詞，形容詞，接続詞などの区別がなく
主語と述語もなく，変化しない。音声や会話には無縁で，ただ文字があるだけ。
並ぶ順番には規則はあるが，漢字という表意文字が，状況や文脈に対応してな
んらかの意味を醸し出す。日本では漢文を日本語に読み下して，いわば文法的
変換をやってしまう。これはチョムスキー的変形だともいえないことはない。
ためしに，論語の1節でやってみると…

為仁由己　而由人乎哉　顔淵曰，請問其目　子曰　非礼勿視，非礼勿聴，
非礼勿言，非礼勿動。

　　　（『論語』，顔淵　第12　顔淵仁を問う）

　読み下し：仁を為すは己に由る。而して人に由らんや。顔淵曰く，請ふ，そ
の目を問はん。子曰く，礼に非ざれば視ること勿れ，礼に非ざれば聴くこと勿
れ，礼に非ざれば言ふこと勿れ，礼に非ざれば動くこと勿れ。

　読み下しの方は，主語と述語，そして仮定や命令など日本語の文として意味
の通るように操作し注釈を加えている。レ点や振り仮名のような工夫は日本で
加工したもので，中国ではこの文字をそのまま読むわけだ。シンタックスの純
粋化に成功した漢文。

　個別言語が持つ余計な装飾的形態，接続音など，文法的な小道具の欠如のゆ
えに，漢文は，より言語外の論理そのものへと読む者の精神を集中するかもし

れない。チョムスキーの深層構造は，論理的な関係のみを示すかぎりのシンタ
クティックな構造であるから，当然形態論を含まない。それは表層への変形の
過程ではじめて登場してくる。このように考えれば，チョムスキーの深層構造
は，漢文に近いものと言えなくもない。ただしそれは，英語の構文を頭に置い
ているのだが。

　チョムスキーの理論が言語学で革命的なものとされ，その影響は日本にもお
よんだ。それは80年代のコンピュータ科学に顕著だったと西垣通は述べてい
る。

　　私事にわたって恐縮だが，門外漢である私がチョムスキーに興味をもったきっ
　かけは，その言語理論がコンピュータ科学と深い関わりを持ったからである。本
　書が書かれた80年代は，人工知能研究の全盛期だった。ヒトの言葉を理解し，翻
　訳や会話をする第5世代コンピュータの夢が本気で語られていたのである。当時
　のコンピュータ科学では，主にチョムスキー理論がヒトの言語のモデルとして用
　いられた。たとえば，チョムスキーの文法にしたがって文章を解析・生成する機
　械翻訳システムも多く開発されたのである。
　　コンピュータ科学がチョムスキー理論と親和した理由は，まずその数理的な表
　現形式のためである。チョムスキー理論における言語モデルは，コンピュータの
　プログラミング言語に酷似した形式的厳密性を持っており，それゆえコンピュー
　タ科学者には扱いやすかったのだ。だがそれだけではない。「深層構造」という考
　え方が，野望に燃えたエンジニアを魅了した。ヒトの言語表現は一見さまざまの
　ようだが，深奥に共通の「普遍的な意味」があるとチョムスキー理論（少なくと
　も初期の理論）は述べる。とすれば，うまくするとロボットにヒトの言葉を理解・
　表現させることもできるはずだ。つまり，深層構造をコンピュータの中で表現し，
　入力文を外国語に翻訳したりできるだろう，というわけである。実際，たとえば，
　R・シャンクの概念依存的構造というモデルでは，入力文の意味をプリミティブな
　「概念の型（行為，物理的対象，空間位置，時間位置，行為修飾，対象属性など）」
　の構造体として表現しようと考えた。述語に対応する「行為」は，さらに10個あ
　まりの基本行為に分類される。たとえば，「所有関係を移動する（give, buy,…）」
　とか，「物体に力を加える（throw, shift, kick,…）」などである。
　　この他にも，80年代にはさまざまな大同小異の取り組みがなされたが，成果は
　期待したほどではなかった。ヒトの言葉を真に理解し表現できるロボットは現在
　でも存在していない（ちなみに，90年代以降のコンピュータ科学では，チョムス
　キー流の文章構造の解析・生成よりもむしろ，多くの用例を集め，文章パターン

の合致によって機械翻訳を行うなど，実用的な「コーパス・ベース」の方向が模索されている）。

　私は80年代，当時のコンピュータ科学のあまりにナイーブな言語観に強い反撥を覚えた。そこには明らかに行き過ぎた普遍主義・論理主義が見られたからである[18]。

　チョムスキー28歳の代表作『統辞構造論』の中で，注目すべきはその中身ではなく，冒頭の「まえがき」末尾にある謝辞である，とクリス・ナイト（英国生まれの人類学者で政治活動家）は言ったという[19]。チョムスキーがMITでこの研究をすすめた資金の一部が，アメリカ合衆国陸海空軍によって提供されたことに感謝している。その箇所を引用すると，「この研究（すなわち『統辞構造論』）は，アメリカ陸軍（通信部隊），空軍（航空研究開発本部科学研究局），そして海軍（海軍研究部）からの支援を一部受けている。さらに，米国国立科学財団とイーストマン・コダック社の支援も部分的に受けている。」[20]

　アメリカの軍部が言語学という一見およそ軍事とは無関係に見える研究に資金を出したのは，当時の米軍がそのテクノロジーの要請として，チョムスキーの研究に期待すべき何かがあったわけで，それは端的にコンピュータ言語に通じると考えたからだろう。そこには，人間がことばという気まぐれで誤解を生みがちな手段を，もっと一義的で間違いのない記号に変換するものにできるのではないか，という期待がある。軍事上の作戦命令を兵士たちに誤りなく伝達するには，個性を持った日常言語では心もとない。英語もまたさまざまな装飾や言い回しの綾に彩られた言語のひとつであり，研ぎ澄ますべきは文学的な洗練ではなく，伝えたい核文だけである。それは意味論的アプローチではなく，構文論の自然科学的アプローチによってなされる。

　そのような期待は，もちろんそのままでは果たされなかったが，21世紀のAIとビッグデータの進展で再び蘇るのかもしれない。ディープラーニングの戦略は，チョムスキーの言語論がそのままでは使えないところから始まっているようだが，コンピュータ言語の普遍性をより実用化するうえで，チョムスキー理論は機械翻訳や脳科学の進展にきわめて大きな影響を与えたことは確か

だろう。21世紀科学における，ことばと数字という問題で，西垣がかつてチョムスキー理論に感じた，行き過ぎた普遍主義・論理主義に加えて，いまはインターネットが世界を覆う情報社会の新段階には，これはあまりにも「アメリカ的」覇権主義の片棒を担ぐのではないか。

3　情報社会学？——吉田民人の情報論

　ビッグデータというような少々空想的で壮大な話と，チョムスキー言語論という特殊な世界を，門外漢であることを省みずに一瞥してきたが，ここで少し，日本の社会学という狭く囲われた世界に立ち戻ってみよう。

　現代の社会学者で「情報」について本格的に考察を進めた人として，われわれには吉田民人という名がすぐあがるであろう。1996年に「日本社会情報学会」と称する学会が複数設立され，これとは別に「情報社会学会」も2005年の4月に設立された。「情報社会学（Infosocionomics）」を提唱する公文俊平によれば，先行する2つの学会 Socio-Infomation Studies（JSIS），Social Informatics（JAIS）は理系色の強い「情報学」に重点を置いているのに対し，「情報社会学会」は社会学に力点があるのだという。つまり「情報社会学」は最広義には「情報社会の学際的総合的研究」を意味し，最狭義には産業社会での「富のゲーム」に代わって情報社会で新たに普及するようになると思われる「智のゲーム」を研究対象とする社会科学の一部門を意味するという[21]。

　情報社会の社会学という構想は，公文によれば，理論経済学から出発した村上泰亮（1931〜93）と理論社会学から出発した吉田民人（1931〜2009）の仕事の延長線上に登場したものと考えられる。コンピュータ情報処理から発展する理系の情報学に対して，村上や吉田の考えた「情報」社会は，かなり壮大な歴史的視野に立っている。

　村上も吉田もすでにこの世にないが，社会科学的情報論研究というものを考える上で，ここで吉田民人の情報科学論について，少し振り返っておこう。

　吉田は先ずクーン流の，17世紀に起きた「大文字の科学革命」が，20世紀後半にも起きているとみる。17世紀の科学革命が，「物質」ないし「物質＝エ

ネルギー」の法則を追求するものであったのに対し，現在進行中の第二次科学革命ではそれが「情報」を中心に展開すると考える。この場合の「情報」は，ヒト・ゲノムのような遺伝情報から，脳神経系の生命活動，人間の行なう秩序認識や思考における物理自然科学とは別種の情報，言語的情報までを含むもので，自然科学の秩序形成原理が一元的な「法則」と呼ぶものであるのに対して，独自の論理・数学的構造をもつ「プログラム」を対置する。一種の飛躍，キーワードとしての情報を，科学革命を導くものととらえる。

　この第二次科学革命は 3 つの柱からなっているという。

（1）「設計科学 designing science」の提唱

（2）「情報」範疇の追加

（3）「プログラム」原理の導入

がそれである。

　第 1 の柱としての「設計科学」というのは，従来の近代科学が「自然の認識」を目的として，あくまで自然現象の記述・説明だけに禁欲的に自己限定していたのに対し，「ありたい姿」や「あるべき姿」を設計するという「自然の設計」にまで踏み込むことを科学の目的にする。

　第 2 の柱，「情報」範疇の追加というのは，自然を構成している「物質＝エネルギー」に対して，「非記号情報および記号情報」を追加するということで，吉田の表現では，「物質＝エネルギー」はアリストテレス哲学の「質料」にあたり，「非記号情報および記号情報」はアリストテレスでは「形相」を科学化することになる。非記号情報の定義で，「差異／パタン」というのは，ソシュールの差異・差異化をとりいれ，「パタン」は計算機科学の「パタン認識」から拡張して，この「差異とパタン」が同時成立すると考える。「記号情報」は，DNA 情報を原型として言語情報やデジタル情報にまで進化するという。これができるのは生物相と人間に固有のものである。DNA 情報は「AGCT」という情報素子の線形配列パタンであり，法律などは印字されたアルファベット（音素を表す文字の体系）という情報素子の線形配列パタンになる。

　このあたりから，筆者には少々ついていけない大風呂敷と感じられてしまう

が，我慢して次にいくと，物質層と生物・人間層を峻別するある意味で近代的な論理が展開する。

　吉田の情報論は「物質」一元論から「物質と情報」二元論へのメタ・パラダイム転換を主張する。「物質と情報」二元論は，厳密にいえば「本源一元論的派生二元論」である。「本源一元論」とは，「質料としての物質」とその「差異／パタンとしての非記号情報」との『不可分の統一体』が物質層の唯一の構成要素であり，生物層・人間層もその物質層を不可避・不可欠の基盤として構築されるという自然哲学のことをいう。つまり，「物質とその差異／パタン」一元論である。それに対して「派生二元論」とは，生物層と人間層にのみ固有の「物質と記号情報」との二元性を意味している。「質料＝形相結合体」という一元論的な物質的自然は，生命の誕生とともに，「非記号情報」から「記号情報」への進化を通じて二元論化する。すなわち，「記号として機能する質料＝形相結合体」および「意味として機能する質料＝形相結合体」の分化，つまり意味するものと意味されるものとの分化が，発生するのである。

　一元論的な物質層から派生する生物層と人間層に固有の二元論の内実は，抽象化すれば大要はつぎのようなものである。すなわち「記号」としても「物質の差異／パタン」が認知・評価・指令という３大情報機能ないし３モードの情報機能により，「指示対象」としての「物質の差異／パタン」を指定・表示・制御し，ひるがえって「指示対象」としての「物質の差異／パタン」が何らかの選択過程に媒介されて「記号」としての「物質の差異／パタン」を直接・間接に決定するという循環的関係がそれである。具体的事例でいえば，人間の認知・評価・指令的なシンボル性情報が人間的現実を構築し，人間的現実が事前・事後の主体選択に媒介されてシンボル性情報空間を決定するという循環的関係や，生物の遺伝子型が表現型を構築し，表現型が自然選択に媒介されて遺伝子型を決定するという循環的関係がそれである。

　このように吉田の言う「情報」というのは人類史的に広大な概念なのだが，とりあえずこういう概念規定と分類を飛ばして，一気に社会科学の方法に触れている部分だけを見る。それは『情報と自己組織性の理論』(1990) の第５章「社

第3章　「統計的」社会調査法とビッグデータ　97

会科学における情報論的視座」のなかの情報論的アプローチの基本的視座について説明している部分である。吉田は，社会科学を通貫する基幹的アプローチを3つあげ，第1が相互関連的アプローチ，第2が要件論的アプローチ，第3が情報論的アプローチと呼ぶ。以下，吉田の説明はこうなっている[22]。

　第1の相互関連的アプローチは，近代経済学の均衡理論に代表されるシステム論的アプローチをイメージしている。これはまず，相互連関する諸要因（変数）を析出し，その定性的・定量的内容（変数の値）を確定する。次に，諸要因間の相互連関（関数，すなわち変数間の定性的・定量的な対応法則）を定式化する。システムに対する要因間のインプットとアウトプット変換の分析になる。そして，諸要因の均衡の分析になる。この均衡分析がこの相互関連アプローチの究極の課題であり，システムの均衡条件，存在定理，安定条件を吟味することになる。ここでは数学的に，諸変数の関数関係の集合，つまり連立方程式で表現することができる，とする。

　第2の要件論的アプローチは，生物化学と心理科学と社会科学に特有の，自己保存系（生物・生物社会・人間・人間社会・自動制御機械）を対象にするアプローチである。これも3段階になっている。まず，自己保存の要件ないし機能的必要，所与の環境下で存続・繁栄・発展するための諸条件を明らかにする要件分析，すなわち価値変数（選好変数，厚生変数，目的変数）の確定作業を行う。次に，自己保存系の内外の各要因が，要件充足をどの程度，促進するか，阻止するかを認定する機能分析である。その帰結は評価関数（選好関数，厚生関数，目的関数）を定式化する作業である。そして要件論的アプローチの究極の課題である許容性分析，つまり要件充足の許容状態の条件，存否，その安定性を吟味する。数学的には，評価関数の集合と内生・外生諸変数の相互連関を表す制約条件の集合とによって示すことができる。例として，効用関数（評価関数）と収支方程式（制約条件）から構成される消費者行動の理論，利潤関数（評価関数）と生産関数（制約条件）から構成される企業行動の理論のミクロ経済理論をあげる。このアプローチを自覚的・系統的に採用したのは文化人類学や社会学の機能学派だが，吉田は「残念ながら，いまだ相互連関的アプローチほど

の彫琢をみるに至っていない」が，それと標榜されることなくあらゆる分野で
みられるという。

たとえば，ダーウィン進化論は，遺伝情報により決定される形態と機能が，
たまたま一定の環境のもとで突然変異と自然淘汰が起こり，許容範囲の要件充
足をもたらす生物だけが存続・繁栄するという，要件論的アプローチの分析で
あり，心理学の欲求概念は，パーソナリティ・システムの基底的な要件を表し
たものと考えることができるとする[23]。

最後の情報論的アプローチであるが，これは2つの知見によって支えられて
いるという。

ひとつは，自己保存系の内外の諸要因とその相互連関が，情報ならびに情報
処理によってコントロールされているという知見。生物個体の物質代謝は遺伝
情報をもとに酵素の触媒作用を中核とする「高分子性情報処理」によってコン
トロールされている。人間社会の物質代謝（物質的生産）は，文化情報（制度
その他）をもとに経済的意思決定を中核とする「言語性情報処理」によってコ
ントロールされている。個体の刺激―反応過程が「神経性情報処理」によって
媒介されていることも知られている。

もうひとつの知見というのは，自己保存系の情報ならびに情報処理は，それ
によってコントロールされる内外の諸要因とその相互連関が，当該システムの
要件を一定の許容範囲で充足しうるようなものへと，自然選択ならびに主体選
択の選択淘汰作用を通じて変容してゆくという認識である。

情報論的アプローチは，要件の許容充足をもたらす情報・情報処理が結局選
択され，それをもたらさない情報・情報処理は結局淘汰される，と把握するの
だと吉田は説明している。「情報諸科学の発達は，この『自然選択・自然淘汰』
とまさに並置ないし対置すべき『主体選択・主体淘汰』――システム自体によ
る情報の選択淘汰――の思想を，今ようやくにして確立し始めている」として，
情報論的アプローチの根底は「自己保存系の内外の諸要因とその相互連関は，
自然選択ならびに主体選択のふるいにかけられた情報ならびに情報処理によっ
て，当該システムの要件を一定の許容範囲で充足しうるような方向へとコント

ロールされる，という自然認識」にあると述べている。

　さらに，情報論的アプローチは社会科学の場合では，次の３つの問題群を抱える。第１が情報処理の「主体」の問題。第２は「シンボル性の情報ならびに情報処理」の問題，第３が情報ならびに情報処理の選択淘汰を規定する条件，すなわち「妥当性」の問題，あるいは「実在」による「情報」の規定という問題である。

　ここで少し気になる「妥当性」分析における「実在」とは何か？

　それは「情報から独立に存在し，認知・評価・指令の情報機能を通じてコントロールされる対象」のことであり，情報が主体淘汰および自然淘汰のテストないし検証を通じて「実在」に規定されるという側面を表す。この説明はマルクス＝エンゲルスの理論に適用できると吉田は説明している。

　　　マルクス＝エンゲルスもまた，人間の行為が，表象や観念，意図や目的定立など，シンボル性の情報と情報処理によってコントロールされる事実を鋭く指摘している。ただ周知のように，彼らは，情報現象の〈背後〉にあってそれを規定する要因——社会的存在——に着目し，〈社会的存在による意識の規定〉を力説した。情報論的アプローチのタームに翻訳するなら，情報ならびに情報処理の〈選択淘汰を規定する要因〉を問題にしたわけであり，情報現象の〈妥当性〉分析を重視したのである[24]。

　吉田の３つの基幹的アプローチは，あくまで分析的な立場から分類されたものであって，研究者が実際の研究で用いるのはこれらを併用ないし統合したものとなっている。吉田にとって，３つのなかでいまだ未発達ながらこれからの科学研究がもっとも力を入れて取り組むべきは，第３の情報論的アプローチになることは当然である。

　日本の社会学者の中には，数理社会学を提唱した安田三郎はじめ，社会学の理論を数学的に表現し洗練できると信じる人が何人かいた。吉田民人もそのひとりである。そのお手本は経済学の均衡理論などで関数と数式で諸要因の関係を明確に規定し，そこに数値を投入してさまざまな説明を抽出する。これは理論研究であって，データ集めと集計分析に偏した社会調査でも，現状分析を数

量的に扱う計量社会学でもないのだと考える。吉田の壮大な情報理論もそうした指向が強く出ているが，それにしては『情報と自己組織性の理論』はじめ吉田の残した本の多くには，数式やデータ分析などはほとんど見当たらない。あるいは吉田の数学的研究を，怠慢な筆者が見ていないにすぎないのかもしれないが，あくまで概念づくり，分類操作，理論家に徹した人のように思える。

　別のところで，「自己組織性」について，またもや類型を設定した吉田は，最終段階に位置づけているのが「言語情報─内部選択」型の自己組織性であり，これが人間の社会システムになる。自己組織機能は DNA 情報により生体の自己組織化から始まり，言語情報による人間社会の自己組織化へという進化をたどる。この進化は，「システムの自由度の増大」という特徴があるとする。

　こうした吉田民人情報理論を瞥見してみると，「情報」というキーワードですべての現象を包括的に説明できる（説明し直す）のだという情熱と野心を感じるのだが，社会学のこれまでの理論学説史的な観点から見る限り，機能主義─システム論の延長上に，進化生物学や遺伝学などの新しい成果を取り込んで，「自己組織性」と「情報理論」を自前で立ち上げた膂力に感じ入る。けれども，この「情報」概念は広すぎて，一般に理解されている「情報」概念に比べ実用的とは思えないし，チョムスキー言語論のように，ことばに繁茂する枝葉を切り落として深層の骨格にまで裸にしてしまうのではなく，逆にどんどん枝を広げて伸ばして空を覆ってしまおうとしているかのように見える。

　もちろんその中核にシステム論という幹があるのだが，そこにはインターネットの普及がもたらした AI 技術やビッグデータのような問題は，単なる応用問題としてしか現われようがない。選択淘汰で進化するのは，人間の知であって，道具としてのコンピュータやインターネットではなく，仮に AI が自己組織システムになろうとしても，遠い先のことと吉田は考えていたように，（システム論に不勉強な筆者には）思える。

　情報社会学の開拓者のうち，その後に残された公文俊平の構想では，さすがに情報社会の WEB 的進化が目に入っていて，このような情報社会の進展によって社会に新たな階層分化が生じるという。つまり，この情報を操って望ま

しい選択や決定に参与する知的エリート「智民」と，それに関与できず情報社会が提供する現実の波間に漂ってそれをただ受容するだけの「痴民」の隔差はどんどん開いていく[25]。最新テクノロジーは人間の生命の根源である遺伝子や生殖を操作可能なものにしつつあるから，もはや空想的段階にはない。

　時代が進化するのか，人間の思考が進化するのか，しかしさすがに公文の論は先走っている印象はぬぐえない。さて，気を取り直して当初の社会調査の方法論というローカルな地点に立ち戻ってみると，この情報論については，20世紀的実証主義を保守する社会学の社会調査という方法にとって方法を再検討すべき意味を持っているのだろうか？

4　社会調査は生き延びるのか？

　19世紀の後半に，フランスなどで国家や地方政府が「統計」というものを定期的にたくさん取るようになって，一種のブームが起こった。それまで単なる漠然とした噂や印象，大雑把な推測でしかなかった「社会の全体像」が，数字によって示されたと人びとは思い，統計によってさまざまな社会現象が正確に捉えられると信じたが，当時の統計は現在のものに比べれば調査項目も限られていて，捕捉率も悪かった。それでも，国民国家が完成して官僚組織が整備されるに伴って，統計は進化していった。それは自然科学で定着した現象の記録に数字を用いるという態度が科学の制度化によって，一般にも普及していったことを表していた。

　20世紀に入ると多くの国で，国勢調査をはじめ経済，財政，人口，衛生，民生など行政が基礎とするデータを統計に求めるのが当然のようになった。デュルケーム学派の社会学が，統計を活用して当時のフランス社会の諸側面を「社会的事実」として研究したことはよく知られている。統計とは基本的に数量データであるから，数学的操作が可能である。本稿の最初でも触れた推測統計学も，巨大化する大衆社会を正確に捉えようとすれば，確率論的な技法を応用していく必要があったわけである。

　しかし，統計の作成は大規模になればなるほど，手間もかかりお金もかかる

ので，国家や自治体が必要性に応じて限られた項目を調査する他はない。そこに入らない現象は統計から漏れているから，別途，小規模でも独自に調査をする必要がある。社会学などは，さまざまな社会現象を対象として研究を行うから，多くの問題で利用できる統計は限られる。独自のデータが必要であれば，自前で調査を行わなければならない。そこで，社会学の教育には社会調査の技術が必須となるようになっていった。

　そしてコンピュータが発明され，第二次世界大戦後，それが大量のデータ処理を可能にし，ハード面での能力を飛躍的に高めるのと並行して，プログラムの開発や，小型軽量化がすすみ，パソコンが廉価になって普及するなかで，数量的な統計処理の技術は文系の研究者にも容易く扱えるようになったことは，いまさら言うまでもない。しかし，その頃はまだ，それはあくまで数量データを計算処理する道具であって，ほとんどの統計データの収集は調査機関の人間，あるいは特定の研究者が，しかるべき場所で時間を費やして手配り目配りして拾っていく努力が必要だった。

　社会学にとっても，必要なデータを手にするには，みずから社会調査を設計し対象者を想定し，調査票を作り，フィールドに出て苦労して集めた回答を，コンピュータにかけるためにカテゴリー・データを数量化する手間をかけていたのである。経済統計のような金額で生産量や投資額や貿易額や給与水準が測定できる場合，あるいはデータが人口や事業所数や従業員数のような絶対量を示す数値ならば，そのまま量的な尺度で計算ができるが，人の行動や意識を測定したデータは，せいぜい順位尺度までしか捕捉できない。その際も，標準的なやり方では，調査票という道具に質問文と選択肢を設け，選択肢に番号を振っておけば，データはいちおう数字でカウントされる。それをコンピュータで集計解析する技法もさまざま開発された。

　しかし，一方で社会学が扱う問題には，そのような数量化では捉えきれない言語的表現がどうしても登場する。あなたはこの問題にどのような意見をお持ちですか？　といった質問に回答を求める場合，選択肢を4つ用意して，単に「1賛成，2やや賛成，3やや反対，4反対」というような形で答えてもらう

のであれば，数量化してコンピュータで集計できる。必要なら他の変数との相関も出すことができる。しかし，なぜその意見に賛成するのかをもう少し詳しく説明してもらうと，4択ではわからない「質的」要素が，言葉で語られることになり，それをアフターコーディングで無理に数量化することに抵抗を感じる社会学者が現れて，このような方法への異議と不信を唱えるだろう。

そこで，1970年代以降，社会学のなかでいわゆる言語派と総称される社会学者は，数量統計的な社会調査を捨てて，ことばをそのままデータとみなして分析しようとする別の道を歩き始めた。彼らは社会と人間を捉える手段として，統計数字ではなく人が語ることばをそのまま採集し，分析できると考える。それは実は，今に始まったことではなく，自然科学をモデルとする実証主義，論理主義に対抗する，社会学のなかの別の流れとして数字ではなく言語を重視する立場に繋がっている。

しかし，ここで触れたいのは，それとは別に，21世紀になって思わぬところからデータ収集と言語という問題が現れたことである。

筆者が本稿であえて，チョムスキーの言語論が補助線になるかもしれないと書いたのは，この問題がいま新たに従来の方法論への再考を促すかもしれないと考えたからである。それは，コンピュータがもたらす技術と環境が，いまや情報処理の道具の域を超えて，インターネットの進展によってデータ収集のあり方自体が，変わってしまう事態が現れたと思われるからである。

ビッグデータとAIの話題で一般に引き合いに出される例は，コンビニなど小売店での人びとの消費行動のデータである。カードを使って商品を購買すれば自動的に，その商店，時刻，買った商品，金額が記録されている。現金で買った場合も本人認証はχであるが，購買行動の記録は残る。あらゆる商店で膨大な記録が日々積み上がっている。それは当初は，小売店側の売上げや仕入れや経営のための情報として使うためであっただろうが，スマホや電子マネーの普及で，そのデータは各店舗やチェーン本部に保存されるだけでなく，クラウド・ネットワークで共有されることも可能だ。コンビニには防犯用のカメラも設置されているだろうから，訪れた客の画像も残る。こうして日々あちこちで

記録されたビッグデータを誰がどのように使うのか，巷の消費者にはよくわからない。

社会調査では，調査協力者には調査の趣旨をよく説明してラポールを確保し，その個人情報は漏れないように秘匿しなければいけないと教えているが，いまやそんな調査など不要なほどに，われわれの生活は知らないうちに記録され蓄積されどこかでデータとして情報処理されているわけである。もし，特定個人に関する情報が検索されるなら，プロファイリングの網にかかり，自分がいつどこでどういう行動をしていたかが，知らないうちに見知らぬ誰かに把握されている事態は，いまおそらく実現しつつある。

ということは，調査をする側から見るとき，今までのような素朴で人間的な社会調査はますます困難になる一方で，しかるべきビッグデータのありかさえ確保・利用できれば，面倒な社会調査などやらなくても，大量の人びとの行動は全件処理できる，標本調査のような誤差のある調査より，はるかに大量で細かなデータが使えるようになる，あとはデータ処理の速度と効率だと考えるエンジニアはたぶんたくさんいるはずだ。

しかし，筆者はやはり，ちょっとまてよ，そんなにことは単純ではないと考え直す。ビッグデータと一括して呼ばれる多様で大量のさまざまなデータの何をどう使うのか，それは無闇に面白半分で任意にコンピュータにかけて相関をとればいいわけではない。使うべきデータを選んで組み合わせるのは，やはりものを考える人間なのであり，コンピュータではない。

そのために，もう少しビッグデータの応用の実例をみる必要がある。そこで，ここではひとつのきわめて実用的なある研究を参考にとりあげたい。

工学系の災害研究，林良嗣・鈴木康弘らのグループが行った「レジリエンス（しなやかな回復力）」をテーマとした共同研究のうち，「ジオ・ビッグデータによる地震災害リスク評価とレジリエントな国土デザイン」（執筆者：柴崎亮介・秋山祐樹・加藤孝明）が採用している手法をみてみよう[26]。

この研究の意図は，以下のような発想から出発している。

2011年3月11日に発生した東日本大震災を契機に，日本各地の自治体では，

地震被害想定や危険度に関する調査を行い，その結果を公開・提供し，地域住民や民間企業などが閲覧・利用できる環境作りをすすめている。しかし，その情報の多くは自治体ごとに作成され公開されていて，町丁目単位やメッシュ単位で集計されたものしか公開されない。調査の方法や被害予測の基準も自治体間で必ずしも同じでないため，地域間の比較が難しい。そこで柴崎らは，「建物一棟一棟が見える細かさで，しかもそれが自由なスケールで集計可能で，都道府県・市区町村の壁がない状態で日本全国，スケールシームレスに被災状況が分析・推定ができる空間情報プラットフォーム」を実現することを考えた。

　具体的には，国勢調査などのさまざまな公開統計情報，緯度経度座標付き電話帳データベース，デジタル住宅地図などの一般的に利用可能で，しかも日本全土をカバーできるさまざまな統計・空間データを用いて，地震災害のリスク（より具体的には地震による建物破壊と火災のリスク）と，災害への初期対応力を評価するための建物一棟一棟単位のミクロな空間データ（＝マイクロジオデータ）の基盤整備を行い，それらを用いて地震災害リスクと初期対応力の簡易的な評価手法を提案し，日本全国を対象に適用することで，地域間の相対的な地震災害リスクと災害対応力の可視化を実施したという。

　ここで注意したいのは，ビッグデータというけれども，その中身は実に多様で，それぞれは別の目的，別の手法で収集されたものであることだ。全国の建物情報は，GPSの航空からの位置情報もあれば，人が歩いて一軒一軒表札を確認した地図情報や映像記録もある。そこに住む人間の属性まではさすがに特定していない。そこは人口統計や建築記録などから推定することになるが，それは常時変動している。多種多様であるがゆえに，そのどれを選び，どのようなアルゴリズムで組み合わせて分析し，その結果をどう読むかは，それらの意味を判断できる専門家という人間の能力にかかっているのである。コンピュータは自己組織性を創造するような学習する人格ではなく，将棋名人の棋譜をなぞってはループして修正している機械にすぎない。

　大地震という予知不可能な自然現象に対して，理系の工学的発想は，空間的・地理的情報をできるだけ詳細にして，そこに統計的数値を組み合わせ，ど

こまで意味のある数字を高性能のコンピュータによって出せるかだけが，中心的な関心である。

　柴崎たちの手法は，デジタル住宅地図から日本全国の建物約 6 千万棟の位置情報を取得し，ポイントデータ化する（建物ポイントデータ）。これで建物の位置，面積，階数，用途が観察できる。そのデータに対して統計情報やミクロな空間データの情報を配分して，一棟一棟の災害リスクと初期対応を計算できる環境を実現したという。

　建物一棟一棟には図 3-1 に示す情報が付加される。

　一棟ごとのリスク情報は三種ある。それは次のようなものになる。

- 被災リスク情報　・地震後に火災が発生し消失する可能性（火災リスク）
  - ・地震の揺れによって建物が倒壊する可能性（倒壊リスク）
- 被災に対する初期対応情報　・周辺の消防組織による出火建物の消化力（公助力）
  - ・地域住民によって期待される倒壊建物からの救助力（共助力）
- 人的リスク情報　・そこに居住している住民が被災する可能性（人的リスク）

　既存統計情報，マイクロジオデータ，自然環境情報といったデータ・ソースから，被災リスク，倒壊リスク，被災直後の初期対応力，人的リスクの 4 つを推定し，日本全土の被災状況を任意の集計単位でスケールシームレスに推定できる環境を実現するため，ミクロな基盤データを整備するというものである。

　建物ポイントデータに対して，さまざまな属性情報を連続的に付加していくことで，最終的には建物一棟一棟に地震による被害に関する多様な情報が付加される。それらを任意の空間単位（例えば町丁目や学区，メッシュなど）で集計することで，任意の地域で被災リスクと，災害への初期対応力の計算が可能になる。また人的被害から初期対応力を差し引くことで，その地域の最終的な人的被害の推定が可能になる。集計単位が高精細なため，被災リスク，初期対応力，人的被害想定の結果を任意の地域間で定量的に比較評価することが可能になる[27]。

　この研究の結果，ジオ・ビッグデータに基づくさまざまな被災シミレーショ

ンとハザードマップが作成され推定値が計算されている。

　さて，これはビッグデータといっても，防災，大地震への対処・復元（復興）というひとつの目的に合わせて選ばれたものである。データ・ソースはいろいろあるけれども，それを建物一軒単位で詳細に組み合わせることが，すでにあるデータを使えば可能になったからこそできる作業である。ここに AI 技術が使われたのかどうかはわからない。いずれにしても，ビッグデータの妥当な使い方は，このようなものなのだろう。日本列島のどこにでも大地震・大災害の起こる可能性があり，それを正確に予測できない以上，既存のデータでできるかぎり詳細に分析しておくことは，有効な作業である。それが各地の住民に活用されれば，防災対策として成果をあげることができる。

　しかし，これは本章の前半でみたビッグデータ論議とは，どうも違う次元のものに筆者には思える。

　AI とビッグデータの現状をバラ色の夢として語る人びとを「サイバー・リバタリアン」と呼び，シンギュラリティ（技術的特異点）を目標に世界をサイバー空間として呑み込む動きは，実は新自由主義の「勝ち組のユートピア」なのだという本山美彦のような立場もある[28]。

　社会学の一般向け啓蒙書としてベストセラーを出すことで知られるランドル・コリンズは，コンピュータと人工知能の進化についてこんなことを言っている。

　もし人間の知能は社会的であるということが正しければ，これらの創造的思考のそれぞれを基礎づける特定の種類の社会的相互作用があるということになる。たとえば，新たな科学的理論をつくり出すのは，他の科学者たちと相互作用をしている特定の科学者たちである。事実，一部の科学者たちが創造的な「ホットスポット」に位置し，それ以外の人たちはありふれたルーティンワークに従事する周辺的位置にあるようなネットワークがあり，それについては多くのことが知られている。同様のことは，作曲家のネットワークや文学者のネットワークについても当てはまる。社会的世界には多くの異なった領域がある。知能の社会学理論の重要な要素となるのは，それゆえ，ある個人型の人たちとの関係においてどこに位置づけられるかということが彼または彼女の思考を決定することになる，と

いう考え方である。ここで，若し作曲の出来る，あるいは小説の書けるコンピュータをつくりたいのであれば，作曲家あるいは小説家のネットワークの中にそのコンピュータを置き，それらの人たちと相互作用する能力をそのコンピュータに与える必要があろう。そうすれば，コンピュータは，作曲をするにせよ小説を書くにせよ，課題を遂行するための能力と動機づけの双方を獲得することになるだろう。

　もちろん，すべてのことを一挙に行うようにわれらのコンピュータをプログラムすることはできない。最初は単純なことからはじめ，だんだんより複雑なことへと築き上げていかねばならない。基本としてまず構築しなければならないのは，人と相互作用の出来るコンピュータである。次にそのコンピュータが単独でも考えられるようにしなければならない。つまり，外部で他の人びとと交わす会話を内部にもち込み，「心のなかで」沈黙の会話ができるようにしなければならない。私たちは，このコンピュータが誰と話したいのかを自分で認識できるようにしなければならないし，また人びとが時間を割いてこのコンピュータに話しかけるこ

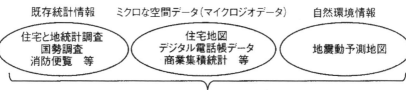

図3-1　建物単位のマイクロジオデータの整備の流れ

出典：林良嗣・鈴木康弘編著『レジリエンスと地域創生』明石書店，2015，p.177

とに興味を抱くような方法を考えなければならない。要するに，このコンピュータを，社会的世界を生き抜いていく普通の人間とまったく同じようなものにする必要があるのだ。もしそうなれば，ある種の観念や概念をその他の観念や概念よりも重要なものとする方法を私たちは手に入れることになり，それゆえこのコンピュータは会話をしていない状態の時に考えたいことについて選好（プレファランス）をもつようになるだろう。そしてそうなれば，社会学が示唆するように，私たちはすべてのことができるコンピュータをもつことになるだろう。つまりそれは，日常のゴシップやジョークから高度に創造的な思考まで，人間的な能力の範囲を構成するすべてのことができるコンピュータとなるだろう。

　そのようなコンピュータ・プログラムはまだ存在しない[29]。

　この皮肉交じりの文章は，1992年に書かれていたから，その段階では人工知能にはできないことが多かった。電子計算機が情報貯蔵庫になり，通信機器になり携帯電話と合体した20世紀はとっくに終わり，いまはコリンズが述べるような，ある分野の有能な人間と交わってディープラーニングすれば，作曲をしたり小説を書くようなコンピュータができてくるのは当然のようである。おまけにインターネットとAI技術は，20世紀には考えられなかったような膨大な人間の行動をほとんどまるごとカウントし記録するところまできた。

　しかし，その先にあるものをわれわれはバラ色に語り過ぎていないか？

おわりに

　こうしてコンピュータ・サイエンスにも情報論にも素人である筆者は，現代の人工知能研究や「ビッグデータ」の先端が向かう先についても，理解できた範囲でそれが人間の知的活動として推進されることに今のところ，格別の異議はない。近代以降の必然的な知の流れからすれば，それは当然追求されて然るべき目標だと思う。しかし，それを人類の限りない幸福を実現するテクノロジーの楽園のように語るのは欺瞞だと思うし，それを明るくポジティヴに語る人の無邪気な主張は，結局偏狭な歴史認識，文化的偏向に傾いてしまうと思う。20世紀の社会科学が探求してきたことは，およそ60億人に増殖した地球上の人間が，日々作りなしている社会の現実について，とりあえず対処すべき操作

可能な問題について，どこまで正確な現状認識とそれを説明する理論，そこから未来にむけて効果的な対策を立てられるか，ということに尽きる。そのために手段としての社会調査もあるのだと思う。

だとすれば，最初のささやかな問い，現代のテクノロジーが推進するAIとビッグデータ利用という知的活動に，社会調査の方法は技術的のみならず思想的に折り合いをつけられるのか，という論点をあげて本稿の結びとしたい。

チョムスキーは，言語を獲得した人間が脳の活動機能によって達成できる知の限界を，生産的な普遍文法の「創造性」に求めた。しかし，それがコンピュータ・サイエンスそしてウェブ社会にそのまま利用されたわけではなく，むしろそのような演繹的な普遍主義，論理主義の徹底ではなく，「AIとビッグデータ」論議は，ディープラーニングのような，チョムスキーが嫌った経験的・帰納的方法に回帰していると言えるのかもしれない。

ともかく社会調査は今までの方法を後生大事にやっていればいいのか？　技法上の改善や統計ソフトの改良程度のテクニカルな話で終るなら，それはそれで安心であるが，筆者にはいまのところはっきりした見通しが見えない。「ビッグデータ」のAI分析の活用例を見る限り，考えられることが2点ある。

ひとつは，従来の数量統計的な社会調査の方法で調査を実施するのは，現実的に困難を抱えているということ。信頼性を確保した精密なデータを得ようとすればするほど，相手が人間であることが立ちはだかる。回収率は落ちる一方である。かといって膨大なビッグデータが使えればそれでよい，などとは到底言えない。

もうひとつは，数字でコンピュータにやってもらえることはどんどんやってもらえばいいし，われわれも使いこなす能力はつけなければならないが，社会学が扱うデータには数量化しにくいものがかなりあることだ。ビッグデータの多くは数字になっているもので，たとえば画像はデジタル情報になっているが，ツイッターの文などはなんらかの操作で変換しなければならない。キーワード検索や機械翻訳などの技術がさらに進展したとしても，ことばを数字に置き換えればよい，とは思えない。チョムスキー言語理論は，そこになにか大

きな手がかりを与えてくれることを期待されたけれども，どうもうまくいかなかった。

　われわれが世界に起きた出来事と，人間の行動や意識を正確に把握しようとするとき，普遍主義・論理主義をとるか，経験主義・実証主義をとるかは，研究の態度として大きく違うのだが，どちらかが勝利を収めるというようなものではない。要するに，使ってみてうまくいけば使うのである。

注

1）竹内啓「ビッグデータと統計学」（『現代思想』2014年6月号）青土社，29-30頁。

2）本山美彦『人工知能と21世紀の資本主義　サイバー空間と新自由主義』明石書店，第2章。

3）EE Times Japan＞日立製作所の矢野和男氏に聞く：/http://eetimes.jp/ee/articles/1607/14/news027_2.html　2016年9月10日閲覧。

4）文部科学省『平成28年版科学技術白書』42頁。

5）西垣通『ビッグデータと人工知能』中公新書，2016年，20頁。この部分の原典はビクター・マイヤー＝ショーンベルガー＋ケネス・クキエ『ビッグデータの将来』斉藤栄一郎訳，98頁。

6）西垣通『ビッグデータと人工知能　可能性と罠を見極める』中公新書，2016年，36頁。

7）西垣通，同上書，2016年，32-37頁。

8）西垣通，同上書，2016年，37-40頁。

9）西垣通，同上書，43頁。「『演繹』と『帰納』のほかに『仮説推量』がある。『仮説推量』とは，一般ルールと個別事実とから，個別条件をみちびくというものだ。ある一般ルールと個別事実とから，個別条件をみちびくというもの。ある一般ルールの存在を前提にして，この事実が起きた背景にこの条件が成り立つのではないか，という仮説を作る。『人間は死ぬ』と『ソクラテスは死ぬ』とから，『ソクラテスは人間だ』と推量するわけだ。だが，仮説推量は必ずしも成り立たない。もしかしたら死んだのはソクラテスという名前のイヌかもしれない。ビッグデータ分析にもとづいて行動をおこすとき，（例外のある）帰納だけでなく，（間違いもある）仮説推量の処理が行われている，という点はよくよく注意しないといけない。」

10）Quételet, Lambert Adolphe Jacques, *"La physique sociale"* 1869.『人間に就いて上・下』平貞蔵・山村喬訳，岩波書店，1948年。
彼は人の社会的データのみならず身体的データについても研究を行っている。

特に人の身長に対する理想的体重と実際の体重を比較する指数，つまりボディマス指数（ケトレー指数）を提案し，これは公衆医学上も重要な貢献となった。

11) 竹内啓「ビッグデータと統計学」『現代思想』2014 年 6 月号，29-31 頁。

12) 大黒岳彦「ビッグデータの社会哲学的位相」『現代思想』2014 年 6 月号，134-5 頁。（大黒岳彦『情報社会の〈哲学〉』勁草書房，2016 年，83-85 頁に再録）

13) N. チョムスキー『統辞構造論』福井直樹・辻子美保子訳，岩波文庫，24-25 頁。

14) N. チョムスキー『言語と精神』川本茂雄訳，河出書房新社，37 頁。

15) Chomsky, Noam, *Cartesian Linguistics*, New York: Harper and Row, 1965.『デカルト派言語学──合理主義思想の歴史の一章』川本茂雄訳，[新版] みすず書房，1976 年，43 頁。

16) 田中克彦『チョムスキー』岩波現代文庫，2000 年（原著 1983 年）57 頁。

17) F, ソシュール『一般言語学第一回講義』相原奈津江・秋津伶訳，エディット・パルク，2008 年。

18) 西垣通「解説」田中克彦『チョムスキー』岩波現代文庫，2000 年，265-268 頁。

19) 三浦雅士「あとがき──インターネットとポストモダン」三浦雅士編『ポストモダンを超えて』平凡社，2016 年，435-438 頁。

20) N. チョムスキー『統辞構造論』福井直樹・辻子美保子訳，岩波文庫，9 頁。

21) 公文俊平「情報社会学への招待」公文俊平編『情報社会学概論』NTT 出版，2011 年，1 - 2 頁。

22) 吉田民人『情報と自己組織性の理論』東京大学出版会，1990 年。

23) 吉田民人，同上書，1990 年，131-133 頁。

24) 吉田民人，同上書，1990 年，135 頁。

25) 公文俊平『情報社会のいま──新しい智民たちへ』NTT 出版，2011 年。

26) 林良嗣・鈴木康弘編著『レジリエンスと地域創生　伝統知とビッグデータから探る国土デザイン』明石書店，2015 年。ジオ・ビッグデータを扱っているのは，第 5 章 1 節と 2 節，176-202 頁。

27) 柴崎亮介・秋山祐樹「マイクロジオデータベースによる地震災害リスク評価」林良嗣・鈴木康弘編著『レジリエンスと地域創生』明石書店，2015 年，178 頁。

28) 本山美彦『人工知能と 21 世紀の資本主義　サイバー空間と新自由主義』明石書店，2015 年。

29) Collins, Randoll, *Sociological Insight An Introduction to Non-Obvious Sociology*, Oxford University Press Inc, 1992.『脱常識の社会学』第 2 版，井上俊・磯部卓三訳，岩波現代文庫，250-257 頁。

第4章

社会調査と「主観的意味理解」の方法について

　荘子が恵子と一緒に濠水の渡り場のあたりで遊んだことがある。そのとき，荘子はいった，
「はやがのびのびと自由に泳ぎまわっている，これこそ魚の楽しみだよ。」
　ところが，恵子はこういった，「君は魚ではない，どうして魚の楽しみがわかろうか。」
　荘子「君は僕ではない，どうして僕が魚の楽しみをわかってはいないとわかろうか。」
　恵子「僕は君ではないから，もちろん君のことはわからない。[してみると，]君はもちろん魚ではないのだから，君に魚の楽しみがわからないことも確実だよ。」
　荘子は答えた，「まあ初めにかえって考えてみよう。君は『お前にどうして魚の楽しみがわかろうか，』といったが，それはすでに，僕の知識の程度を知ったうえで，僕に問いかけたものだ。[君は僕でなくても，僕のことをわかっているじゃないか。]僕は濠水のほとりで魚の楽しみがわかったのだ。」

　　　　　　　（金谷治訳注『荘子』秋水編第17，岩波文庫第2冊，1975，282-3頁）

はじめに

　社会学では「理論と実証」という対概念がしばしば使われる。社会学に限らず，近代科学でいう広い意味の理論とは，世界に現に存在するすべてのモノ，物体の運動から人間の身体までを含むあらゆる事物（モノとコトの区別はとりあえず問わないでおくが）について，どうしてそうなっているか説明するために，

できるだけ簡明で基本的な原理として述べたもの，通常は複数の整合的な命題によって構成されたものと考えられる。理論によって，複雑な現実世界は単純な模型（モデル）のようなものとして認識される。さらにこれに基づいて，しかるべき手続きで測定され評価され，磨かれた理論は確かな未来予測にまで到達することができると期待される。

では，これに対する実証とは何か。理論構築がおもに論理演繹的な操作によって導かれるとすれば，実証という作業はいまだ確証されていない理論または仮説，あるいは未知の現象を発見するために，経験的データを集める帰納的作業過程のことを通常は指している。実際の特定領域の科学的研究活動においては，まず対象に対して一定の理論ないし仮説が設定され，それを確かめるために実証を行うと通常は考えられている。しかし，「理論と実証」というとき，たとえば社会学では，ひとりの研究者，あるいは複数の研究チームが，「理論と実証」の両面作業を行っているのではなく多くは分業化している。分業化することで，研究は進展するとともに，乖離も起こる。20世紀の半ばにR. K. マートンが「中範囲の理論」という形で述べた試み[1]は，社会に関する理論構築の作業と経験的データの収集と分析による実証作業が，乖離しているという問題を頭に置いていたことを思い出す。マートンが見ていたアメリカ社会学の現状は，理論と実証が同じ社会を対象とした研究における有機的分業というようなものではなく，理論研究はもっぱら経験的データにお構いなく理論を机上で構築し，実証研究は理論にあまり考慮を置かずに，ひたすら街に出てデータ集めに奔走している状況を不毛とみなして，なんとか両者を繋ぎたいとマートンは考えた。

社会学研究の方法としての社会調査という活動を考えるとき，この理論と実証の乖離という問題は，21世紀になった現在も依然として解決されているとはいえない。とくに，実証研究の側で，方法上の問題として重要なのは，「科学的」方法の純化された技術としての数量化された社会調査データが，どこまで有効なものなのか，という問題と，社会学あるいは社会科学にとって「客観的」経験的認識の前に立ちはだかる人間の「主観的意味」をどう捉えるかとい

第4章　社会調査と「主観的意味理解」の方法について　115

う問題である。社会学では，この厄介な問題に関して 20 世紀はじめからいろ
いろな提案がなされ，経験的に実証データを積み上げる社会調査という方法に
ついても，常に方法上の疑問と対案が考えられてきた。そこでは一言で言えば，
「科学」というある意味で特殊な人間の知的活動と認識の態度に対して，基本
的に厳密な「科学」であるべきだという立場と，必ずしも「科学」にこだわる
必要はない，あるいは「科学」であろうとしても自然科学と同じ方法では限界
があるという立場が拮抗している[2]。

　一方で，ときには国家レベルの大量現象としての社会的現実さえ捉えること
の可能な技術である数量統計的社会調査は，数値を扱う道具としてのコン
ピュータの発達によって飛躍的に普及したが，同時にその数字が産み出される
過程と結果への相互検証も不十分なまま，いまや個人情報秘匿の壁の前に立ち
止まり，社会の全体を捉えるという社会学者の夢を放棄して再び恣意的な事例
研究（数量的な方法を使わない「質的調査」という言い方は多分にあいまいで問題
が多いが）に向う流れにある。自然科学ならば，1 回の実験データ，たった一
例の個別事例の観察結果でも，それは一般化されて既存の理論や通説の反証と
なりうるだろうが，社会科学の場合はそうはいかない。統計的有意差を問える
には，十分な数のサンプルが必要なのである。

　本稿では，現在の社会学でこの社会的行為者の「主観的意味」をめぐって，
いかなる方法上の立場が問題となり，それにどのような解決が可能なのかとい
う，古くて新しい問題を試行的に探求するために，まずは T. パーソンズが初
期の主意主義的行為理論を構想した『社会的行為の構造』(1937) で提示してい
た社会学における「実証主義」に対する「理念主義」[3]への転回に沿って，こ
の問題を再検討することとしたい。

1　「実証主義」社会学の方法と現状

　「実証主義」positivism は，端的に近代科学，典型的には物理学的世界認識
の方法を他の諸科学に及ぼしたものと考えられる。自然科学と一口に言って
も，物理学と化学，あるいは生物学や生理学では方法論的に差がある。しかし，

その理論は一般に，しっかり定義された概念とモデルからなる命題の形で表現されている。そのもっともシンプルで美しい形は数学的方程式になるだろうが，領域や対象によっては数式ではない記号や言語による命題もありうる。いずれにしても，理論そのものの構成は論理演繹的な操作によって導かれる。そして同時に，近代科学はF.ベーコンが定式化した自然の観察や実験という方法から得られた経験的データによって，ある理論がどこまで世界を整合的に説明できるかの判定を行い，真偽を決めることが可能と考える点は共通する。

　世界を認識する科学の哲学的前提は，20世紀の科学哲学・分析哲学が明らかにしたように，数学や論理学を基礎においた厳密な演繹的理論体系を目標としながらも，単に実験や観察によって経験的データを蓄積すれば，百出する理論が淘汰されて確実な真理に到達するというほど簡単なものではなかった。だが，少なくとも外在する自然現象に関しては，これ以外に確かな知への道はない，と考えられたし，おそらく現在もそうであろう。それゆえ自然科学者は，膨大な時間と費用を費やして実験や観察を行い，しかるべき命題や整合的な理論が検証され，その成果を世に問うことが使命と考えてきたのであろう。

　しかし，人間の行為によって生み出される複雑な社会現象を，科学的に探求しようと志した社会科学者は，当初からその方法に少なからず懐疑を抱いてきた。なぜならば，実験や観察で把握できる人間の行動やその結果生み出される社会現象は，物体や動物が示す知覚的に認識できる事実命題に近いものに限られていて，人間が心に抱く「主観的意味」あるいは「動機・価値」という厄介なものを捉えられず，にもかかわらず社会科学はそれをどうしても無視できないからである。物理的自然を構成する分子や原子，あるいは生物の細胞や遺伝子は，それ自体が可変的で幅を持った意志や動機をもたないが，社会を構成する個人としての人間は，実験や観察では特定できない「主観的意味」をもつとしかいいようのない動きをするからである。

　だが，旧来のヨーロッパの人文的伝統の中では，「主観的意味」は神の秩序に属し，あるいは崇高で神秘的な精神の表れとしてしか捉えようがないと考えられてきた。そこで，フランス革命以後の社会変動の経験の中から有用で確実

第4章　社会調査と「主観的意味理解」の方法について　117

な知を求めて19世紀に「社会科学」を構想した人びとは，啓蒙と近代自然科学の達成を仰ぎ見ながら，目の前の社会をどうしたら「科学的」に捉えられるかと考え，まずは「実証主義」の方法を社会現象に適用しようとした。そのひとつの宣言が，A. コントの実証主義社会学であることはいまさら言うまでもないだろう。

　社会学の出発点にA. コントの「実証主義（哲学）」がある，とどの教科書にも書いてある。しかし，コントが提唱した「実証主義」とはいかなるものであったのか。「実証哲学講義」において，実証科学の基準として，コントは2つのものをあげている。第1は，方法についての基準であり，「想像」(l'imagination)に対する「観察」(l'observation) の優位であるとした[4]。「想像」とは，科学とは無縁の人間の自由な思惟が作り出した言明であり，「観察」は外在する事物を経験的に捉えることによって獲得する知見である。第2の基準は，思考の原理についてのものであって，コントはこれを「絶対的」(absolut) な原理に対する「相対的」(relatif) な原理という。「絶対的」な原理とは先見的に与えられた不変の前提であり，「相対的」な原理とは，実験や観察によって得られる事実に基づいた可変的な言明がもたらす理論である[5]。

　コントにとっては，人間の関与する社会現象もまた自然法則に服するものであり，科学的探究によって自然現象と同様に未来予測を行う合理的予見(prévision rationnelle) が可能である。しかしよく考えてみれば，制御すべき条件が多く複雑な社会現象に関して，自然現象におけるような科学的予測を想定することには，根本的な困難がある。そこでこの課題を，定められた一般的基準にしたがって，分析可能な一定限度まで整理し減らす方法を考える必要が生じる。このための単純化の方法として，コントは社会現象の実証的研究の主題を，生物学における生体解剖が明らかにするような「静態的状態」(l'état statique) と，代謝や器官の機能を問う生理学が解明するような「動態的状態」(l'état dynamique) とに区分することを提案する[6]。コントの社会学の場合，「静態的状態」とはある時点における特定の社会を成立させている存在条件あるいは構造であって，社会を統御する秩序 (l'ordre) の概念に対応し，「動態的状態」

とは時間の経過の中で推移する社会変動，一定の歴史的方向を持った運動の法則であって，進歩（le progrès）の概念に対応する。

コントの人間精神（知）の発展段階論によれば，科学的精神は，神学的および形而上学的精神とは反対に，必然的かつ永久的に「想像」が「観察」に従属するという原則によって特徴づけられている。19世紀の段階で，社会現象の諸研究における問題点は，「観察」があまりに漠然としていて，十分な科学的方法の基礎に基づいていないゆえに，それを論者の恣意的な情熱によってさまざまに構築された「想像」によって勝手に変えてしまう，という点にある。社会現象は自然現象よりはるかに複雑であり，その中で現に生きている哲学者，あるいは社会科学者の思考も，かくありたいと願う自身の情熱と密接に結びついているから，政治的投射は他の領域よりも深く長く，その仕事の中に潜り込み，正確で確実な知を求めるコントにとってはこの状況ほど嘆かわしいものはなかった。

このような考察の後に，コントは実証的社会学の方法として3つを提示している。それは第一に観察（l'observation），次に実験（l'expérimantation），そして比較法（la méthode comparative）である。三番目の比較法はさらに，同時的比較法と歴史的比較法に分けられ，後者を歴史的比較法（la méthode historique）と呼ぶので，実証的社会学の方法は4つということになる。同時的比較は空間的な「静態的状態」の把握であり，歴史的比較は時間的な「動態的状態」の把握となるだろう。

その後の社会学の発展を眺めたとき，コントの提案した実証主義社会学は，あまりにも壮大な「総合社会学」としていったんは否定されながらも，第二世代の社会学者によって「社会科学」を可能ならしめようとしたその精神を受け継ぎながら，方法論的に「実証主義」を基本的に堅持する方向と，それとは異なる方向，つまり「理念主義」と呼ぶような批判的な潮流によって展開されていった。現在の時点からこれを振り返ると，筆者には20世紀の前半に理論上の焦点として浮かび上がった，社会現象の動因としての行為者の「主観的意味」あるいは「主観的動機」をいかに捉えることができるのか，という問題が重要

第 4 章 社会調査と「主観的意味理解」の方法について　119

であったと思える。

　それは，21世紀の現在も，依然として方法論上の大きな問題であり続けている。

　具体的に言えば，現代の社会学の研究において「実証的」「経験的データ」として用いられているのは，社会調査と統計が主要なものである。統計の問題[7]は重要であるが今ここではひとまず措いておく。今日まで社会調査にはさまざまな技法が開発されているが，基本的には人間の行動や意識を外から観察するか，さらに言語を介して，つまり質問紙やインタビューの回答を記録し分析するという手法で行われている。実験の手法が使われることはないことはないが，きわめて限られた研究でしかない。そこで常に問題となるのが，外からの「客観的」観察では測りえない「主観的意味」あるいは「主観的意識」の測定の問題である。

　社会学者は，社会的行為の当事者である人間が心に抱いているはずの意味や価値や意識，あるいは動機や欲求や願望といったものを無視しては，いかなる説明も理論も成り立たないことを知っている。しかし，それを「実証的」「経験的」に把握することはどうしたら可能なのか。社会調査は，外から観察可能な事実を測定するとともに，「主観的意味」についてもこれをひとまず測定可能なものとしていくつかの方法を開発してきた。たとえば意識調査，事例研究，生活史，内容分析，グラウンデッド・セオリー，エスノメソドロジーなど。そうした試みは，コントが想定した実証的科学の方法からは遥かに隔たっているものの，「想像」に対する「観察」の優位を基本的に前提にしているといってもいいであろう。

　だが，それらの方法が測定するデータから，「主観的意味」の把握や理解は十分に社会学の理論や命題を支えられるものとなっているだろうか。たとえば，内閣の命運を左右するまでに重視されるシンプルな意識調査としての世論調査の結果は，どこまで確かなものといえるのだろうか。20世紀の後半，社会学は大衆社会の動向を全体として数量的に把握する標本調査の技法と，データ分析の道具としてのコンピュータの発達により，大量の標本を扱う社会調査

の隆盛を経験した。「実証的」数量データの蓄積は，多くの知見をもたらし，いくつかの理論を裏付けたが，「主観的意味」の測定に関しては調査票の質問と回答の分布という結果が，そのままある限界をもっていることも明らかにした。これに満足しない社会学者は，より「主観的意味」に内在する「深みのあるデータ」，行為の実行場面に密着したミクロな調査へと向かった。

　しかし，それは社会科学にとって，あるいは社会学の方法論にとって，どういう問題を含んでいたのか。それを考えるために，まず社会学以外の領域における方法論をみてみることにしたい。

2　社会科学における「量」と「質」

　自然科学の研究では，定義された概念や要素間の関係を記述するために簡潔な記号や数式で表現するとともに，一般に対象となる事象の記述・測定・分類・分析を通じて，できる限り「数量的」に把握することが目指される。なぜならば，どれほど厳密に定義された概念や用語であっても，ある状態を捉えるには尺度を決めて数値化したほうが言葉よりも正確に表示できるからだ。「大きい―小さい」「早い―遅い」「強い―弱い」「硬い―柔らかい」などといった表現は，多くの場合絶対量を示す数量に置き換えることが可能であり，たとえば「A氏はB氏より背が高い」というとき，2人の身長を計測できるなら「A氏の身長は182 cm，B氏は165 cmであるから，A氏はB氏より17 cm背が高い」と言うほうが事象の記述は正確に表現されるだけでなく，そこから計算や比較という操作が可能になるからだ。つまり，計算可能性，比較可能性が確保される。もっと複雑な対象についても測定手段と尺度を適切に作りさえすれば，数量的なデータを得ることができる。

　近代の自然科学は，このような方法を洗練することで自然現象の中に，一定のシンプルな法則や秩序が存在すると考え，それを命題群としての仮説に組み上げ，実際に実験や経験的な観察から得られたデータによって証明することで体系的な理論を発展させてきた。そこでは理論仮説がデータによって裏付けられ，矛盾なく現象を説明できるならば，それこそが「真理」であると主張する

ことになる[8]。

　自然科学も，それを方法として見習った社会科学も，世界に存在する諸現象について「理論仮説の構築」に続き「データの収集」そして「データの分析・検証」という過程を踏むことで，最終的に意味のある理論を作ることを目的とする実証主義を前提にしていると言えるだろう。その意味で，同じ人間の知的営みといっても，経験的データを必要としない数学や論理学，あるいは単なる思考の結果や感情や意欲の表現としての文学・芸術とは基本的にスタンスが異なっている。

　そこで，科学の素材としてのデータとは，おもに「数量データ」，あるいはできるだけ「数量化されたデータ」である必要がある，という考え方が支配的になる。しかし，事象の記述としての「数量データ」と「数量化されたデータ」とは，微妙な違いがあるので，科学的方法ではこれを「量的データ」と「質的データ」と呼んで区別する。「量的データ」とは，数値が絶対量を示す（つまり身長182 cm）ような場合であり，「質的データ」とは，言葉による概念やカテゴリー（範疇）を数字で区別しただけの（つまり背の高い人を1，中ぐらいの人を2，背の低い人を3とするような）場合である。言うまでもなく，前者より後者の方があいまいで数字が表現している内容は不正確で使い勝手が悪い。だがどちらも数字を使っているという意味では，数量統計的方法の中に含まれる。

　問題は，もしすべての事象が数量化されるという立場に立たないで，研究対象としてとりあげるものの中に数量化できないものがあり，それを排除しないとしたら，それはどんな方法によって把握できるのだろうか？

　そこで，社会科学と分類される，つまり人間が関与する社会現象を研究対象とし，それを科学の方法によって解明しようとする領域で，どこまでが数量化されたデータとして扱えるのか，もし数量化できないものを扱おうとする場合，どのような方法が可能なのか，をいくつかの研究領域を例に考えてみよう。
（1）　行動主義心理学の場合：人間の「心理」を探求する学問としての心理学は，19世紀後半のW. M. ブント以来自然科学としての厳密性を意識して，で

きる限り「科学的」であろうとする傾向が強かったと言っていいだろう。それは，「実験心理学」に典型的である。そこで採用される方法は，数量的に計測できるものに対象を限定し，「心理」現象をなるべく単純な要素に還元し，それを統制された実験室で被験者の観測を行い，それを数値化してそこから得られたデータを使って精密に分析する。実際の人間の行動や心理は，さまざまな要素によって影響されるので無限に複雑になるのだが，それをそのまま問題にするのではなく，いったん単純ないくつかの要素に還元し，それらの関係を数量データで科学的に分析し理論化することによって，より複雑な心理現象もやがては説明できるようになる，と考える。そこでは，「心理」とは観察可能なもの，つまり目に見える「行動」，そして「行動」から実証できる普遍的なもの，人間行動に共通するある傾向に他ならない。そこから行動主義心理学という立場が成立した。

　「実験心理学」が強く科学に指向し論理実証主義[9]的であるのに対して，他方「臨床心理学」では問題化した心理現象としての「病的心理」などを対象に，目の前の患者が表示する事態を記録し分析することで，いわば帰納的・経験的に心理現象を解明しようとする点で，研究の方向は正反対であると考えてもいい。どちらも自然科学の方法をモデルとしていることでは同じであるが，極端に言えば「実験心理学」がすべてを数量化し，数量化できないものはデータにならないのだから研究対象にはしない，とするのに対して，「臨床心理学」では数量化できない，あるいは数量化しにくいものを研究対象に含めるという点で異なる。

　では，「臨床心理学」で数量化できないものとは，何だろう？　数量化するためには，測定可能な尺度がなければならない。肉体的なある状態は，一定の道具と尺度さえ工夫すれば基本的に計測できる。たとえば健康診断を考えてみればよい。人間の精神状態というものも，それをあくまで肉体に根拠のある脳神経系の状態だとしてしまえば，技術的に測定は可能だろう（すべてを量的データにすることは難しくても質的データとしてなら捉えられる）。脳波検査，心理テスト，嘘発見器などを考えればよい。しかし，「心理」あるいは「心的現象」を，

第4章　社会調査と「主観的意味理解」の方法について　123

肉体的・生理的レベルでは最終的に解明できないものだとするならば，数量データをもとにする科学的方法とは別の方法が必要になるだろう。

　ここから，道は2つに別れる。「臨床心理学」は具体的な患者として存在する人間を「治療」するというもうひとつの目的をもつことで，一方では自然科学の応用としての医学への道（端的には，安定剤などの薬物療法による治療）に進むか，あるいは数量化できないものを肉体的治療とは別の手段で追求する道（たとえば，患者と治療者という具体的な人間関係を媒介にした言語と接触による精神分析）に進むかの岐路に立つ。

　社会科学の方法論という視点から見たとき，この狭い意味での「科学的方法」を遵守して研究するのか，そこを踏み越えるかという問題は，心理学だけの問題ではない。

（2）近代経済学の場合：次に，人間の営為を対象とするもうひとつの社会科学の領域，経済学について見てみよう。経済学でも，研究の対象を人間の経済現象に限定することで，数量化の方法は次第に強化され，とくに新古典派以来の近代経済学では，強く「科学」であろうとする指向は強まってきた。そのエッセンスともいうべき20世紀に発展した「ミクロ経済学」理論では，心理学以上に演繹的・論理実証主義への方法的傾斜は強固である。日々の現実として発生している経済現象，たとえば商品生産，流通・貿易取引，貨幣を媒介とする交換，金融，企業や政府の経済政策など，経済学を構成する基本的指標は，ほとんどが数量化されている。金銭を媒介している限りそれは絶対値を持つ統計量，つまり数字で測定し表示することが可能であり，実際に各種の経済統計が整備されることによって，経済現象の測定数値は常に計測され記録され，それをもとに経済分析をすることができるわけで，逆に言えば，数量化できないものは始めから経済学のデータとしては排除しても構わないことになる。この意味で，経済統計とは数字であり，数字である以上分析手法として数学が使える！

　そのような前提で，まず経済の理論（それはほとんど数学的に表現できる）を演繹的に構築し，整合的体系的な経済理論を作ったうえで，現実の経済現象の

データを用いてある国，ある時点の経済状態について一定の分析や予測を行い，望ましい政策を導き出すのが経済学の使命だということになる。つまり，科学的な経済学は，数学的に表現できる！　しかし，このような経済学の分野においても，常に問題となるのは，理論と現実が必ずしも一致しないという事実である。精密なデータをもとにした経済予測がしばしば外れるような事態（たとえば，経済成長率や失業率などの予測値はときに大きく外れる）は珍しくない。その言い訳として出てくるのは，データ補足の不完全性や想定外の撹乱要因があるが，データが不備なのか理論そのものに欠陥があったのかは，最終的にはよく解らない場合がしばしばである。ある理論的結論を実証するデータよりも，それを反証するデータの方がしばしば説得力があるという矛盾。したがって，経済学者の現状分析もまったく正反対の見解が同時に並存するようなことになる[10]。

　経済学が精密な科学であろうとすればするほど，自然科学とは違って不確定要素の影響は大きい。それは本質的に数量化できない要因があるからなのだろうか？　それとも今のところ科学としての経済学がまだ未熟だからなのだろうか？　方法論の視点からは，心理学とある意味で似通った問題があると考えられる。人間が行っている行為としての経済現象は，一方で数学のような頭の体操に近い「理論経済学」（演繹的な思考に傾斜した理論）と，現実の経済現象を分析する経験科学としての「数量経済学」（実際の経済の動きを読む帰納的な経済分析）との間には，大きな溝があると言っていいだろう。ここでも，道は2つに別れてくる。つまり，意図せざる大量現象としての経済をあくまで数量的・科学的に把握できると考える立場と，経済現象は人間の行為である以上，数量化しにくい別の要素が大きな意味をもっていると考える立場で，道は2つに別れるのである。これは「量」と「質」をめぐる方法論の問題でもあるが，より広くは一般理論による「説明」と個別データによる「記述」という方法の問題でもある。では，量に還元できない別の要素とは何なのか？

3 「統計的方法」と「事例研究法」

　そこに行く前に，もうひとつ社会科学に含まれるであろう領域，歴史学と文化人類学について考えてみよう。歴史学も文化人類学も，その研究上の主要な方法として数量統計的手法は，心理学や経済学のように中心に位置づけられるものではない。ここでは，素材の記述も理論も数学や数値ではなくて，文字による具体的なモノグラフ，つまり「事例」に重点がある。

（3）歴史学：人間社会の過去に起こった出来事・事態を把握し，それに確定した意味を与える役割が歴史学という社会科学に与えられた使命である。とはいっても，歴史学は果たして「科学」なのだろうか，という点で19世紀以来，いろいろな論争が行われてきた。歴史学においてもあくまで検証可能なデータ（歴史の場合は，数量的測定データというよりもその時代に存在したと認められる文献資料や遺物・証拠）を根拠とした演繹的・論理実証主義の立場は根強くある。つまり，このような事件，事実は確かにあったのだという実証，それを裏付ける動かぬ証拠を提示することで，個々の歴史を確定していくという作業こそが，歴史学なのだという立場である。ここまではいわゆる実証主義史学である。

　その先で，現在という時点から過去を意味づけ，現在との繋がりの中で常に再構成されていくものだという考えに立てば，歴史学をより一般的普遍的「科学」であるべきだと考えるか，歴史というものは，時間の中で再現不可能な一回性，個別性をもっているという点でユニークであり，必ずしも科学である必要はない，という立場が分かれてくる。この点を，20世紀初頭の新カント派哲学とマックス・ヴェーバーの社会科学方法論の問題圏にそって言えば，近代科学の方法を前提とした「法則科学」に対する「歴史主義」の対立とみることも可能だろう[11]。

　歴史学における実証主義という場合，法則定立を目的とし，事例を横断して説明可能な理論を普遍的な法則として追求する立場と，あくまで個別性・一回性の歴史的事実を確定することを使命と考えるランケ以来の実証主義が区別される。前者のスタンスは，基本的に空間を超越した真理があり，その知識こそ

が後世に役立つ理論になると考える。たとえそれが古代ギリシャであろうと中世のパリであろうと，21世紀のニューヨークであろうと，日本の江戸時代であろうと同じようにあてはまり説明できるようなものであって，時間や空間の違いは単なる条件，ある出来事が起こった背景の条件でしかない。説明にあたってもちろん条件は考慮しなければならないが，人間の行動を導く法則は同じであり，だからこそわれわれは遠い時代の出来事を理解できるのだ，と考える。

　しかし，後者の歴史現象の個別性・一回性という点を重視する「歴史主義」では，時空を超越した一般的な法則などを求めても無意味であり，フランス革命のロベスピエールやナポレオンのやったことと，ロシア革命のレーニンやトロツキーのやったことを，むりやり革命という用語で抽象化し一般化した理論に還元することなどできないと主張する。それはあくまで，個別のユニークな出来事であり，法則などで説明してしまったら歴史のもつ多様な意味を抜き取った骸骨のような味気ないものでしかないと考えるのである。したがって，このような立場からは，歴史的事実の探求においても個々の出来事，そこに生きていた具体的な個人の意図や動機に焦点を絞ることになる。では，個人の意図や動機などというものは，どうやって知ることができるのか？　という疑問が湧く。

　既にみたように，心理学や経済学における実証主義と反実証主義の対立は，社会科学研究の方法論という点で，数量化という問題が深く関わっていたが，歴史学においては，問題は数量化ではなく，普遍的・一般的な法則科学という立場と，これに対抗するために個別性・一回性という問題がでてきたことになる。しかし，もし個別性・一回性に照準をあてて歴史の研究をするという主張を認めるとして，どんな方法でそれを把握できるのか？

　人間行動一般を説明する心理学のような理論をもちこまない限り，そもそも理論歴史学と実証歴史学という区別は無意味ではないか？　少なくとも未来予測にまで至る歴史法則などを唱えるのは，確かに科学とはいえない[12]。実際の歴史研究が用いる方法は，後のアナール派などが出るまで，おもに文字に書か

れた文書記録や資料であったから,「実証主義」といってもあくまで,文字情報の読み込みと解釈の問題であり,何を重視し何を捨てるかは歴史研究者自身がもつ文化や価値に依存する。それゆえに,価値判断の問題が焦点となったわけであろう。

次にもうひとつ,文化人類学あるいは社会人類学の方法を簡単にみてみよう。
（4）文化人類学：人類学は,当初生物としての人間の成り立ちを研究するために,類人猿にまで遡ってその遺骨や遺跡を手がかりに,おもに自然科学の一部としての生物学を人間に応用しながら「自然人類学」という形で発展してきた。そこでは,文字を使う以前の人類の歴史を探求し,場合によってはサルや昆虫などと比較しながら人間の身体や行動を理解しようとした。しかし,人間社会が進化して,集団生活をする存在としての人間が,さまざまな記号や象徴を駆使しながら社会を構成するという側面を探求していけば,当然現代に近づいた複雑な人間生活をも研究対象とせざるをえない。

そこで,次の段階では,「社会人類学」としておもに「未開」の人間社会,つまり比較的単純で原始的な社会（それは実は研究者の属する「文明社会」から遅れた「未開社会」を眺めるという視点となる）を研究する方向に進んだ。複雑な集団生活を営む人間は,単なる動物とは違って「文化」や「規範」を媒介として,他者を前提とした行動を組織化している。ただ,現代の「文明社会」に生きる人間はあまりに複雑な「文化」の中にいるので,人類学はより単純で観察可能な対象としての「未開社会」,たとえば南太平洋やアフリカの部族社会のような場所を研究対象とすることを選んだのである。

その場合,研究の方法としては,近代文明に「汚染」されていない「原始的」な生活を営むと想定された部族社会の中に入って,日々そこで行われている人びとの行動をありのままに観察し記録するということを第1に,フィールド・ノートを書き続けるということになる。そこでは,極力研究者は対象に影響を与えないことを心がけ,あくまで姿を隠したカメラのような存在として,できるだけ「客観的」に記録するという態度が守られる。そして,その記録をもとにそこに現れてくる「文化」や「規範」について,それが人びとをどのように

結びつけ規制しているのかを考察することになる。

つまり，最終的には何らかの理論的法則を見つけることが目指されているにせよ，まずは「事例」としての事実を細かく記録し，文明化された社会では消滅したか，あるいは見えなくなった人間行動の基本的なあり方を具体的な事例として探ることに力を注ぐことになる。これは実は，異文化としての植民地をいかに経営するか（もっといえば帝国主義的支配の道具としての人類学）という，ヨーロッパ近代の科学がもっていた隠れた動機に，結びついていたことも否定できない。

その結果，20世紀にはたとえばレヴィ・ストロースやマリノフスキーといった人類学者は，「未開社会」の研究から「ポトラッチ」や「象徴の交換」あるいは「インセスト・タブー」などの概念を作り上げ，文明社会にも応用可能な理論を考え出した。それは機能主義や構造主義という形でより普遍的な理論となっていくが，基礎になった経験的データとしては，観察記録としてのフィールド・ノートの記述にある。

そこでもう一度，社会科学分野における「数量統計的」方法と「質的事例的」研究法との対比を整理してみると，まずはどちらの方法でも，科学一般の手順（要素への還元・測定・相関の分析）にしたがって次のような手続きをとる。

まず最初に，研究対象である社会現象を，いくつかの要素に分解し，それぞれを測定可能な指標を作って経験的データとして測定・記述（記録）する。たとえば，実験室での一定の感覚刺激に対する反応や行動，ある国の一定期間の物価水準と最終消費量や通貨供給量，あるいは社会階級という概念を使ってある国民の状態を分析するという場合なら，国民全体を資本家階級，中間階級，労働者階級などに分け，各階級の量と質をいくつかの指標で測定する。あるいは，リーダーシップの効果を分析するという場合なら，2つの作業グループを作り一方を権威的リーダーシップのもとに作業させ，もうひとつを民主的リーダーシップのもとで作業させて，その達成度や効率をいくつかの指標で測定する，などである。

第4章　社会調査と「主観的意味理解」の方法について　129

　次に，その各要素ごとのデータを比較するために，要素間の関係（相関，関連）を一定の理論仮説のもとに組み合わせて結果をみる。そこから有意な相関がみつかるならば，その仮説は支持され，見つからないならばより適合的な仮説を考えてデータとつきあわせてみる。このようにして，最終的にはその現象が示していることを理論的に説明することをめざす。

　たとえば，少年犯罪の防止に少年法の改正による厳罰化がどこまで効果があったかを分析する場合なら，少年法改正を挟むある2時点間で起こった少年犯罪のデータを比べることで，ある程度仮説が検証できるだろう。あるいは問題に影響を与えているであろうと想定される他の要素を数値化したデータが得られるならば，それを説明の変数（独立変数）と考え，少年犯罪の実態のデータを被説明変数（従属変数）としてそれらの相関を統計的技法（多変量解析など）にかければ何らかの量的な結果がでてくるだろう。

　いずれにしろ，そこでは要素間の比較が可能であるように，指標とデータを操作的に加工する必要がある。「数量統計的」方法ではそれは当たり前のやり方であるが，「質的事例的」研究法では，必ずしも簡単ではない。ひとつの解決法は，数値化しにくいもの，言語やシンボルとしてとらえたものもできるだけ数量化する操作をもちこんで「質的データ」に変換してしまうことである。その上であらかじめ説明変数と被説明変数を特定せずに，相関分析にかけてしまうことで，何らかの結果は得られることになる。

　たとえば，要素によって尺度が異なっている場合，複数の都市のイメージから人びとの関心を探ろうという研究で，規模，産物，景観，シンボル，出身者，気候などの要素を比較可能な指標に作り換えておいて，それらを主成分分析や因子分析にかけて共通項を統計的にとりだすようなことは可能だろう。

　しかしそれでも，「事例」の個別性・ユニークさをひろいあげようとこだわる場合は，具体的な「固有名」を言葉や映像によって記録し記述する以外にない。つまり，「数量統計的」方法では問題は常に全体的に一般化された形で語られる（たとえば「大都市の高齢者の生活水準の分析」）に対して，「質的事例的」研究法では，名前をもったある場所ある人の具体的事実（たとえば港区白金台

に住む 80 歳の A さん夫婦の場合）に焦点を絞ることになる。

　そして，社会科学の研究が最終的に目指すのは，「数量統計的」方法にせよ，「質的事例的」研究法にせよ，研究対象に設定した社会現象を，把握可能なものとして一定の視点から正確に捉える作業を通じて，それが何であり，どういう意味をもっているのかを「説明」することである。それに成功しているならば，その社会現象が生起している原因や条件をうまく「説明」することができ，それが望ましくない結果を生むのか，望ましい結果をもたらすのかを予測し，さらにどこをどのように改善・改良すれば，われわれにとって望ましい結果が得られるのかを示すこともできるだろう。それが重大な問題であれば，このような研究は，適切な政策や対策を提示するのに役立つはずである。

　しかし，人間の行う作為としての政策や対策そのものは，社会科学の役割ではなく，科学の応用としての「技術」の仕事である。それは，社会改良の技術の問題になるが，よく考えてみると，もうひとつの難問，社会科学における「価値」や「善悪」，あるいは「正義」や「美」をどう扱えばいいか，という問題につながる。

　哲学では古来，人間が大事にする「価値」として，真，善，美があるとされた。つまり，真か偽か，何がほんとうの真実であるかは「科学」あるいはひろく「経験的学問」が追求すべき問題である。どんなに愚劣で醜悪なものであろうと，それがこの世に確かに存在するならば，科学はそれを追及し「真理」を明らかにしなければならない。しかし善か悪か，はまた別の問題であって，道徳的・倫理的価値としての善悪は，何がほんとうに正義なのかを追求する「宗教」や「規範的学問」の課題である。自然現象には善悪はないが，人間の行為には正しい行いと間違った行いがあり，だからこそ「罪と罰」が問われる。「人を殺すことはなぜいけないか」「自殺は悪か」という問いは「宗教」や「法律」の問題であるが，「科学」の問題ではない。もうひとつ，美と醜という価値は，真理や善悪をときに超越する。何がほんとうに美しいのかを追求する営みは「芸術」と呼ばれる。人間を魅了する美には，フィクション，幻想，悪魔，不道徳，堕落などと通底し親和する場合がしばしばある。もし「芸術」が生み出

す作品が，真理や善悪の基準によって評価されるならば，つまらないものしか残らない。「背徳の美学」という言葉が示すように，「芸術」の追求する価値は「科学」の追及する真理や「宗教」の追究する正義とは，基本的に異なる価値だといってもいい。

とりあえず，それを認めた上で，社会科学は正義や美を排除した真理の追及として人間の行為を対象に据える学問だとすると，ここで厄介なのは，人間の行動や思考，あるいは精神や心理を正確に理解しようとすれば，自然現象を「客観的」に測定すればそれでよい，というわけにはいかない，という難問が出てくる。人間の行為は，客観的な真理や合理的な理性だけで行われているのではなく，むしろ多くの場合，「主観的」な欲望や「非合理的」な妄想によって導かれていることの方が普通だからだ。そこから社会現象として出現している出来事を，正確に捉えて「説明」しようとすれば，「客観的」観察や測定によって得られたデータだけではなく，人間の内面の「主観的」な動機や欲望を何とかして把握しなければならなくなる。では，どうしたら人間の「主観的」な動機や欲望を，分析可能なデータとして捉えることができるのだろうか。

4 「主観」と「客観」の矛盾

これまでみてきたように 20 世紀の社会科学のいくつかの分野において，方法論という点でベーコンに始まる近代科学の「公準」としての経験論と合理論の結合，実験や観察結果が示すデータによって整合的な理論仮説を検証することによって，事物の法則を説明するという帰納的方法が，定着し磨き上げられると同時に，常に批判と疑問にさらされてきたことも確認できる。そこで，もうひとつ社会科学についてまわる大きな問題として，「主観」と「客観」をどのように捉えるのか，という古典的な設問を考えてみたい。

「主観」あるいは「意図」という概念は，人間の行為にのみ想定される。このことを単純にいえば，単なる物質や自然の事物には「主観」はない。生物としての動物，たとえば犬や猿にはある程度，ものごとを知覚に基づいて判断したり欲求したりする能力があると考えられるが，人間以外の動物のそれは通常

「主観」とか「意図」という言葉は使わずに，単に環境に適応するための反射反応，あるいはせいぜい欲動や「本能」（遺伝子に組み込まれた「本能」という用語は，それが一般的に生物に存在すると考えるとき現在はかなり問題視されるが）によるものと呼ばれる。それはあくまで「客観的」に把握可能なものである。数量的に記述分析することに無理があったとしても，丁寧な観察を行えばかなりの説明は可能だと考えられる。しかし，人間の行為はそうはいかない。たとえば生殖にまつわる欲求を「本能」によるものとするとしても，それによって実際に行為として出現するものを「主観」や「意図」に結びつけるのは，動物には適用できても人間の行為にはかなり無理がある。それは食欲や性欲のような「本能」だけに従った行為は「動物的」で「人間的」ではない，という言い方に端的に現れている。

　他者を前提とした社会的行為という人間に特有の（もちろん猿や犬にもそれに近い行動はあるのだが）複雑性を帯びた現象を，科学的研究の対象として想定する社会科学では，どうしても行為当事者の「主観」や「意図」，あるいは「価値」という概念を使わなければ説明が不可能な問題がたくさんある。たとえば，猿の集団における生殖欲求の発現としての求愛行動やマウンティング行動が観察されるが，それを説明するのには個々の個体に若干の相違はあるとしても，行動レベルの欲求や群れの中での地位といった概念があれば十分であるといえよう。しかし，複雑な社会の中で生きる人間の行動を外から観察しただけでは，たかだか一般的な「性欲」の現象形態として記述するにも不十分で，どうしても複雑な行為の文脈を考慮に入れた「主観」や「意図」という概念をもってこなければ，何も説明できない。人間の行為は，犬や猿と同一レベルの行動があることは当然だが，それだけでは単純な行動しか説明できない。

　そこで，社会科学者はどうしたら人間の「主観」や「意図」を正確に把握し，日々行われている社会的行為の説明に納得の行く説明ができるのかを考えてきた。この点で，現在の社会科学が達成した理論的方法には，どのようなものがあるのかをもう一度考えてみる必要があるだろう。その手がかりとして，ここでは論じ尽くされた観はあるが，時代を遡って M. ヴェーバーの社会科学の

第4章 社会調査と「主観的意味理解」の方法について 133

「客観性」をめぐる理論，その展開としての「理解社会学」に触れざるを得ない。さらに私としては G. フロイトの「精神分析」を比較対象としてとりあげてみたい誘惑に駆られる。

ヴェーバーの「理解社会学」理論の意義は，人間の社会的行為における外からの観察では捉えにくい「主観的意図」を，どうしたら把握できるのかという問題意識が，ベーシックに追及されていることにある。フロイトの「精神分析」理論でも，脳神経という生理学レベルの分析や本能論では解明の難しい「精神」のメカニズムを，人間の「内面」の問題として追求していると考えられる[13]。それも具体的で親密な他者との関係を基本におくという意味では，社会的であることは言うまでもないが，ヴェーバーの議論が，あくまで社会的行為の行為者としての限りで，当事者が抱く意味であり価値であるのに対して，フロイトの扱う問題は，より個別的で病理的な「内面」の心的メカニズムに即している。

近代の哲学では，「主観」と「客観」の二分法は，基本的な矛盾を孕んでいた。人間の抱く意識のありようとしての「主観」は，合理的であるか非合理的であるかを問わず，個人に外在する世界の中にある。「主観」とは空間的時間的に空虚な観念ではなく，世界に実在する個人の「客観」的世界によって形成される意識である。社会学では，それを言語の習得と文化の学習による未熟な幼児の自己形成から始まる社会化のプロセスによって，作られたものであると同時に，「客観」的世界から引き離され距離を置いて独自の動きを始め，やがて「客観」的世界に働きかける自立的存在として説明する。

20世紀の初めに社会科学を樹立しようとした多方面の試みに，ある共通した傾向があったとする社会思想史的な言説によれば，19世紀の「客観主義的な」さらに言えば「唯物論的な」決定論，それは科学という方法が世界を人間の自由な「主観」を縛り，動かしがたい「客観」的法則のもとに説明する「実証主義」の呪縛と見て，これに反逆したいという動機に社会科学者を動員したという[14]。ヴェーバーもジンメルも，そしてフロイトもこの代表的な論者としてあげられている。今からみれば，そこで批判された「実証主義」とは，自然科学の方法としての厳密な規定を逸脱した，かなり粗雑なイデオロギーであ

り，実体論的進化論から教条マルクス主義までの，近代西欧固有の運命的世界観を指すと思われるが，その反逆の拠って立つ立場は，多かれ少なかれ「人間」の自律的な「主観」を救い出す場所にあった。もちろん，それぞれの依拠した論点と領域は異なり，「主観」と「客観」という言葉が何を意味しているかも同じではない。

にもかかわらず，当の「実証主義」の側からも，「反実証主義」の側からも，「主観」的世界は無視できないものとして追求されたといえよう。ただし，「科学」の方法的基準をまじめに考える限り，「客観」的世界は測定可能であり理解可能であるのに対して，「主観」的世界を測定するには方法の問題が立ちはだかり，動物以上の存在としての人間をどうやって捉えるかは，その前で解決しなければならない難問であり続けた。

少なくとも眼の前にある人間が作り上げる社会的現実を対象とする社会学は，個人を超えた「客観」的世界と個人を動機付ける「主観」の矛盾と関連を，なんとかひとつの土俵で説明しようと努力してきたのである。

以下ではまず，そうした試みのひとつとしてヴェーバーの「理解社会学」から「主観的意味理解」についてみてみよう。

5　マックス・ヴェーバー「理解社会学」における「意味の理解」

ヴェーバーの社会科学方法論として広く知られるものについては，その形成過程を含めこれまでに多くの研究蓄積があるが，ヴェーバー自身の著作においては，歴史学派経済学から社会学への転換を示す「ロッシャーとクニースおよび歴史学派経済学の論理的問題」(1903～06)[15] と「社会科学的および社会政策的認識の《客観性》」(1904)[16] に始まり，そして彼が 1920 年 6 月にこの世を去るまで取り組み遂に未完成のまま終わった巨大な論文集『経済と社会』の冒頭に置くために書かれた「社会学の基礎概念」(1918～20)[17] とそれに先立つ「理解社会学の若干のカテゴリーについて」(1913)[18] が主要なテキストとされている。それらの細部の概念や立論の差異について検討することは，本章の課題にとっては過大なので，ここではヴェーバーの論考と方法論をめぐる多様な論争

第4章　社会調査と「主観的意味理解」の方法について　135

を細かく追跡することは断念し，前節までに考察した人間の社会的行為における「主観的意味理解」の方法という点に焦点を絞って，それもヴェーバーの「理解社会学」的方法の適用例として代表的な著作とみなされている『プロテスタンティズムの倫理と資本主義の精神』を主なテキストとして，その方法を検討することにする。

（1）『プロテスタンティズムの倫理と資本主義の精神』における方法

　周知のようにヴェーバーは，人間の社会的行動，たとえば近代資本主義を生み出すにいたる他者を前提とした経済行為の動機を説明するにあたり，身の安全やより多くの金銭を求める欲求の追及としての営利的「本能」を排して，社会関係の中での合理的な「利害状況」Interessenlage の判断と，宗教的な内面の価値に促された「理念」Idee への献身という概念を考えた[19]。これは行為者が心の中に抱いているものであって，外から「客観」的に直接知覚的に観察することは難しいものである。

　ヴェーバーによれば，たとえば僧院や教会内の聖職者や修道僧ではなく，世俗内で経済活動を担っていた初期の資本主義的蓄積を実現した敬虔なプロテスタントたちは，カルヴァン派等の指し示す強迫的な宗教理念を信じ「神による審判」を恐れて，禁欲的にみずからの仕事としての経済活動に専念した。その結果，それまで人類の歴史上どの文明もかつて成し遂げられなかった近代資本主義という経済社会を，「意図せざる結果」として実現してしまったというのが『プロテスタンティズムの倫理と資本主義の精神』の説く重要な論点であることは良く知られている。

　この本の冒頭は，実は「職業統計」の数字という「実証主義的」データから始まっている。ヴェーバーはこう述べる。「近代の大商工企業における資本所有や経営，それから高級労働にかかわりをもつプロテスタントの数が相対的にきわめて大きいということ，換言すれば，それらに参加しているプロテスタントの数が総人口におけるプロテスタントの比率よりも大きいということは，ある点まで，古い時代に発した歴史的理由によるものと見ることができる」[20]

が，それよりも17世紀当時のイギリスやオランダ，あるいはそこから新大陸に渡ったアメリカで，経済分野で興隆しつつあった市民的中産階級が，宗教と教会の影響を拒否する方向ではなく，ピューリタニズムの専制的支配を積極的に受入れたのはなぜかという問題へと読者を導入する。

統計が明らかにするのは，ある地方（南部ドイツのバーデン州）の職業と信仰の分布と相関の全体状況である。信頼すべき統計数値から考察を出発させるのはヴェーバーには当然の手続きである。しかし，信仰が単なる属性の分類以上の意味をもち，研究の主題が信仰の中身（教義・価値意識）とその結果としての経済行為にある以上，統計が明らかにできるのはここまでである。第1章の1「信仰と社会層分化」で細かい統計表まで引用しながら問題設定を提示すると，以後はひたすら歴史的文献，とくにピューリタニズムの教義に関する文書（リチャード・バクスターの書き残した文献など）の分析に，もっぱら考察を絞っていく。

ここでヴェーバーが論じた方法の文脈では，宗教的行為としての経済活動という人間の行為が，現実の冷徹な「利害」計算という「客観的」判断に基づきながら（それなくしては経済行為の成功はありえない），同時にある明確な宗教的価値，つまり神の意志にかなう正しい行い，自分に天命として与えられた職業倫理を貫くという情熱によって支えられていた，という仮説を立証することに研究の重点が置かれている。しかし，この仮説が立証されるためには，歴史の中で実際に行為した人間たちが心に抱いていた「主観」的意味を，社会科学者はきちんと把握できていることが前提になる。

（2）社会的行為者の主観的意味の「理解」と「理念型」

しかし，われわれの日常的経験からすれば，他人が心の中で密かに想っている理念や情念というものを，そのまま把握することは不可能だといわざるを得ない。ある種の非合理的な超能力やテレパシーなどを信じない限り，人の心の中を手に取るように知ることなどできない，と考える方が経験科学的には正しいだろう。それでも，社会科学者は他人の「主観」的意図や価値を理解できる

とすれば，それはどんな方法によって可能なのだろうか？　これが，ヴェーバーが問い詰めた難問だった。われわれにはその理論上の解答が，彼の「理解社会学」であったと考えることができるだろう。

　ヴェーバーの「理解」verstehen とは少々ややこしい概念である。彼によれば，人間はさまざまな情念や観念を心の中に抱く。それは動物のもつ「欲動」や「欲求」（それはもちろん人間の場合もあるのだが）よりはるかに複雑で厄介なものである。しかし，人間の社会的行為をおもに導くのはその「精神」的な「意図」や「価値」であり，それを「理解」することなしにその行為を十分に説明することはできない。では，どうしたらそれを正確に把握できるのか？　行為を制約する「利害」は，ある程度把握することはできる。それは，制度であったり法律であったり，金銭であったり動物的な「本能」の発現であったり，観察可能な「客観的」な枠組みに収まるから，冷静に調べればよい。しかし，人の心の中に密かに抱かれる「意図」や「価値」は，外から観察できない「主観的」なものである以上，それを把握する方法は独自に構成される必要がある。

　ヴェーバーの言い方を使うならば，「シーザーを理解するためには，シーザーである必要はない」（『理解社会学のカテゴリー』）ということがある。つまり，ある人の内面の「意図」や「価値」を知るためには，必ずしもその人自身である必要はない。個人としての人間は，たとえ英雄であろうと超人であろうと，自分の「意図」や「価値」を十分に知っているわけではなく，むしろ自分が何に基づいて行為しているかを，自分でも解っていない方がむしろ普通である。その人が信じている「意図」や「価値」は，多くの場合はっきり意識されていない。だからこそ，人はある行為をしてしまってから，そのことの意味も欠陥も事後に痛感するのだ。凡庸な犯罪者は，自分の行為の意味を，結果が出てから理解し後悔する。反省しない犯罪者は，言葉の正確な意味で，極端な「客観主義者」である。世界は計画された通りに動いているという傲慢を信じきっているわけだから。

　では，社会科学者はどのような方法を使えば，人間の社会的行為の意味を知り，その説明を人びとに納得のいくようなものにできるのか？　ヴェーバーが

そこで持ち出すのが「行為の意味理解」の方法としての「理念型」Ideal typus
である。ある人がある意図をもって行為をする。他の動物と違って，人間は来
るべき未来を予測しながら行為をする。こういう手を打てば，他者である人び
とは当然こういう行動をするであろうと予測する。その予測に基づいて次なる
手を考える。そこには計算可能性，未来予測が想定されている。これは合理的
思考である。そのとき，彼の頭の中に浮かんでいるのは，人間の行動に関する
一般的な枠組みを判断の基礎にした思考であり，それが「理念型」の原型であ
る。

　実際に生起する行為や現実は，ある「客観的」な状況の中で，それを行為す
る人間の「主観的」な意味や動機に基づいて行われるだろう。しかし，われわ
れは行為者の「主観的」意味や動機を「客観的」な方法で完全に予測すること
が原理的に不可能であるから，なんらかの概念や仮説を構成して，現実に起
こったこととどこが違っているのかを慎重に吟味すればよい。ある幅をもって
あらゆる行為をカバーする複数の類型，構成された概念や仮説を「理念型」と
考えておくのである。つまり，理念型は社会的行為の分析のための「モデル」
のようなものと考えられる。

　ヴェーバーの考察では，最終的に人間の社会的行為について「解明的理解」
と「因果的説明」とを区別した上で，両者の結合を目指すという戦略をとった
とされる。「開明的理解」については行為者の抱く主観的意味が，理にかなっ
た追体験可能な「明証性」を基準とし，「因果的説明」については客観的な「経
験的妥当性」を基準として設定する。つまり手続きとして「明証的に理解され
た」意味連関（合理的行為）をまずは「理念型」を用いた因果仮説として立て，
その経験的妥当性を経験科学一般の因果帰属の論理にしたがって比較検証し，
両方の基準をみたすものに到達しようという手法である[21]。しかし，この「理
念型」的方法は，あくまで検証すべき仮説設定のための概念構成の道具にとど
まるのか，そしてそれを検証する「経験的妥当性」とは，実証主義的なデータ
と考えてもよいのか。

　『プロテスタンティズムの倫理と資本主義の精神』の記述に例を求めると，

第4章　社会調査と「主観的意味理解」の方法について　139

企業家経営者層のエートスの特徴を描き出すために，ヴェーバーは個々の経営者個人の具体的事例を列挙するのではなく，注目すべき諸要素を合成したある典型的な人格を構成した「理念型」を考えている。それは「さまざまな地方のさまざまな部門における事情に基づいて『理念型』的にまとめ上げたもの」であり「解説として役立てるためのもので，ここに描かれたとおり正確にそのまま行われた事例がひとつもなかったとしても，もちろんかまわない」[22]とある。

　たとえば，この研究のキイ概念のひとつ「世俗内禁欲」も，ひとつの「理念型」モデルであり，カルヴァン派の厳格な宗教的戒律として，神による救済は修道院や聖職者に対してではなく，現世に生きる信仰者への職業倫理として厳しく課せられたという仮説が検証できる。初期の資本主義を担った人びとの「主観的」意図や動機を理解するために，ヴェーバーは彼らの精神の内面に脅迫的な「世俗内禁欲」への情熱が貫かれていたと想定して，彼らの残した文書や行動の軌跡を追いかけてゆき，そこに宗教と経済活動というある意味で正反対と思われた行為の強い結びつきを見出す。それが「意図せざる結果」としての資本主義への離陸，蓄積を説明するのである。これは確かに「理念型」を使うことで可能になる。

　「理念型」は，人間の社会的行為（ヴェーバーの言い方でいえば，行為者によって主観的に思念された意味にしたがって，他者の態度に関係付けられ，かつ他者の過去の，現在の，または将来期待される態度に方向づけられた有意味的 sinnhaft な行為）を説明するための道具であるが，「理念型」のような類型論的把握は『プロテスタンティズムの倫理と資本主義の精神』において，どこまで有効なのだろうか。書かれた文書内容としての教義は，それを信仰の指針とした人びとにとって確かに，行為を導く「主観的意味」の土台をなしていた。それを歴史的社会的因果系列の中で意味づけ説明するには，教義の言説そのままではなく，こうした類型の結合，混合，適応，ないしは変形を，「客観的」制約条件との関係で分析しなければならず，ヴェーバーはまさにそこに努力を傾けた[23]。

（3）「目的合理的行為」と「動機の意味理解」

　ある時点，ある空間の諸条件の中で，実際に生きて行為している人間は，動物のようにただ環境に反応したり生理的に快適を求めたりするのではなく，他者の行動や思惑をそこに働く既知の行為規則や価値規範を計算に入れながら，主観的に望ましい結果を期待して行為している。「理念型」という装置は，そのことを個人の内面にまで分け入って「理解」するための道具である。つまり，ヴェーバーは社会科学が採用できる方法として，出来事の一般的規則や類型を「客観的可能性判断」と「適合的連関のカテゴリー」に基づいて発見的（索出的という訳もある）heuristisch に構成した純粋型を，「理念型」と呼ぶ。

　これはとくに「目的合理的行為」の場合に典型的である。「目的合理的」というのは，人間がある行為をするときに，まず目的と手段を分けて，自分が到達したい目的に対してもっとも適合的な手段を選んでいくという類型である。たとえば，ある試験に合格することを目的と設定した人は，その試験の過去問題を調べ傾向と対策を知った上で，自分の使える時間と労力を無駄なく計画して合格を目指すような場合である。真剣に受験勉強に取り組んでいる受験生の目的と手段は明確である。利潤を追求する企業経営といった経済活動も，通常「目的合理的」に行われていると考えられる。ただし，経済活動も人間が利害関係の中で他者を前提に行う社会的活動である以上，そこでの行為者は100％目的合理的に行動するわけではない。

　これもよく知られているように，ヴェーバーは『経済と社会』の第1部第1章「社会学の基礎概念」で理解社会学の方法を論じたあとに，行為の四類型を提示している。そこで，「目的合理的行為」の他に，人間の社会的行為を駆動するものとして「価値合理的行為」，「感情的行為」，「伝統的行為」をあげた。「感情的行為」は行為者の時々の直接の感情や情動による行為であり，「伝統的行為」は行為者がとくに意識することなく慣れ親しんでいる習慣的な行為であるのに対し，「価値合理的行為」は結果を度外視した絶対的価値，宗教的信仰に基づく行為を意味している。ヴェーバーがなぜこの四類型を設定したかについ

いては，いろいろな議論や解釈が行われているが[24]，単にさまざまな社会的行為を機械的に4つに分類することを目的にしているわけではないことは明らかである。

　ある人間がある場面では「目的合理的」に行為し，別の場面では「価値合理的」あるいは「伝統的」に行為するということも現実にはもちろんありうる。問題はそれらの行為の関連の仕方と，なぜある時点，ある場所でそのような行為が出現し，その行為者が「主観的」に自分の行為をどのように意味づけているか，にあるだろう。それが分析道具としての「理念型」であると考えれば，実際の具体的歴史的事例の分析において行為者の「主観的動機」や「価値」を「理解」するために，この類型的モデルが有効であるかどうかが問われる。

　そこで『プロテスタンティズムの倫理と資本主義の精神』では，いかなる分析手順がとられているかを大略整理してみると，以下のようになるだろう。

A．観察された事実（事態：客観的な出来事の記述）

　西ヨーロッパの歴史的近代において，その後の世界史を変える初期資本主義経済の基礎を形成した経営体とその担い手は，どの時代にもあった商業的活動によって営利を求めて蓄財をし，ときに奢侈的な消費をしながら興亡を繰り返した人びととは明確に異なったエートスのもとに活動をした。それは一面「合理的行為」とみることができるが，それだけではない。経済発展の諸条件という点で，他の文明にはないある特徴的な性格をもっていた。とりあえず統計的な事実，あるいは客観的なデータからわかることは，初期資本主義の担い手たちは，ある熱心な信仰をもっていた。それは，それに先行するプロテスタンティズムの宗教倫理の要請するところを営利動機とは別の宗教的信念体系として心のうちに保持して行為していた（と想定される）。

　であるならば，少なくとも当の行為者は日常の経済活動において「目的合理的」に己の職業の世俗的な活動を誠実に行いながら，同時にそれは宗教とは切り離された現世の欲望や即時的満足に導かれていたのではなく，まったく別種の動機に突き動かされていたのではないか，という仮説が導かれる。ただし，

142

これはとりあえず経験的統計的事実からはすぐに立証できない。

B. 当事者の動機・価値の理解（主観的動機の意味理解）

そこで次に問題になるのは，行為者が主観的に意識していた目的と価値である。つまり「価値合理的行為」の類型がそこで意味をもってくる。この場合の価値とは，現に生きてあるこの世の秩序や満足ではなく，過去と来世にわたる宗教的救済であり，自分に与えられた天職 Beruf の誠実な実行によって審判が下される絶対的な価値，聖なる価値である。しかし，そのような信念が，当の行為者の心の中に確かに存在し，それが彼らの行為を根底から突き動かした，という仮説を論証するには「主観的動機の意味理解」が必要であり，それは実証主義的統計的な経験データからは引き出せない。そこで，ヴェーバーがとった方法は，「理解社会学」の道具立てとしての「理念型」，具体的には「目的合理的行為」に対する「価値合理的行為」の類型になる。

しかし，『プロテスタンティズムの倫理と資本主義の精神』の大部分の論述においては，この論証はプロテスタンティズム諸宗派の教義に関する書物と，その信仰を奉じた代表的な人物の書いた文献の内容の分析に集中する。当事者が心に抱いていた主観的動機・価値は，なによりも信仰の内容を表明した文章による以外に理解の手立てはない。確かに，そこに現れているのは，救済を目的とする厳しい職業倫理，「世俗内禁欲」の日常的具体的な実践を導く戒律，強迫的なまでに浪費と享楽を憎み，無駄と放埒を排斥する言説である。われわれはヴェーバーの執拗なまでの膨大なこの追跡を読むうちに，確かに初期資本主義の担い手たちが，このような宗教的情熱を確かに心のうちに抱き，それに突き動かされて熱心に経済活動に従事していた姿を納得してしまう。

C. 当事者に所与の条件（環境：背景としての取り巻く状況）

しかし，実証科学の経験的な基準を素朴に遵守する社会科学者たちは，当然次のような批判を抱くであろう。確かに歴史的行為の説明には行為者の主観的動機は一定の意味をもっているということを認めてもよい。だが，それには検

証可能な経験的データが提示されなければならない。神学的な教義や信仰者が書いた宗教的文書だけで，「主観的意味」や行為を導く「価値」を実証することができるかと。できるとすれば，それは初期資本主義経済の担い手たちが，熱心なプロテスタント信仰者であったという経験的事実以外にないのではないか。それはある程度実証できるかもしれない。

　しかし，「主観的意味」の内容は簡単に要約できるものではなく，またそれが実際の行為にどのように実現されたかは，個々の特殊な事例をあげただけでは不十分である。だからこそヴェーバーの「価値合理的」という「理念型」はそのために考え出された道具なのだろうが，『プロテスタンティズムの倫理と資本主義の精神』は，「価値合理的行為」の類型を活用してその分布や変異を問題にするよりは，比較宗教学的な教義の特徴を詳しく分析することに終始しているのではないか。たとえ教義や信仰の要求するものが厳格で禁欲的経済倫理に貫かれていたことが証明されても，それがそのまま大多数の信者，とくに初期資本主義の担い手であった人びとの行為に強く実現していたという証明にはならない。

　むしろ必要なのは，行為当事者をとりまいていた所与の条件や，行為の場を構成する客観的な環境を問題にする必要があるのではないかという批判がありうる。もちろん歴史学派から出発したヴェーバーは，そうした諸条件を無視しているのではない。それどころか該博な知識を駆使して17世紀から18世紀の資本主義経営と企業家の出自や利害状況を熟知していたのだが，問題の焦点はあくまで価値理念としての教義と「主観的意味」にあり，その後の「儒教と道教」「古代ユダヤ教」にまで至る比較宗教社会学研究においても，このモチーフの探求に突き進んでいく。

D．行為の解釈と説明（分析の道具としての理念型）

　しかし少なくとも『プロテスタンティズムの倫理と資本主義の精神』については，「理念型」を用いた「主観的意味」の「理解」は，行為の解釈と説明に十分な威力を発揮したといえるのだろうか。たとえば，宗教倫理がいかなる結

144

果をもたらしたかを述べる第2章2節「禁欲と資本主義精神」の冒頭にこうある。

　　禁欲的プロテスタンティズムの宗教的基礎諸観念と経済的日常生活の諸原則の
　あいだに存する関連を明らかにするには，なかんずく，霊的司牧（牧会）の実践
　から生まれてきたことの確かめられるような神学書を用いることが必要となって
　くる。なぜなら，来世がすべてであって，聖餐に参加できるかどうかがキリスト
　教の社会的地位を左右し，霊的司牧と教会規律と説教による聖職者の感化が──》
　consilia《（勧告）集や》casus conscientiae《「良心問題」集などを一見しても分か
　るように──われわれ現代人にはもはや簡単には想像もできないほどの影響をお
　よぼした時代には，そうした霊的司牧の実践のうちに働いていた宗教的諸力こそ
　が「国民性」の決定的な形成者だったからだ（傍点原著）[25]。

　そして天職理念の基礎づけを立証するために，ヴェーバーはカルヴァン派か
ら発生したイギリスのピューリタニズムの代表的信徒，リチャード・バクス
ターの著作から世俗内禁欲の例証を抽出していく。だが，バクスターは企業を
経営する資本家というより伝道者・布教者としての司牧であったから，この部
分の論述は宗教倫理の教説に終始し，そこからその教団 Sekte が組織した信仰
者の日常生活に強い指針として機能したということを力説する。そこではもち
ろんさまざまな歴史的事例や文献が引証されているが，「価値合理的行為」の
類型に収束することはあっても，そこからの変異や逸脱の事例は出てこない。
あるとすればカソリックの教義に支配されたラテン的諸国民の行為が，いかに
プロテスタント信仰者の行為と対極的であるかの指摘である。

　このことは，「理念型」のもつ「主観的意味」理解の分析道具としての効果が，
あくまで経験科学的なレベルでは検証不可能なものを，モデルとして要約し一
段階縮約して構成された仮説を作るためのものであり，そこから導かれる考察
に使われるデータ（データという言葉はこの場合はあまりふさわしくないかもしれ
ないが）は，教義や言説の表明としての文書になる。われわれが，それを納得
するかどうかは最終的に理論の整合性あるいは観察され測定されたデータでは
なく，日常的経験的な知に属する。

ヴェーバーの『プロテスタンティズムの倫理と資本主義の精神』においては，行為者とは禁欲的倫理のもとに世俗内で職業としての経済活動に従事した信仰者であり，その行為を導いた「主観的意味」の理解は，「価値合理的行為」の「価値の中身」である宗教的教義と，その実践を指導した文書を通じて行われる。これを読む者は，ヴェーバーの該博な知識と論述の魔力に圧倒されて説得されるか，やはりそれはひとつの仮説に過ぎず，実際の行為者，つまり初期資本主義の担い手たちが確かにそのような職業倫理のもとに行為したのかそうでなかったかは経験的に証明されたわけではないという疑問をもつだろう。

西ヨーロッパに生まれて育ち，キリスト教諸宗派とそれが日常的に生活の細部に生かされていることを経験的歴史的に体感している人々なら，ヴェーバーの議論を同意するか部分的に批判するかはともかく，あるリアルな背景の下に理解するのかもしれない。しかし，「実証科学」の立場に固執する人びとは，「理念型」という装置を精密な科学的方法への中途半端な「言い訳」だとみるかもしれない。

それがいかなる意味で有効かを考える場合，たとえばヴェーバーのエートス仮説をそのまま西洋以外の事例に適用したロバート・ベラーの『徳川時代の宗教』にみられるように，宗教の教義だけをとりあげて経済倫理の質を，資本主義経済の萌芽と結びつけることは，少なくとも「実証的」な根拠が必要であり，「理念型」的方法の限界を示している[26]。

（4）「理解社会学」的方法の現代化

本章の課題からすれば，行為者の「主観的意味理解」がヴェーバーの方法でどこまで可能なのか，という点にあるのだから，あまり大袈裟な議論にはこれ以上踏み込まずに，とりあえず「理解社会学」的方法が現在の社会学にどのように継承できるのかという点だけ考えておきたい。

ヴェーバーの書いた膨大な研究が，その後の社会学に与えた影響は大きいといわれるが，通説どおりであれば，「理解社会学」が方法論的に提案した，社会的行為者の「主観的意味理解」は，20世紀後半の社会学の中でフッサール

からシュッツに至る現象学の視点と合流して，英米仏に優勢であった経験的数量的社会調査を武器とする「実証主義」に対抗する「意味学派」あるいは新たな「理念主義」の源流になったといわれる。それはもちろん間違いではないと思うが，その方向で考える限りは，実は理念型はあまり応用可能な方法とはみなされなかったのではないか，とも思う。つまりそれは単に分析のための概念や仮説を構成する際の道具，それが「客観的・実体的」に測定可能なものではなく，「主観的・理念的」に推測するものであり，「科学」の公準からは補助的周辺的な手段でしかない。

　もし実証的経験科学的「客観性」の基準を，20世紀後半の数量化された社会調査の水準で考えるならば，分析的なモデル設定を組んで経験的な調査を行い，統計的な操作によってモデルからの変異と相関を数量的に検証するか，あるいは理念型的に構成された概念を，あくまで書かれた，あるいは語られた言語のレベルで分析するか，方法はおよそ2つに分かれる[27]。

　瑣末で味気ないかもしれないが，人間を対象とした社会調査論的には，それぞれに対応した質問を用意し，同じ尺度で測定可能であれば，その数量化も手法によっては可能になる。つまり複数の価値尺度のようなものを考えて結果データを相関分析にかけるようなことになる。でも，それでよいのだろうか？ヴェーバーの文脈をより包括的な「近代化」の指標として展開するような形で，理念型的方法はもっと広く社会調査のさまざまな試みの中で生かされたのではないか，というのがわれわれのとりあえずの仮説であるが，次に角度を変えてフロイトの方法について検討していこう。

6　ジグムント・フロイト「精神分析」における他者理解の方法

　G・フロイトの精神分析を社会学の方法論という視点から考えてみる前に，これまで述べてきたような近代の実証科学の方法的前提が，人間の「心」についてどういう関係に立つかを簡単に確認しておきたい。これはまず「心身問題」として問われてきたテーマに結びつく。人間は身体をもった存在である以上，自然に属する肉体（それが物理的な存在である限り当然自然科学の対象となる）の

第4章　社会調査と「主観的意味理解」の方法について　147

メカニズムを対象とする科学が成立する（生物学，生理学，医学など）。同時に昔から，それとは必ずしも同じレベルで論じることのできない「心」（「精神」とか「霊魂」「霊性」などと呼ばれてきたもの）があると考えられてきた。この「心」と「身体」がどういう関係になるか，を哲学的な問題として問うのが原問題としての「心身問題」である。

　「心」と「身体」を完全に別のものと考える言説（たとえば霊魂がある肉体に宿り，死とともに肉体を離脱するというような考え）は古くからあったが，近代科学の土俵の中では，「霊魂」の存在は実証不可能で，「心身二元論」という「心」と「身体」はまったく別物だという考えは科学によって疑われてきた。「心身二元論」では，人間の行動は「身体」とは独立した「心」という実体の中にあり，それが人の行動となって現れると考える。それは他の動物のような環境への反射的行動ではなく，内面の「心」が外面の「身体」に指令を与えて行動に実現するとする。しかし，薬物や肉体を操作する簡単な実験をすればわかるように，「心的な現象」は肉体と無関係ではなく，かなりの程度われわれの身体のどこかに根拠をもっている。とくに生理学的解剖や病理学的研究が進んで，人間の脳と神経系に「心的現象」が深く関わっているという見解は，今日ほとんど常識といってもいい。

　脳のある部分の障害や切除によって，人間の「心的現象」の現れは機能的にかなり影響を受けることがわかっているし，精神病と呼ばれる一連の症候は，脳や神経をコントロールする薬物で治療がかなり可能だということも，医学的常識になってきた。脳や神経が観察可能な「モノ」の次元にある限り，それは観察や実験で科学的に解明できる（当面はまだわからない部分が多いとしても）という立場は力をもつ。「心」は人間独自の目に見えない暗闇の中にあるのではなく，最終的には脳という物理的自然の中にあるという「唯物論的」（「唯脳論的」？）世界観である。

　またこれとは違った角度だが，生理学や医学が「遺伝子」のメカニズムを解明するにつれて，個々の人間が示す「心的現象」の傾向性，「性格」や「個性」と呼ばれてきたものも，身体的特徴を親から受け継ぐのと同じように，「性格」

148

や「個性」はある外界に対する反応の束のようなものであり，それは結局「遺伝子」の問題だと考える立場も有力になってくる。それでは「脳」や「遺伝子」を科学的に解明することで，「心」の問題は最終的に明らかになるのだろうか？

心理学が人間の「心」を解明しようとして，科学的方法を堅持しながら生理学や医学と方向を同じくするという立場なら，それは単に研究の対象を人間の肉体に絞るのか，行動の次元に注目するのかというだけの違いになってくる。また，現代の最先端科学のひとつ，人工知能の研究などでは，人間と同じ脳による学習と判断の結果としての「心的現象」とほぼ近似した機能をもつ人工知能を，人間の工学的技術（高度なコンピュータ技術）を駆使すれば作ることができると考える場所にまで来ている。これもある意味で「唯物論的」世界観に立っている。

しかし，一方でいくら「身体」を科学的に解明していっても，「心」の世界には辿り着けないとする立場も依然として根強い。これまで見てきたように，心理学の中にも，早くから行動主義的な心理学の方法には限界があると批判して，「心的現象」を臨床的経験の中からさまざまに解釈することで，「身体」に属する脳と神経から「心」をとりあえず切り離して研究するという立場がある。もちろん社会学は人間一般の脳と神経を解明しても，それだけでは社会現象は説明できないことは，ある意味で当然だと思える。ただ，社会現象も「心」が関与していることは疑いないので，そこを繋ぐ理論が気になる。

先に見た M. ヴェーバーの社会学方法論は，そこまでは立ち入らないが，素朴な「唯物論的」世界観が観察可能な実証科学という方法だけでは，「心的現象」からの人間の社会的行為を解明できないと考えて，「類型論的思考」を「数量統計的思考」に対置する形で問題にした。ヴェーバーとはまったく異なった視点と立場から，「主観的意味」の世界を捉えようとした G. フロイトの精神分析の試みは，そうした意味でも興味深い。

（1）フロイト精神分析の方法の変遷

フロイトの精神分析が形成される過程は，よく知られているように彼が初め

第4章　社会調査と「主観的意味理解」の方法について　149

はウィーンでまず神経生理学の研究から出発し，そこから人間のヒステリー研究に向かい，パリに行って当時有名になっていたシャルコーの催眠による治療に触れ，ウィーンに戻ってから生活のためもあり，研究者から開業医の道を選んだことに大きな転機がある。医学の中でも当時の精神科はまだ模索段階で，フロイトは精神病患者を治療するという目的のために「心的現象」の障害としての神経症と精神病の臨床治療を進める中で，独自の精神分析理論という「思想」を築いていった。フロイトの思考の発展は，肉体に根拠を置く自然科学としての生理学から，肉体とは直接結びつかない精神の裂け目を，あるユニークな概念装置を想定することで説明していこうとした，と考えることができる。

　なによりも，精神分析はその研究対象がまず「心」の働きに異常を示しているとみられた「神経症患者」あるいは「精神病者」であったことが重要である。それまで，一般に精神を病んだ人は，肉体的あるいは遺伝的に異常な要素を身体内に持っていて，それが発現してくると考えられていて，治療もそれを薬物や外部的刺激（それが催眠や水療法などにまで繋がるのだが）によって抑えるというものだった。しかし，実際に患者を臨床的な実践を通じてみていくと，それは身体だけに根拠を求めることが難しく，したがって薬物や外的手術などではせいぜい激化した症状を緩和する程度でしかなく，しばしば失敗に終わる。あくまで自然科学者であろうとしながらも，フロイトは次第に医療という視点に立つことで独自の方法と，患者の心の「主観的世界」の解釈を作り上げていく。

　フロイトの方法は，その時期により彼が考え出したさまざまな用語と概念が変化しており，最終的には精神分析という方法も，多様な中身を持っていた。さらに，フロイトの弟子たちは，それを専門治療の方法として実用化し技術化していく方向と，一種の思想として純化していく方向に分化し発展していったので，簡単には要約できない。今日，精神分析についてはさまざまな立場と評価があり，経験的実証科学を重視する科学者からは，一種の物語的疑似科学であり，医療としての治療効果も疑わしいという批判がほぼ定着している。フロイト自身が扱った患者も，実は治癒した例はほとんどない，という研究もある。

150

しかし，とりあえず「心的現象」を解明するフロイトの精神分析理論の特徴を，社会的行為の分析方法として見ていく上で，おもに3つの点に注目しておきたい。それは次のようなものになる。

A．発達（社会化）と家族というモデル

フロイトの方法で特徴的な点は，人間が誰でも通る乳児から幼児，そして年齢とともに経験する大人になるまでの発達段階（社会学では社会化 socialization と呼ぶが），家族とくに親子関係が果たす「心」のメカニズムに注目して，ある種の説明道具を考えたことである。彼はこれを，おもに「性」の欲求との関係で説明する。性的欲求自体は「身体」に根拠をもっているが，その発現形態と自分の性的欲求に対する意識は，はじめから社会的に（つまり他者との関係で）形成される。フロイトの理論では，ここで重要な役割を果たすのが母親と父親そして子どもである自分という3者関係である。エディプス・コンプレクスという言葉は，幼時の原初的欲動が「心」を形成する際の代表的な概念になる[28]。

フロイトはさらに，エディプス・コンプレクスを男の子にとっての同一化の対象である母親に対して，そこに介入してくる手の届かない「現実」あるいは「社会」の象徴として父親の存在をもってくることで，「性」の発達・発現メカニズムを説明する。それは，精神病の発症が「身体」の病理に根拠を持つのではなく，幼児期から成人に至る長い時間の中で，根源的な欲求としてのリビドー libido に基づく性愛の求める快 Lust に対する「心的外傷」を，意識が変形していくプロセス（一種の歪み）のようなものとして捉える発想によっている。フロイトはこれをより一般化して，幼児期に無意識的に感知する同性の親を殺して異性の親と交わる，という近親相姦願望があるために心の中に形成されるエディプス・コンプレクスという概念を作り，これは人類に普遍的なもので，それを解決しようとするときに神経症を発症する場合とそうでない場合との岐路があると考える。

たとえばフロイトが説明する去勢コンプレクスの説明を考えてみると，母親

と密着した依存状態にある男の子の場合，母親は自分だけのものと幻想しているが，最初誰もがもっているものだと空想していたペニスが，ある年齢になると母親や女の子たちはそうではないことに「目から」気がつく。それを意識する時期に，同時に「おちんちんを切ってしまうぞ」という意味の禁止・威嚇の言葉，「耳から」の去勢の威嚇を受ける。そこで発生した不安が，コンプレクスを形成し，耳と目が記憶したものが「言葉」につながる。これは言葉を正しく使えるようになる時期と一致する。この去勢不安を乗り越えるために，男の子は禁止を受入れて，母親を性的対象とすることを諦めて，父親的な秩序を受入れる方向，つまり男の子らしくなっていく方向を選ぶ，という説明になる。

人間の意識の発達における，原初的な「性」「家族」「言葉」などの基本装置は，いずれも生理的な「身体」にではなく，「意識」と「対人関係」を軸に構成されている。

B．無意識の抑圧という自我論と夢解釈

このことを追求していくと，ひとつは自我論に辿り着く。よく知られているように，フロイトの自我論では，自我は3層構造になっていて，一見自明のように考えられている「自我」あるいは「主体」という意識は，それ自体が確固とした認識と判断を指令する実体的な存在というものではない。幼児がこれが「自分」であると考えるのは，まずは「鏡像段階」，つまり鏡を見たときの自分の視覚的な姿（鏡の中の人間が「自分」であると気付く瞬間，それは左右が反対になっているのだが）に発して，いわば他者の目に同化することで自分を対象化することで「自我 Ich」を獲得する。自分はどういう人間で，何を求め，何がしたいのかを思考する自我。しかし，自我の背後，というよりその下に地層のように広がっているのがエス es と呼ばれる無定形の欲動で，快感原則 *Lustprinzip* にしたがっているエスはそのままの形では実現できない。したがって通常の「意識」は，エスが発動してくる欲動が実現しがたいことにぶつかると，一次的防衛としての抑圧を行う。これが無意識の「防衛機制」と「転移」という説明になってくる。

152

「防衛」にはさまざまな形態があるが,「自我」がぶつかる「現実」(家族のモデルでは,まず父親による禁止・介入) を,無意識が抑圧するメカニズムとして捉え,それを意識された自我の領域から見たくない恐怖や不安として追い出したり消去したりするために,それとは直接関係のない他のものに「転移」した形で意識下に保存する。フロイトがこのことを発見したのは,彼自身が見た夢の分析に始まる。夢の分析の手がかりは,目覚めたときにすかさず自分の見た夢を文章として記録するという方法である。

フロイトが精神分析の出発点で最初にとりあげた夢の分析 (夢判断 *Traumdeutung*) は,その抑圧したものを取り出す手がかりとして位置づけられている。1895 年 7 月にフロイト自身が見た「イルマの夢」から彼が引き出した結論は,「夢は願望充足である」「夢は願望が変形された充足である」「夢は抑圧された願望の変形された充足である」しかもそれは幼児期の願望である,という具合に展開されていく。彼は自分の夢を心理的な連想作用として分解し,それは実際の現実とは対応していなくて,抑圧された願望が変形されて意識の中に現れたもの,無意識の中に潜伏していたものが出てきたものと考え,その抑圧のメカニズムを解明しようとする。

では,その抑圧するもの,抑圧を強いるものとは何か? それは父親の存在が背後に示しているもの,さまざまな象徴を介して自我の内部に取り込まれ,自我の一部に組み込まれている超自我 (Über-Ich) である。つまり今日の通俗的な見解によれば (フロイトは自分のアイディアをいろいろ巧みな比喩で語っているので,これもフロイトの表現によるのだが),エスは暴れ馬のようなものであり,自我はそれを上手に乗りこなす騎手のようなものであり,現実を見据え,現実を支配する規範や法や慣習など,社会の多数原理を考慮にいれた秩序を基準に現実的な判断を行う。そのような自我の働きを監視し,それが適切であるかどうかを審査する上級の裁判官,検閲官の役割をはたすのが超自我である。つまり,超自我は規範や慣習,掟や法を遵守する良心,あるいはそれに違反することをおそれる無意識的罪悪感に対応し,またそれを遵守することを理想とする自我理想に対応する。このような自我論から精神病者が示しているものは,こ

第4章　社会調査と「主観的意味理解」の方法について　153

のような自我の防衛機制に失敗した病理形態ということになる。

　したがって，その治療の方法は，患者が陥っている心的外傷に根を持つ自我が抑圧しているものを，いかにして意識の上に引き出し，妄想や転移や身体の異常という形で出現している病に気付かせるか，という技法に集中することになる。つまり，やや乱暴に言えばいかにして強い自我を取り戻すか，という技法が精神分析の大きな焦点になる。しかし，このような立場には当然のごとく批判が起る。

C．言語による気付きの治療という方法

　フロイトの精神分析がどこまで「科学的」「実証的」基準に耐えうるかは，当初から疑問視されていた。とくにフロイトの自由連想法に基づく臨床的観察は，日常言語による記録であり，客観性をもったデータとして信頼性が危ういことと，さらにその臨床記録の解釈をもととしたフロイトの精神分析理論，フロイトの著作に散見される「文学的」な諸概念は症状として観察可能な形で現れるものと，「心」のうちに生起している葛藤や抑圧の理論とが恣意的に結び付けられているのではないか，という批判がなされた[29]。

　はじめにみたように，「科学的」基準からすれば，因果的説明は個々の測定可能な要素を説明項と被説明項に操作的に分類し，その間の関係を因果の連鎖，あるいは数学的結合式に表現して追及し，そこに入らない曖昧なものを排除していく。つまり単純にいえば，フロイトのさまざまな理論図式は，概念を図式上に配置して関係を示すものの，それらを数量化データとして捉えることが不可能なものであって，因果関係を数式で表現できないような，あいまいさを常に含んでいる。したがって，データとしての根拠は書かれた記録と，フロイトが独自に考え出した概念（言葉）によって語られたものである。極端にいえば，ひとつの物語に近いともいえる。ユニークな物語であるならば，それはどのようにも語ることができ，他の語り方もいくらでもできるかもしれない。どの物語が正確な関係を示しているかを判定する根拠は結局ありえない。

　しかし，それが経験「科学的」に問題があるとしても，フロイトの理論は

20世紀に大きな影響力を発揮したことは事実である。そこで，フロイトの精神分析における臨床観察の最大の方法論的特徴である「自由連想法」と呼ばれるものをもう少し検討してみよう。自由連想法は，患者を寝椅子に横にならせて，頭に浮かぶことを自由に語らせ，それを患者の視線に入らない位置にいる分析者が聴き取るという方法である。医学的検査や心理学的テストと異なって，ここでは何よりも言葉が主要な手がかりでありデータである。

　分析者は患者が語る自由な連想に謙虚に時間をかけて耳を傾けながら，その語り出された言葉に手を加えることなく，最終的には患者自身が語りを通じて，自分の心の中に潜み隠されていた事実，抑圧し他のものに転化させていた心的外傷や欲望を，意識の中に明晰に浮かび上がらせることを目標にする。フロイト自身が夢分析でやってみせたことを，臨床場面で患者に対して方法として徹底した形で行うのが自由連想である。フロイトは自身が扱った患者の語りから得たというさまざまな事例の説明[30]を通じて，彼の理論を作り上げたが，それが治療として効果があったかどうかは疑われている。

　しかし，社会的に行為する人間の「主観的意味」をどう捉えられるのか，という本章の主題にとって，医療行為としての精神分析の専門家の議論を離れて，もう一度ここでフロイトの事例研究の方法について具体的に考察するのは，意味がないこととはいえないだろう。幸いここにフロイト自身が書いたひとつの材料がある。

（2）「ねずみ男」の臨床技法

　フロイトが実際に患者を見て精神分析の臨床を行った例は，それほど多くはない。それらは彼の理論形成にとって重要なもので，論文には加工された形で言及されているが，その生の記録はほとんど残されていないと言われていたが，近年彼がリアルタイムで記録したノートがロンドンで発見され翻訳された。それは後年「ねずみ男 Rattenmann の症例」として知られるようになった1907年から始まる強迫神経症の29歳の男性の臨床記録である[31]。

　フロイトの方法という点で彼自身が書いた臨床記録であるこの文章は，たい

第 4 章　社会調査と「主観的意味理解」の方法について　155

へんに興味深いものである。フロイトが自らのウィーンの診察室で行った治療
の症例記録は，原則としてセッションと呼ぶ面接時点の最中にノートをとるこ
とはせず，その日の晩に内容を書いていたらしい。彼は出版された症例の草稿
も，もとのノートも廃棄することにしていたので，この「ねずみ男」の症例記
録（治療の最初の 4 ヵ月部分）だけが奇跡的に残されていたのが発見された。発
表された『強迫神経症の一症例に関する考察』[32] は，このノートをもとに整理
され，かなり削除したうえ理論的考察を付加して公刊されたものである。フロ
イトの精神分析が実際はどのようなものであったか，そこから彼が何をつかみ
目の前の患者にどのような態度で臨んでいたかを知るには，この記録は大変貴
重なものであり，公刊されたフロイトの症例の中で唯一の成功例だとされてい
る。これによって今われわれは，フロイトの治療が具体的にどのようなもので
あったかを知ることができる。

　フロイトが「ねずみ男」と呼んだエルンスト・ランツァーの治療は，1907
年 10 月 2 日から開始され，1 年近く続いたらしいが，残されていたのは翌年
1 月 20 日まで 47 回のセッションの記録である。きっかけは『日常生活の精神
病理学』(1901) を読んだランツァーが，自分と同じ姿を発見しフロイトの診察
室を訪れたことにある。彼はウィーンの中流ユダヤ人家庭出身で，大学で法律
を学び法学博士号を取ったばかりの知的な青年であるが，父親と敬愛する女性
に何か悪いことが起こるという恐怖，剃刀で自分の喉を切ってしまいそうにな
る衝動，それを振り払うために起こる禁止命令などの強迫観念に悩まされてい
た。弁護士資格をとろうと法律事務所に勤務したが，この強迫観念のため勉強
に支障を来していた。

　このときフロイトは 51 歳であり，初期の『ヒステリー研究』(1895) から『夢
判断』(1900) で精神分析的精神病理学の基礎理論を固めた後，前半期の精神分
析の体系化を果たす『精神分析入門』(1916) 執筆に至る時期であり，その理論
の発展に彼の臨床経験が大きな意味をもっていたことは言うまでもない。初期
の催眠や連想を方法とする治療から独自の「自由連想法」に移行し，この時期
には治療の進め方をほぼ完成させていたといわれる。すなわち，治療の中では

患者をまず寝椅子に仰臥させ，心に浮かぶことを語らせ，そこで生じてくる抵抗を解決する会話を交わし，転移を見ていくというものである。「精神分析家が自分に興味のある素材を引き出そうとするのではなく，患者が自然で自発的な思考の流れに従うようにさせる」(1907 年 10 月の水曜心理学協会[33] での病理報告) 技法が確立していた。

「ねずみ男」の場合，はじめの 2 週間は日曜を除く毎日，かなりの時間をかけて治療を受け，あとになると面接は不規則に行われたが，開始に当たって 2 つの基本条件，つまり「頭に浮かぶすべてを話すこと」と「頭に浮かぶままに話すこと」を約束させた。治療中にメモを取らないのは，医者の注意が散漫にならないようにするためであり，フロイトは診療が終わった夜に治療記録を書くことを原則とした。治療の過程でフロイトは患者に診察室の骨董品を指し示したり，食事を出したり，家族と接触させたりして，それが患者の転移や抵抗を引き出すこともみられる。

後にフロイトは治療の技法について論文を書き，また精神分析のその後の発展の中では，そういう治療者の過剰な介入や権威主義的な態度は禁じられ中立性の原則を強調することになるが，実際はフロイト自身治療が深まっていく中で，冷静な分析者という枠を越えてときに親しく患者と交流し，「ねずみ男」もフロイトを「大尉殿」と呼んで敬愛の態度を示す。2 人の間にはユダヤ人で出身地も近く，どちらも 7 人きょうだいで女の子が 5 人，男の子が 2 人という家族構成などお互いに共感・共鳴を抱いたであろう類似性が指摘されている。

ここで注目したいのは，ランツァーの恋人の名前を聞き出そうとしてその名前がギーゼラということを知ったとき，フロイト自身の思春期の恋の相手の名と同じであることに驚くこと，またフロイトの解釈に大きな影を落としているエディプスの三角形における父への憎しみと，そこから生まれた不安・恐怖が罪悪感の根源になるというモティーフを，「ねずみ男」の症例で証明したいという動機である。強迫的な欲望と恐怖を抱く患者が語る空想の中では，フロイトの母，妻，娘への卑猥な妄想が登場したりもするが，分析家は冷静にそれを転移として受け止める。そして，この記録がしばしば示している特徴は，言葉

第4章　社会調査と「主観的意味理解」の方法について　157

へのこだわり，言語の微妙な遊びと比喩，言葉の両義性の効果である。

　たとえば「ねずみ男」がおまじないのように口にする "Glejsamen" や "Ratte"
と "Rate" の関連，恋人の名前 "Gisela Fluss" などの言葉への強い関心と考察
が，記録の中に頻出する[34]。ここでは分析者であるフロイトと患者である「ね
ずみ男」は距離を置いた観察者と被観察者の関係はとうに越えていて，象徴的
暗喩や感情を交感しながらコミュニケートしている。しかし，この頻繁なセッ
ションを通じて治療者がかなり積極的に患者に介入し，それもある場合は権威
主義的に要求する場合すらある。

　確かに，自由連想による事例研究が，フロイトの理論を検証してくれること
は，ほぼ不可能に近く，当のフロイト自身も，晩年には精神分析を治療的有効
性よりも，ひとつの思想とみなす傾向が強かった。フロイト理論は，時期に
よって自分の理論を次々組み替えたり，最初の理論と矛盾する主張をしたり
と，精神分析理論といっても体系的な一貫性があるわけではない。たとえば初
期は不安の起源を衝動だと言っていたが，途中からそれは自我であり，自我が
危険を感じたときの信号が不安であると言い換える。また，慎重なフロイトは，
分析で想起された記憶の再構成が，すべて真実であるという考えを保留してい
たが，晩年には想起された記憶はそれがうまく再構成されていれば治療に効果
があると述べている。

　患者の症状を緩和し病的な状態を治療するという行為と，人間の精神のメカ
ニズムを研究するという活動は臨床の現場ではひとつだが，活動の質と方向は
別のものである。開業医であるフロイトと理論家あるいは思想家としてのフロ
イトは同一人物であるが，今日われわれが問題にするのはフロイトの後者の仕
事であって，彼が患者を治癒させたかどうかではない。どうして身体に根拠を
持つ脳神経系や薬物による実証科学的操作を捨てて，言語による自由連想を主
要な方法としてフロイトが採用したのか。狭い意味の精神病治療という世界を
少し離れてみると，それは20世紀思想の「言語論的展開」の意味という問題
につながっている。精神分析の流れの中にも，それははじめから潜んでいたも
ので，その後の精神分析のいくつかの立場は，この言語論的展開を積極的に方

法として採り入れていった。とりあえず，われわれはフロイトが，人が「主観的」に心に抱く世界について，その無意識の領域も含め当事者が言葉で語ることで探索可能だと考え，またそれ以外の方法が見当たらないと考えたことを確認しておきたい。

7 社会学における他者の「主観的意味理解」の方法と困難

われわれは分をわきまえず，少しフロイトの精神分析に深入りしてしまったかもしれないが，先に見たヴェーバーの理解社会学の方法とあわせ，社会学にとってこれがどのような意味をもっているのかをここで考えてみることにする。中心的な論点は，一言で言えば近代科学が前提とした「客観的」な研究者，対象をモノのように冷静に距離を置いて眺め記録し分析する「観察者」という方法的立場と，それをじゅうぶん意識しながらも人間が行為によって織り成す社会的現実に，なんらかの積極的意味を求めて関わる「主観的」な実践家，言語と文化を手がかりとして他者を望ましい方向へ動かそうとする「行動者」という生活的立場との関係である。

ヴェーバーとフロイトでは，その研究対象も方法も，どちらもドイツ語であるという点を除けば書かれた文章の色合いもおよそ異なっているが，社会的な存在としての人間がそれぞれ心や精神と呼ばれる「主観的」世界に抱えている固有の内容を，なんとかして理解しようとし，広い意味の「科学的」な場所に据えてそのメカニズムを説明しようとした点において，共通していたと考えることができる。同時にその試みは，自然科学的な経験的実証的な基準からすれば，多分に難しい課題であったことも示している。

冷徹な「観察者」としての立場と，積極的に現実と関わる「行動者」としての立場は当然矛盾してくるので，ヴェーバー個人の場合では「社会科学者」と「政治家」の役割の峻別という問題になり，フロイトの場合でいえば精神分析の「理論家」と医師としての「治療者」の使い分けという問題になるだろう。ここまで見てきた限りでは，方法的な態度の意識化という点では，ヴェーバーの方がより自覚的で明確であり，フロイトの方が無自覚に融合していると考え

第4章 社会調査と「主観的意味理解」の方法について　159

られるが，研究のもとになる素材あるいはデータという点では，歴史的文献資料を主として手がかりとするヴェーバーよりも，固有の個人の臨床記録から理論を導いたフロイトの方が「主観的意味」の探求において，より経験的なリアルに迫っていると考えることもできそうである。

　しかし，そもそもヴェーバーとフロイトはまったく違った問題をまったく違った方法で研究したのであって，フォーカスをぐっと引いた20世紀思想史のような大きな視野ならともかく，社会学方法論などという狭い場所で比較するなど無理な話だと言われるかもしれない。確かに，「主観的意味」といってもヴェーバーが問題にしているのは，あくまで歴史的な大量現象としての行為者の意識された「社会的現実」であり，他方フロイトが追求していたのは，自分が何者であるかもわからなくなったような人間の，無意識の不安や欲望の「深層の意味」であった。それがもしどちらも把握可能，理解可能なものであるなら，ヴェーバーはそれを「社会科学的」方法に組み込もうとしたし，フロイトは「精神分析」という独自の領域を自分で作ってしまった。そして，それはどちらも言葉を重視していたが，ヴェーバーは書かれた言葉に「理念型」をかぶせ，フロイトは語られた言葉にさまざまなアイディアによる解釈を施し，説明の理論を考えたといえよう。

　社会学は行為者の「主観的意味」の把握を無視して，「客観的」に観察可能な行動だけから社会的現実を説明することはできない，とはじめに述べた。しかし，それにはどのような方法が有効なのだろうか，というのが本章のテーマであった。数量統計的な社会調査の方法は，現在の水準ではさまざまな技法を洗練することによって，かつてのように単純に社会的行動を測定し，設定した諸変数間の相関を分析するだけでなく，より詳細な「質的データ」を扱うこともある程度はできるようになっている。だが，行為者の「主観的意味」理解をさらに追及した20世紀後半の社会学が向かったのは，数量的実証的な社会調査による「経験科学」（それはそれで発展はしたのだが）よりはむしろ，数字を使わず言葉によって語られたもの，書かれたテキストや話された言葉を分析する「言語論的展開」の方法であった。

160

そこでは，近代科学の根深い技術的合理主義や主体（人間中心）主義や，数理実証主義の抽象的「非人間性」はさかんに批判されたが，人間同士が関わりあって動く社会で，他者の心の中の「主観的意味」の世界をどうやって知るのか，それをどんな形で描き出すのか，さらには「主観的意味」はいかに形成されるのかは，優れた論者が洞察すればまるで自然に判ってくるような楽観的な立場が幅を利かせて，あまり真剣に問われていない。少なくともヴェーバーの「理念型」は単なる言葉以上には使われていないし，フロイトが工夫した方法は，その後の精神分析の中で技法的には洗練されたようだが，「科学的」には疑われたままだ。

しかし，この点はフロイト以後の精神分析の流れや，現象学や構造主義などを含めもっと検討が必要であり，次章の課題としたい。

おわりに

これまで本稿でみてきたように，人間の行動を説明するために「主観的意味」や「主観的価値」というものを正確に把握する必要があるのだとして，それは数量によって可能か，あるいは言語によって可能になるか，と言ってしまっては問題をあまりに単純化しすぎるのである。社会調査という場では，言語的概念によってしか捉えられないと考えられていたものも，数量的測定の上に乗せることは可能になっている（たとえば色彩のようなものはデジタル化されてあらゆる色が扱える）。また，数量的実証主義が科学哲学的に厳密な基準で実際の社会調査データを蓄積しているかといえば，相当に怪しい。

社会学の経験的社会調査は，必ずしも広く合意された科学的方法や手順を遵守して行われているのではなく，まさに通俗的な意味で「経験的に」個別の問題と対象を手探りで解明することを目的に，現実の環境に合わせて行われているのである。だから「量的な調査」が難しくなれば「質的な調査」しかない，というようなレベルで事が運ばれてしまう。また，近代科学批判の流れに乗って積極的に「主観的意味理解」を反実証主義的方法として追求しようという立場からは，「臨床社会学」などという提案もなされている[35]。これもここでは

第4章　社会調査と「主観的意味理解」の方法について　161

触れている余地がないが，論理演繹的方法と帰納的経験主義との対比でいえば，そもそも社会学に論理演繹的に精密な体系的方法などあったためしはない。せいぜい数理的な思弁を社会現象を対象に考察する「数理社会学」があるだけである。

　25年ほど前に哲学者の中村雄一郎が『臨床の知とは何か』で述べていた論点は，おそらくこの問題に関わると思うけれども，中村によれば「科学の知」の顕著な特性あるいは原理として3つがあげられている。それは「普遍主義」，「論理主義」，「客観主義」である[36]。これは自然科学の中心として物理学的機械論に典型的にみられた特徴であるが，「普遍主義」はデカルトの幾何学的な無限空間やニュートンの物理学的な絶対空間のように，事物や自然を基本的に等質とみなし，すべて量的なものに還元する立場である。「論理主義」は分子生物学のDNA二重螺旋説による生命体の解明のように，事物や自然はすべて論理的な一義的因果関係によって成り立ち認識できるとする立場であり，「客観主義」は脳科学が脳神経系の活動をもろもろの連合野の働きからなる客観的なメカニズムとして解明するような，研究する側の主観性をまったく排除して，距離を置き対象化して捉える立場である。

　これらが結びついて近代科学は，あらゆる現象を対象として説明し，技術的に再現し，新たな事物を制作し，問題を解決すると信じられてきた。このような「能動的な知」の立場がいまや根本的に問われており，中村はこれに対して「受動の知」，定式化しがたくモデル化しにくい「臨床の知」を対置していた。すなわち「普遍主義」に対して「コスモロジー」，「論理主義」に対して「シンボリズム」，「客観主義」に対しては「パフォーマンス」と呼ぶものを構成原理とするという。ただ，それは「科学の知」に比べてなかなか明確に定義しにくい。ただ，本章で検討してきたような社会科学における「主観的意味理解」という問題設定にとって，それはひとつの目標になるかもしれない。

　本章の冒頭にあげた『荘子』秋水編の1節は，水に泳ぐ魚の楽しみがわかるか，という話になっているが，実は荘子とその友人の理解の質を問題にしている。魚の心境は人間には理解不能だが，人間の心境は親しい他者には理解可能

だというわけである。「共感的意味理解」は「科学の知」を逸脱しているかも
しれない。これも偶然あるテレビ番組で見たことだが，トビウオという魚は海
上を飛行機のような姿で10秒以上も高く飛び続けることができる。それを船
の上から見た人間は，トビウオが気持ちよさそうに飛んでいると考える。しか
し，実はトビウオが飛ぶのは快感や食欲で飛ぶのではなく，海中で迫り来る肉
食の大きな魚や，人間が操る漁船の危険から逃れるため必死で跳躍しているの
だという。

　動物行動学者は海上からは見えない熾烈な生存競争の現実を，海の中にカメ
ラを据えて「科学的」に観察した結果このことを発見する。「行動」のレベル
では，それは真実であろう。しかし，人間の社会的行動は，海の中の深層を探
るように行動観察や解剖をすれば「科学的」に説明できるとは思えない。

注

1) Merton, R. K., *Social Theory and Social Structure*, 1949, The free Press.『社会
　　理論と社会構造』森東吾・森好夫・金沢実・中島竜太郎訳，みすず書房，1961
　　年。マートンはこの著書の第2章「経験的調査の社会学理論に対する意義」で
　　こう述べる。「経験的調査は理論を検証し，テストするという受動的な役割をは
　　るかに超えている。すなわち調査の仕事は仮説の確認，反駁に尽きるものでは
　　ないというのが，私の中心的な論題である。調査は能動的な役割も果す。すな
　　わちそれは理論の発展の一助となるところの，主な機能を少なくとも4つ果た
　　している。調査は理論を創始し，作り直し，方向をかえ，また明確化するので
　　ある」同訳書，95頁。その4つとは，掘出し（serendipity），理論の作り直し，
　　理論的焦点の転換，概念の明確化である。
2) 1960年代のドイツ社会学における「実証主義論争」は，「批判理論」を立場とす
　　るアドルノ，ハーバーマス対「分析哲学」の反証主義提唱者ポッパー，アルバー
　　トらの論争として知られているが，「批判理論」が「科学」的方法一般を攻撃し
　　たというより，実証主義を基礎付ける分析科学主義を批判していたとみるべき
　　だろう。Adorno, T., et al., *Der Positivismusstreit in der deutschen Soziologie*,
　　Neuwied, Hermann, L., 1969.『社会科学の論理』城塚登・浜井修訳，河出書房新
　　社，1992年。
3) パーソンズは，社会学草創期のコントの「実証主義」から，第二世代（1890年
　　代から1920年代までに活動した人びと）に至る社会学の潮流を整理する中で，

第 4 章　社会調査と「主観的意味理解」の方法について　163

「実証主義」を受け継ぎながらこれとは異なる原理を標榜し対立した立場を,「理
念主義」idealism と呼んでいる。これはヴェーバーが新カント派から社会学に
導入したという位置づけになる。Parsons, T. *The structure of Social Action*, N.
Y. : McGraw-Hill. 1937.『社会的行為の構造』Ⅰ－Ⅴ, 稲上毅・厚東洋輔ほか訳,
木鐸社　1976 年。日本では富永健一が, 社会学思想史における「実証主義」に
対する「理念主義」という用語を多用している。『思想としての社会学―産業主
義から社会システム理論まで』新曜社, 2008 年。

4)　Comte, A., *Cours de philosophie positive*, Paris, Au Siege de la Sociéte
Positiviste, 1830-42. Vol. Ⅳ : 235.

5)　Comte, A., 同上書, Vol. Ⅳ : 237.

6)　Comte, A., 同上書, Vol. Ⅳ : 254.

7)　行政や専門機関が組織的に収集する数量的統計は, 社会学者自身が行う社会調
査とは目的において異なるが, 社会現象の全体的把握という点では, 社会学に
とっても利用可能な「実証的」データであり,「実証主義」を堅持したデュルケー
ム学派の仕事において統計が非常に重要であったことは言うまでもない。

8)　20 世紀の科学哲学あるいは分析哲学では, 検証可能性 testability が科学と非科
学の境界設定基準であり, 論理演繹的に構成された命題の真偽を経験的データ
と一致するかどうかで判定するのが論理実証主義の立場だが, それをとりあえ
ずの真理として, 一例でも反証データがあれば, 覆るものとする反証主義がポ
パーによって提起された。Popper, K. R., *The Logic of Scientific Discovery*,
London : Huychinson, 1959.『科学的発見の論理』大内義一・森博訳上下, 恒星
社厚生閣, 1971 年。

9)　広い意味の実証主義と区別して, 20 世紀前半にマッハに始まり, とくにヴィト
ゲンシュタインの「論理哲学論考」(1922) の影響を受けて論理実証主義という
立場が成立した。これは, 形而上学や宗教, 倫理について語ることは無意味で
あり, 自然的な言語を排除し純粋に記号で表現された自然科学の命題だけが,
観測された事実から真偽を検証できると考える。

10)　清水幾太郎によれば, 20 世紀の近代経済学が人びとの幸福を量的に計算しよう
とした功利主義から脱して, 快楽や苦痛の質的相違を貨幣量の数字に還元する
ことで効用の個人間比較を否定し, 無差別曲線, パレート最適などの「純粋科
学的」道具立てにより限界効用理論を樹立したことで, 理論のエレガンスは精
緻になったが, 現実の経済現象を説明する他の要素は排除され, 他の社会科学
に投げられたとみる。清水幾太郎『倫理学ノート』岩波書店, 1972 年。

11)　ヴェーバーに先行する新カント派, とくにリッケルトなど西南ドイツ学派の主
張は, 自然科学と歴史科学の認識目的の根本的な相違であり, 一般に自然科学
は対象がもつ個別性をすてて, その普遍性の側面に注目する「法則定立的方法」
による認識であるのに対して, 人文社会科学は対象がもつ一回的個性的な特徴

を重視する「個性記述的方法」によって認識するとした。ヴェーバーはこの主張を修正しつつ社会学に取り込んだ。

12) 「歴史主義」を論破しようとして 1957 年に書かれた『歴史主義の貧困』で K・ポパーは人間の知識は成長してゆくものである限り，歴史の未来予測は原理的に不可能であり，理論物理学に対応するような理論歴史学の可能性は否定すると言った。もっとも，ポパーの言う「歴史主義」は史的唯物論や発展段階論のような歴史法則主義を意味しているので，ここで問題にする「歴史主義」とは意味が違っている。Popper, K. R., *The Poverty of Historisism*, London : Routledge & Kegan Paul, 1957.『歴史主義の貧困』久野収・市井三郎訳，中央公論社，1961 年。

13) 「内面」と「外面」という言い方自体，「主観」「客観」と同様，20 世紀の社会科学と哲学では，大いに問題のある言葉になった。人を突き動かす実体論的な「内面」など実はないのだ，という立場が，素朴な行動主義心理学から相互行為やコミュニケーションに重点を置く社会学の言語ゲーム論まで，現在では積極的に主張されている。

14) スチュアート・ヒューズ『意識と社会——ヨーロッパ社会思想』生松敬三・荒川幾男訳，みすず書房。

15) Weber, M., *"Roscher und Knies und die logischen probleme der historischen nationalökonomie" Gesammelte Aufsatze zur Wissenschafyslehre*：『学問論論文集』第 1 論文，『ロッシャーとクニース』松井秀親訳，未来社，1988 年。

16) Weber, M., *Die Objektivität der sozialwissenschaftolicher und sozialpolitischer Erkenntnis*：『学問論論文集』第 2 論文（『社会科学と社会政策に関わる認識の「客観性」』富永佑治・立野保男訳，折原浩補訳，岩波文庫，1998 年）

17) Weber, M., *Soziologische Grundbegriff*：『経済と社会』第 1 部第 1 章。Grundkategorien der Soziologie.『社会学の基礎概念』阿閉吉男・内藤莞爾訳，恒星社厚生閣，1987；『社会学の根本概念』清水幾太郎訳，岩波文庫，1972 年。

18) Weber, M., *Uber einige Kategorien der verstehenden Gesellschaft.*『理解社会学のカテゴリー』林道義訳，岩波文庫，1968 年。

19) ヴェーバー自身が関わった社会調査は，1982 年の東エルベ農業労働者の調査と，1908 年から翌年にかけて行われた「封鎖的大工業の淘汰と適応」と題する工業労働者の調査がある。後者の調査はドイツ社会政策学会の調査プロジェクトとして，ヴェーバーの指導の下に弟のアルフレート・ヴェーバーの助力を得て遂行されたもので，対象は工業化の進むヴェストファーレン州南部エールリングハウゼンの織物産業である。この調査は実証的自然科学的方法を採り入れたもので，ドイツにおける先駆的な産業社会学調査といわれている。

20) Weber, M., *Die protestantische Ethik und der》Geist 《des kapitalismus, Gesammelte Aufsätze zur religionsoziologie*, Bd. 1, 1920, SS.17-206.『プロテスタ

第 4 章　社会調査と「主観的意味理解」の方法について　165

ンティズムの倫理と資本主義の精神』大塚久雄訳，岩波文庫，改訳 1989 年，
16-17 頁。この部分の註によれば，この統計利用は，すべてヴェーバー門下の
オッフェンバッハの 1901 年のバーデンの信仰統計を使った論文によっている。

21) 折原浩は，この方法を『プロテスタンティズムの倫理と資本主義の精神』を例
にとって，カルヴィニズムの二重予定説からは，合理的には「宿命論」か「無
立法主義」が帰結するはずなのに，ヴェーバーは実際は「能動的－禁欲的」行
為が生じている事実を観察し，自分が神に選ばれているか，見捨てられるかと
いう信徒個人の深刻な不安を導き，神の意思に従おうとする「非合理的動機」
を確認したと述べる。つまり「非合理的」な行為を解明するには，理念型で構
成される「合理的」な極から出発する以外にない，という方法上の戦略がある
とする。『社会科学と社会政策にかかわる認識の「客観性」』折原補訳解説，岩
波文庫，254-255 頁。

22) Weber, M., op. cit., 1920. 同上書「第 1 章問題 2 資本主義の精神」邦訳 75 頁註。

23) 『プロテスタンティズムの倫理と資本主義の精神』第 2 章における天職倫理をめ
ぐる，ルッター派，カルヴァン派，クエイカー派，敬虔派，メソジストなどの
教義を比較検討する中でも，ヴェーバーは「この研究ではことさらに，さしあ
たって，古プロテスタント諸教会の客観的・社会的な諸制度とそれの倫理的影
響，特にきわめて重要な教会規律から出発せずに，むしろ禁欲的宗教意識の個々
人による主観的獲得が生活態度のうえに特徴的におよぼした作用から出発した
のだった」と注意深く述べる。(同上書邦訳 284 頁)。しかし，それを論証する
根拠は，バークリーなどの当事者の証言（文献）にある。

24) 厚東洋輔『ヴェーバー社会理論の研究』東京大学出版会，1977 年。厚東は，
ヴェーバーの行為の四類型を，「日常性対非日常性」「合理性対非合理性」「価値
と欲求」「即時的関係対人格的関係」「ゲゼルシャフト結合対ゲマインシャフト
結合」などいくつかの二項対立で再分類し，四類型の相互関連性を論じている
（第 3 章闘争と秩序の交錯，139-145 頁）。しかし，「目的合理的行為」「価値合理
的行為」と「感情的行為」「伝統的行為」は，対象によっては必ずしも同一次元
で比較できるものではなく，ヴェーバーの文脈では，歴史的近代の「合理化」
を説明する道具として読まれることが一般的だと思われる。

25) Weber, M., op. cit., 大塚久雄訳，289 頁。

26) Bellah, R. N., *Tokugawa Religion*, 1985. 『徳川時代の宗教』池田昭訳，岩波文庫，
1996 年。ベラーはヴェーバーの枠組みに倣って，東洋で唯一資本主義経済を成
立させた日本でも，プロテスタンティズムが果たした役割に相当する宗教があっ
たはずだと江戸時代の商人道徳の思想家から石田梅岩の「石門心学」を探し出
した。しかし，18 世紀半ばの大阪で唱えられた「石門心学」が，思想教義にお
いて商業に適合的な経済倫理であったとしても，それは宗教運動としての広が
りと影響をもたず，19 世紀以降の日本の資本主義経済の蓄積に結びついたとい

166

う「実証的な」根拠は乏しい。

27) それでも1950年代，行為論から社会システム論に至るパーソンズが，心理学からヒントを得て考案した5つのパターン変数などは，類型論的価値尺度を分解して現実の分析に応用可能な理論装置として考案したものであったが，これなどはヴェーバーの理念型の一般理論への展開と考えることもできる。Ed. with Parsons, T. & A. Shils, *Toward General Theory of Action*, Harvard Univ. Press, 1951.『行為の総合理論をめざして』永井道雄他訳，日本評論新社，1960年。

28) 「エディプス・コンプレックス」という用語は1900年に登場したが，フロイトの理論体系を包括的に6つのモデル（「力動－経済論モデル」，「生成－分析論モデル」，「発達論モデル」，「力動－構造論モデル」，「不安－防衛論モデル」，「自己愛論モデル」）に整理した小此木啓吾によれば，心理生物学的な欲動，その挫折drive，抑圧または防衛defence，葛藤conflict，妥協形成と代理満足などの無意識過程に関する理論構成を確立した「力動－経済論モデル」の出発となる幼児性欲論のキイ概念が「エディプス・コンプレックス」である。小此木啓吾『現代の精神分析』講談社学術文庫，2002年，53-54頁。

29) グリュンバウムは，フロイトの自由連想法に基づく臨床的観察はデータとして信用できるかどうか，そして精神分析理論を支持できるかと問い，フロイトの著作をくまなく検討した結果，その結論としてフロイトの観察は心的葛藤の理論の基盤として，因果的推論を行うには不十分であるとしている。科学哲学・分析哲学の立場からみれば，これは当然ともいえる見解だろう。Grünbaum, A. *The Foundations of Psychoanalysis: a Philosophical Critique*, 1985.『精神分析の基礎—科学哲学からの批判』村田純一・貫成人・伊藤笏康・松本展明訳，産業図書，1996年。

30) フロイトは1900～1910年代の臨床経験をもととして，『精神分析入門』に集大成する精神病理学図式を引き出すが，その症例研究として発表されたのは「ヒステリーの症例ドラ」(1905年)，「恐怖症の症例ハンス少年」(1909年)，「妄想型分裂病の症例シュレーバー」(1911年)，そして「強迫神経症の症例ねずみ男」(1909年)である。

31) Freud, S., *"Origialnotizen zu einem Fall von Zwangsneurose" in Gesammelte Werke Nachtragsband Texte aus den Jahren* 1885-1938, S. Fischer Verlag, 1987, SS. 505-569.『フロイト「ねずみ男」精神分析の記録』北山修編集監訳，人文書院，2006年。

32) Freud, S., *Bemerkungen uber einem Fall von Zwangsneurose*, 1909.「強迫神経症の一症例に関する考察」『フロイト著作集9』小此木啓吾訳，人文書院，1983年。

33) この「水曜心理学協会」は，当時フロイトを中心として定期的に開かれていた研究会で，やがて「ウィーン精神分析協会」として最初の精神分析家の組織に

第4章　社会調査と「主観的意味理解」の方法について　167

　発展していくものであった。

34) たとえば第22・23セッションで，"Glejismen"について，それが祈祷の言葉
　　「アーメン」から作られたと同時に"gl＝gluckliche"（幸せな），"j＝jetzt u
　　immer"（今といつも）などの暗号的言い回しに分解し，そこから"Gisela s
　　amen"を意味していること，つまり自慰の際にこれを唱えたのは，ギゼラに精
　　液を想像していると読み，これはねずみ男も承知している謎解きだと書きつけ
　　る。前掲書，pp.81-82。

35) 野口裕二・大村英昭編『臨床社会学の実践』有斐閣，2001年。樫村愛子『ラカ
　　ン派社会学入門―現代社会の危機における臨床社会学』窓社，1998年。

36) 中村雄二郎『臨床の知とは何か』岩波新書，1992年，129頁。

第5章

社会学と現象学の遭遇

——社会調査における方法と現象学とのかかわりについて——

　しかし1つの学が長い間研究され，その学における長足の進歩を驚嘆するにしても，あとになって何びとかが，「いったいこのような学は，可能であるのかどうか，また可能だとしたらどうして可能なのか」という疑問を抱いたところで，それは必ずしも未曽有の珍事というわけではない。人間の理性は，たいへん建築好きにできているので，なんべんとなく高い塔を築いては，あとからそれを壊して，土台が丈夫にできているかどうかを調べたがるものである。人間が理性的になり賢くなるのに遅すぎるということはない。しかし透徹した洞察をもつのが遅れると，これを活用することがそれだけ困難になるのである。

　そもそも或る学が可能であるかどうかを問うのは，その学の現実性に疑いをもつからである。だがこういう疑いは，自分の碌でもない全財産を，事によったら〔形而上学という〕この宝石かも知れない，と思い込んでいる人を侮辱することになる。それだからこのような疑いを抱くほどの人は，四方八方から抵抗を受けることを，予め覚悟しなくてはなるまい。

（I. カント『プロレゴメナ』序言，原著1783年，

篠田英雄訳，岩波文庫，1977，11-12頁）

はじめに

　日本の現代社会学において取り扱われる研究の対象と範囲は，いまや多様に分散・拡大している。

　空間的には，日本国内からこれまでの東アジア，北アメリカ，西ヨーロッパのみならず，それ以外の世界の諸社会を対象とした調査研究に広がり，時間的

には，従来の過去2世紀ほどの近代産業社会を前提とした研究，すなわち「モダニティの学」としての社会学は終焉したとみて，過去と未来に次なる研究課題を探す。もともと社会学は人事百般，およそ人間が関与することであれば貪欲に研究対象に取り込んで「○○社会学」「○○の社会学」を称してきたといってもよい。だが，現在への危機意識は常にみずからも問い直すので，社会学の社会学，社会学者の社会学，とループしていって，結局「社会的なるもの」とは何か，という初発の問いに帰っていく。これは別に日本の社会学に限ったことではないが，現在の社会学の危機とは，どうみても社会学のアイデンティティの希薄化である，と考える意見はあちこちで噴出しているとみられる[1]。

　その研究方法においても，収斂よりは拡散の感がある。研究対象はそれぞれの社会学者が固有の関心に基づいて任意に設定したとはいえ，一定の確立した方法によって現に発生し進行している社会現象のある側面を，確かに捉えているといえるのか，またそれを取り扱う方法は，すべてではないにせよ多くの社会学者に共有し了解されているものであるのか。仮にそうであると認めたとして，当の社会学者は自分の選んだ対象と用いた方法とをどこまで確かなものとして信じているのだろうか。

　筆者がこのようないまさら少々愚かしく思われる疑念を抱くのは，近年の学会，たとえば「日本社会学会大会」の部会発表といった場において，対象と方法の自明性を見直すべきだという発言を複数見聞きすることがあったからである。従来の常識からすれば，少なくともそこに集まって報告や議論をしている人びとは，自分たちの研究がそこで取り上げている対象と用いた方法について，かなりな程度共通の認識，共通の了解の上に立っているという自明の前提があるはずだった。さらにそのような場を成立させている研究者の拠って立つ，大学などの教育研究機関の存在も改めて疑うことなく（実際にも学会大会の会場は某大学の教室であるし），そこから「社会の中にあって社会を考える」という行為の自明性・共同性も抽き出されるといえたはずだ。

　だが，従来からの社会学の学説史や抽象度の高い理論研究，あるいは学者人物史の研究の場ではなく，いわゆるヴィヴィッドな社会現象を追求する，個別

領域の「実証研究」とみなされる諸分野，たとえば特定地域の紛争や対立をめ
ぐる社会問題の研究や，ある理念や利害を核に生動している集団の成員を対象
に，継続して地道な社会調査を続けているような研究者たちの中に，なにか今
まで自分たちがやってきた方法自体を疑わせるような契機が起こり，対象とし
て向き合ってきた当事者との関係，つまり研究者という場所から他者としての
当事者・生活者をできるだけ客観的に眺める，という構図自体を一度疑ってみ
るべきではないか，さらには特定の価値的理念や実践とは距離を置いた客観性
基準，あるいはヴェーバーの「価値自由」という暗黙の了解をもう一度見直し
てみるという反省が，どうやら方法的懐疑のような形で言葉にされているよう
なのである。

　これは日本の場合たまたま 2011 年 3 月，東日本太平洋沿岸で大震災・大津
波・原発事故という激甚災害が起き，イデアールな自明性の世界に突然考えて
もみなかったレアールなものが出現したショックのせいばかりともいえない。
ことはしばらく前から起っていたのだろう。

　だとすれば，何かいままでの実証主義的フィールド調査の方法ではだめなの
ではないか。社会調査マニュアルが自明視していた対象の実在と数量分析的な
手法は，もう現実を捉えることができず，もっと確実な経験をもとに対象を理
解するべきではないか，と自問したとき，それにメタ理論的に応えようとした
知の伝統が再度振り返られるのはみやすい。社会学の伝統の中で参照すべき
は，1939 年，ナチスに追われてニューヨークへ亡命した「現象学的社会学の祖」
A. シュッツの著作であり，さらにはその前年フライブルクで亡くなった「現
象学」そのものの祖，E. フッサールの仕事に遡ることも，ある意味当然とも
いえると筆者は思う。

　これもいまさらながら教科書的に言えば，フッサール『ヨーロッパ諸学の危
機と超越論的現象学』→シュッツ『社会的世界の意味構成』→バーガー＆ルッ
クマン『日常世界の構成』の線で展開した 20 世紀の「現象学的社会学」は，
すでに日本でも 1970 年代末以降急速に浸透して，シンボリック・インタラク
ションからエスノメソドロジーまでを含む新たな潮流を社会学の中に定着させ

第5章　社会学と現象学の遭遇　171

て四半世紀以上が経っていることは，若い世代の社会学徒には常識といってよいことだろう。

　もうひとつ付け加えれば，近年筆者に印象的な出来事であったのは，かつて日本社会学へのT.パーソンズ理論の紹介者・擁護者であり，行為論，構造―機能主義，社会システム論を先導し，並行して数量的な社会調査として社会階層と移動や社会指標などの「実証研究」をプロデュースしてきた戦後日本社会学の代表的な近代化論者富永健一が，これまでの社会学史を総括するような大著『思想としての社会学』(2008)において，ヴェーバー，デュルケームなどのビッグ・ネームに続いて当然パーソンズに1章を割き，それと並んでシュッツにも1章を割いて論じたことである。かつて指導的パーソニアンとみなされていた富永は，社会学のオーソドックスを踏まえ，社会学における実証研究の方法としては，ヴェーバー的主意主義的行為論を意識しつつも，基本的には近代科学の数量化と客観性の基準に立った実証主義の立場を守り，シュッツ以来の現象学的社会学には批判的であったからである。

　正統社会学を背負う理論家富永健一の立場からすれば，ルーマンの社会システム論は認めてもシュッツの現象学は認められないはずだった。それが，なんとパーソンズと同格の扱いで彼がシュッツの現象学的社会学を取り上げたのは，ちょっとした事件であり，2009年の日本社会学会大会では当の富永も出席したパーソンズ－シュッツをめぐるシンポジウムが開かれたほどである[2]。

　筆者がこの小稿で試行的にとり上げようと考えているのは，従来いわゆる「実証主義」が19世紀以来拠って立ってきた自明の前提，世界は間違いなく実在する，それを認識する自分が生まれる前から世界はあり，自分が死んだあとも世界は確実に存在し続ける。したがって，社会学が対象とする社会も実在し，永続する。それを認識しようとする人間は，ある特殊な意識の作用を実現する厳密な方法をとる以外に確実な知には到達できない，という信念（あるいはドクサ・謬見）についてどこまで疑うのか，それを基礎づける経験とは何かということである。それを伝統的な哲学の厄介な文献学的議論の場で問うことは，そもそも哲学徒ではない筆者にはやめておく方が賢明だろうし，ここでそれを

172

試みるのも到底無茶なので，本章ではただ社会学の社会調査の方法という，至極狭苦しい場所から考えてみるだけである。半分は言い訳だが，半分は真面目な戦略だと思ってほしい。

とりあえず社会学方法論というスタートラインでは，まずごく実際的な問題から出発して，最終的にはフッサールの現象学の見えるところまで辿り着いてみたい。

1　社会調査における「現象学的」態度への指向

人間の社会的行為から発生する社会現象について，実験や観察の測定データ，あるいは調査票による数量的調査データをもとに統計的分析をする研究法をとるにせよ，当事者・関係者へのインタビューや聴き取り記録，自伝や語りや生活資料のような文字データをもとに分析するいわゆる「質的」研究法をとるにせよ，社会調査がめざすところはとりあえず社会的行為がもたらす特定の事象と当事者の意識を捉え，その実態，経過，メカニズムを記述し説明することにある。そう考えれば，それぞれの方法にはいうまでもなく最終目的に到達するための手法としてのメリットとデメリットがあるので，どちらが優位かという議論より，採られた手法と結果をちゃんと明示すればどんな方法をとっても構わない，という立場は十分成立する。

実際問題として，社会調査を設計し実施する際には，どのような方法を用いるかは調査仮説や調査理論上の優位性よりも，対象者にどこまでアプローチできるか，求める情報をどうやったら得られるか，一種の手探りと勘で可能なことを選択しているはずである。それはどこまでも現実の諸条件によって決まってくる。社会学の場合はとくに，どこに行って誰に調査をするのか，相手が具体的な状況の中で現に今を生きている人間である以上，どんな調査になるかはフィールドで出会う「対象者」に，研究者以前の自分がどのように向き合うかの勝負になることは，フィールドを歩いて汗をかいて調査をやった者なら誰でも実感するはずである。

そこで，どこをフィールドとし，誰に調査をするかを反省的に考えたとき，

標準的な社会調査法として教えられてきた方法への根源的な問いが，幾度も蘇る。さらに問題は自分が設定した課題を考えているときに，そこで使用する概念，視角，理論と分析枠組みの自明性，方法の妥当性などについて，もう一度疑ってしまうことの必然性に思いが至る。そこで，一見社会学とは無縁に見えていたフッサールの現象学が，妙に気になってくるかもしれない。自分は調査者として目の前の他者の行為と意識を，じゅうぶんに捉えているのだろうか？モダンの学としての社会学の知識と方法を身につけた研究者であるがゆえに，さまざまな先入見，憶測，自然的態度，主観―客観図式を前提にした近代の方法的態度を疑うことなく，先行研究の方法を踏襲して社会調査を行っているに過ぎないのではないかと考え始める。そこで社会学者は無縁と見えた現象学と遭遇する。

　しかしここは，シュッツに淵源する現象学的社会学のことはひとまず措いて，近年の「実証的」研究から一例をあげてみよう。1980年代の日本で顕在化した外国人労働者の流入から端を発し，日本社会の中で顕在化した南米などからの日系人出稼ぎ労働者の実態調査，さらにアジア，中東からの出稼ぎ・移民を研究対象として追求してきた研究グループの中心メンバーである樋口直人の場合である。彼は，日本の各地で定住化する外国人をその出身国まで含め粘り強い調査によって把握し，さらに欧米の移民研究に目を配りながらより一般的な移民の理論と日本の事例を追跡する中で，日本の現状に対して行政サイドから謳われる「多文化共生」の理念を批判する[3]。現代日本の社会学者としては，綿密に地に足のついた実証研究を継続し成果を上げてきた研究者のひとりだといえる。その樋口がそこから，さらに近年その根拠を求めて「現象学」的方法の導入にまで言及するに至る。

　「国籍や民族などの異なる人々が，互いの文化的ちがいを認め合い，対等な関係を築こうとしながら，地域社会の構成員としてともに生きていくこと」。このような総務省の定義する多文化共生は，国家や市場という構造的文脈をないがしろにし，複数の行為者の相互作用に共生の条件を縮減した点で，構造的問題を隠蔽し適切な政策決定を妨げる。なおかつ，共生する主体たる資格を国家が決める「後

174

国家的性質」を前提とする点で，問題を矮小化し現状肯定を促す社会的機能を果たす概念となった。そうした問題を受けて，多文化共生に対する批判的な論考も，過去5年で一定の蓄積がみられるようになった。

　だが，相互作用的な文脈を重視する共生論はもはや遺棄されるべきなのか。筆者は多文化共生論には批判的な立場をとるが，国民国家モデルに対する批判理論として共生論を再構築することは可能だと考える。国家や市場を視野に入れないのが共生論の欠点だとしても，後国家的でなおかつ社会心理学的という共生論を，「国家や市場に対して意識的に思考停止」させる方向で展開させればよい。すなわち，共生論を現象学的に組み替える可能性はあるのであり，報告では非正規滞在者を例にとってこの作業を行う[4]。

　この「意識的に思考停止」することで「現象学的に組み替える」という意図は，フッサールの用語でいえばまさに「現象学的還元」の作業であり，ここでの樋口の文脈からすれば，現在の移民理論における異文化共生論が拠って立つ社会心理学的ドクサ（謬見）にも，これに対する入国管理行政的な国家政策の法的ドクサにも，賃金格差による労働移動を核とするプッシュ＝プル理論の市場経済的ドクサにも，改めて括弧をつけていくことになる。そのときに現象学的還元によって何が見えてくるのか？　それはおそらく外国からやってきて地域社会の住民のひとりとして現に生きている日系人や外国籍の労働者やその家族一人ひとりが，個人として語る言葉，あるいはそこに現れる具体的な何か，ということになるのだろう。

　思い返せば，1970年にアメリカの社会学業界で「社会学の社会学」，「ラディカル社会学」として大きな注目を浴びたA. W. グルドナー『西洋社会学の来るべき危機[5]』が敵視したのは，ずけずけとフィールドに踏み込んでいって，瑣末な数量調査データを積み上げ科学的分析だと誇る無自覚な実証主義的研究と，それを近代社会科学の発展の成果とする既成の社会学，とりわけアメリカ社会の秩序と体制を自明のものとして受け容れる均衡理論的構造—機能主義[6]の現状肯定的姿勢に対してであった。大学に巣食う御用学者的社会学に対してラディカル社会学が提示したオルタナテイブは，何であったのか？

　泥沼から敗北したヴェトナム戦争の影を深く宿した1970年代前半のアメリ

カで，進歩と発展を約束していたはずのウェスターン・モダニテイの自己認識としての社会学は，学問内在的にというより政治的に，主題論的にというよりは方法論的に，転回を必要としていた。そのときのさまざまな可能性や選択肢は，フロイトからサルトルまで，カール・シュミットからフランツ・ファノンまで，ガルプレイスから毛沢東まで，社会学者（？）でいえばオルテガからマルクーゼまでを含むごった煮であった。

今にして思えば懐かしいくらいあの時代を感じさせるが，ラディカル社会学者は多かれ少なかれ既成のマルクス主義の用語を使って，自分勝手な言説を展開していたことは，アメリカもヨーロッパも日本も似通っていた。彼らの情緒的な準拠点としての第三世界，踏みにじられるヴェトナムの民衆，国内の第三世界としての奴隷の子孫という言説は，そのとき既に単なる理念の構築物と化していた。

結局，社会学の中で80年代以後まで生き残ったのは，社会システム理論と現象学的社会学，つまりパーソンズからルーマンの線と，シュッツからガーフィンケルの線だけだった，と言ったらあまりにも乱暴だろうか。たしかに乱暴だろうとは思う。しかし，社会学のアイデンティティが希薄化しているとみる現状は，フォーカスを引いてみれば，社会学が成立した当初からの「社会的なるもの」の共同性の全体を掴みたいというマクロな欲求と，「社会的なるもの」である個として生きている人間にどこまでも迫りたいというミクロな欲求に対応している。

2 ライフ・ヒストリーからライフ・ストーリーへの変換

もうひとつ，直接には現象学に関する議論とは無縁な形で出ているが，社会学の方法論として興味深い論議がある。2000年代に入って，いわゆる「質的」研究法[7]が数量的データ分析に代わって社会学者の用いる主要な方法になってきたとき，会話分析を中心とするエスノメソドロジー派の上り坂の隆盛と並んで注目されたのが，「ライフ・ストーリー研究」である。それは源流として，日本の社会学では1980年代から蓄積された中野卓の一連の口述の生活史から

引き継がれた，オーラルな聴き取り記録を中心に据えた個人生活史の研究である。それが，2002 年の桜井厚『インタビューの社会学[8]』あたりから，従来の「ライフ・ヒストリー」ではなく「ライフ・ストーリー」という言葉がしばしば使われるようになった。たとえばその主導者のひとり，桜井厚はこのように述べる。

たしかに，これまでの社会調査法ではほとんど省みられることがなかった新たな課題がつぎつぎと登場した。それはこれまでのデータの代表性，信頼性，妥当性といったデータに限定された問題だけではなく，調査者（インタビュアー）と被調査者（語り手）の関係を基盤としたインタビュー・プロセスの問題，過去の出来事や人びとの経験とライフストーリー（語り）の関係，語りをもとにしたライフヒストリーの構築と記述の問題，プライバシー保護をはじめとする調査倫理の問題など，思いつくだけでもただちに五指に余る課題をあげることができる[9]。

この段階では，桜井の述べるライフ・ストーリーと，口述の生活史としてのライフ・ヒストリーとの区別はあまり明確ではない。いちおう，ライフ・ヒストリーはインタビューという場面で語り手が語ったこと，あるいは言葉だけでなく表情や身振りを含む語りそのもの，あるいはその忠実な記録を意味している。そこから特定個人の一生を多少なりとも一貫した，継続した時間的な流れにおいて眺め，それを社会学的データとして構築し記述を構成する作業がライフ・ストーリーということになるようである。

　時間的空間的に生起している事態そのものは，たとえ行為の当事者本人といえどもすべてを認識し記憶するなどということはありえない。フッサール現象学がこだわっている直接経験とか，志向性とかいう問題は，今ここで自分が生きて経験していることを，人間は限られた視点からしか認識していない，ということを示す。まして自分が過去に経験したことを，事後に想起して語るとき，すでに想起しているその時の選択的で構築的な意思が働くことはいうまでもない。自分にとって想起するのが辛いような経験の記憶であれば，人はまずはそれを消し，なかったことと思いたいのは普通にありうる。

　中野のライフ・ヒストリーでも，出来事のありのままの記述などということ

はありえないと自覚されていた。だから，当事者が語った言葉の記述にまず徹することを方法としたのだと思う。しかし，現在の社会学におけるライフストーリー研究は，どうなっているのだろうか？　2011年の日本社会学会で，歴史学的研究に身を置く朴沙羅（京都大学）は，「ライフストーリー研究は可能か―個人史および口述史からの検討―」という報告を行い，このように書いている。

　　社会学における「ライフストーリー」研究にはどのような独自性があり得るのかを考える。現在，歴史学・社会学・政治学など複数の分野において「個人の過去を聞きとる」調査が確立されつつある一方，分野間の交流はそれほど目立っていない。また，国際社会学会（ISA）RC38で個人史研究の手法や目的をめぐって多様な議論がなされているにもかかわらず，その議論が日本社会学界に取り入れられているとは言い難い。本報告は，社会学における個人史（biography）研究と歴史学・政治学分野における口述史（oral history）研究を比較しながら，可能な限りこの状況を打開しようと試みる。そこで，データとして the journal of the Oral History Society, the Oral History Review, Qualitative research, Current Sociology などに掲載された口述史・個人史研究の方法論を扱った論文，RC38のニューズレター，あるいは政治学・労働史研究における口述史・個人史研究の著作を用い，各分野の研究目的と特徴とを分析する。また，質的調査論をめぐる近年の議論も参考にする。
　　分析の結果，政治学が公人の，労働史研究が中小企業家の，口述史研究が記録の残りにくい諸個人の生活史を収集・研究の対象としてきたことがわかる。一方，社会学においては何を研究の目的としどのように調査を行うかという点において，「リアリスト対アンチ・リアリスト」（Bertaux, 1996）の対立があること，またそれぞれが D. ベルトーと G. ローゼンタールに代表されることもわかる[10]。また，日本の口述史研究において「従軍慰安婦」問題に代表される戦争の語りをどう扱うかという問題が影を落としている可能性も指摘できる。以上から，現在日本で行われている「ライフストーリー」研究はエスノメソドロジーや構築主義，あるいは個人史研究における「アンチ・リアリスト」の系譜からも距離を取っていることが指摘できる。他分野との差異化を図りつつ「ライフストーリー」研究を確立するには一定の困難があるのかもしれない[11]。

ライフ・ストーリー研究における「リアリスト対アンチ・リアリスト」の対抗図式は，もう少しヴァリエーションがあるのだが，基本的には過去のある時

間と場所で生起した，つまり時間的空間的に特定された，動かし難いリアルな「事実」というものを，個人への聴き取りインタビューという手段によって肉薄できるし，するべきだという立場と，唯一のリアルな「事実」を特定することよりも，その個人が自分の私的な体験をどのように再構成し意味づけているか，語りの内容を解釈するということに焦点を絞る立場の対立だろう。歴史家として，記録を抹消された従軍慰安婦や在日朝鮮人の語りの中にリアルな「事実」を追求する朴は，当然リアリストを支持するはずだ。

　政治学や労働史研究がとりあげる，特定の人物への聞きとりインタビューの記録，あるいは一定の意図のもとに自ら記録を書き残す政治家や事業家など公人の自伝と，まとまった文章を書く能力を持たない，それゆえに歴史のかなたに消え去ってしまう個人の語りとでは，その量と質において異なるだけでなく，語るべき内容の一貫性も異なる。それを掬いあげようとするオーラルなライフ・ストーリーの社会学の試みには意義を認めるとしても，方法論としてエスノメソドロジーほどの厳密さに欠けているのではないかという疑義を筆者も抱く。会話分析などを磨き上げたエスノメソドロジーでは，あくまで時間と空間をごく短い日常の現在，目の前で起きている相互行為にとどめて，そこから生起する事態をできるだけ予断を排して正確に分析するという禁欲的なルールがある。

　しかし，ライフ・ストーリーでは語りの構築，語るたびの複数性，話者と聴き手，つまり語る者と尋ねる者との関係性や相互性が意識されてはいるものの，それを統御するルールは単にラポールの存在を信じてありのままの語りを記録するという以外にはない。インタビューの現場はそれでいいとしても，ライフ・ストーリーを記述するためには，事後的にそれを文字に起こし，語り手の意図や思惑を推測しながら，研究者としての関心に沿った再構築を行うはずである。もし，リアルな「事実」にこだわってそれをも禁じてしまうのならインタビュアーは，たんなる記録機械，テープレコーダーと変わらない[12]。

　朴が指摘していることは，生活史・個人史の社会学にとってきわめて批判的だが，それゆえ示唆に富むと思う。あえて要約的に言ってしまえば，生活史研

究に一貫してつきまとう「生の全体性への予断なき接近」という言葉が秘める
欲求は，数値と客観性を至上とする近代科学からも，それを根底から見直そう
とした現象学からも，根拠薄弱な真理への期待（妄想）を追い求めていること
になるだろう。しかし，数量化とコンピュータによる統計的分析手法が普及し
た実証主義社会学への反動として，ライフストーリー研究はインタビューによ
る個人の語りの記述から「社会的なるもの」をつかむことを目指す。それは社
会を貫く不変的構造の法則の探求ではなく，個別固有のユニークネス，一般化
できない個人のリアリティに焦点を当てる。

　しかし，歴史的事実ではなく個人のユニークネスをもっぱら探究するような
研究は，社会学になるのか？　単にノンフィクション文学ではないのか？
　リアリスト派を代表するフランスの社会学者ベルトーはこう述べる。

　　ライフストーリー récit de vie という言葉は，約20年前にフランスにもたらさ
　れた。それは以前に社会科学でもちいられていた言葉は，ライフヒストリー
　hisroire de vie であり，ライフヒストリー life history というアメリカの言葉が翻
　訳されたものであった。しかし，この言葉は，1人の人によって生きられたヒス
　トリー l'histoire vécue と，研究者の依頼で，個人の歴史のある時期に語られるス
　トーリー le récit のあいだに区別をつけないという不都合があった。だが，この区
　別は本質的なものである。しかも〈リアリスト〉と〈アンチ・リアリスト〉が対
　立する現代の論争はこの区別にもとづいている。前者のリアリスト—私たちのこ
　とであるが— は，ライフストーリーが（客観的そして主観的に）ほんとうに生き
　られたヒストリーに迫る描写を構成すると断言し，後者のアンチ・リアリストは，
　逆に，ストーリーとヒストリーのあいだの関係は非常にあいまいであると主張し，
　〈ほんとうに生きられた〉ヒストリーという言葉はまったく意味がないとみてい
　る[13]。

1939年パリ生まれのダニエル・ベルトーは，数学や物理学を基礎とするエ
コール・ポリテクニクで学び，航空軍事産業の研究技術者になって UC バーク
レーに留学し，帰りに奨学金で世界一周をしたという。近代科学への信頼を抱
いていた彼は，69年5月のパリを契機のひとつとして安定した職を捨てて社
会学に転身し，P. ブルデュー，L. ブードン，A. トゥレーヌの研究グループで

研鑽し，社会階層と移動の研究や自営業の研究プロジェクトで成果を上げたという経歴の人である。しかし彼はその中で，階層移動の実証研究という分野で支配的な数量分析的方法への懐疑，さらにハード・サイエンスの方法を遵守する科学主義の袋小路への批判を抱くに至り，ライフ・ストーリー研究を志してフィールドに出て，職人的パン屋のインタビューを始めたという[14]。

　彼が強調することのひとつに，ライフストーリー研究における比較分析がある。個人の語りを中心にするといっても，研究の目的は対象である個人そのものにあるのではなく，複数の個人の経験や記憶，固有のライフコースを比較することによって，類似の状況，似通った行為の論理の「繰り返し récurrences」が現れることを発見し，たとえわずかな数の事例，あまつさえひとつの事例からさえも仮説が明確になり確認される。それは調査者あるいは共同調査者の頭の中で練り上げられるものではあるが，そこに社会学的意味を見出す。また，一度きりのインタビューではなく，二度目の語りを一度目と比較し，語り手自身が自分の語ったことを振り返り見直し，語り直すことに注意を向けている。

　しかし，ベルトーのアイデアの源泉としてあげられているのは，サルトルでありルイスであり，マックス・ヴェーバーであるが，おもな著作にはメルロ・ポンティもフッサールも，シュッツもまったく登場していない。実証主義，行動主義，分析哲学，構造主義にはきわめて批判的なベルトーであるが，現象学はどうも視野の外であったようだ。これはフランス社会学の特殊事情とはいえまい。むしろ，戦前の農村社会学以来の民族誌や柳田民俗学の伝統をもつ日本で，現象学の方法論的問題提起がまともに参照されなかったことは少々不可思議な感がある。

　戦前から根強かった特権的教養主義的な高等教育の知的風土の中で，フッサールは高級な輸入西洋哲学であって，市井の生活者の口述から何かを聞きだすドメスティックな社会学とは無縁と考えられたのだろうか。統計的数量的データをいじくる社会学を横目で見てきたライフストーリー研究には，現象学との接点はないのだろうか？

　われわれはそこで，もう一度現象学とくにフッサールが投げかけた問いに，

第5章　社会学と現象学の遭遇　181

ひとまず眼を向けてみる必要はあるだろう。

3　行為者の主観的意味理解にとっての現象学の含意

　かつて日本にシュッツ由来の現象学的社会学が本格的に導入された際に，哲学の立場から自ら執筆したA. シュッツ研究ノートとしての『現象学的社会学の祖形』(1991) とともに，新進の社会学研究者を慫慂して『現象学的社会学の展開』を刊行し「跋文」を草した廣松渉は，行為者の主観的意味理解というヴェーバーの意想とそれを継承したシュッツの理解社会学について，予想される批判的疑義としてまず3つをあげていた。

　書かれてから時間が経っているので，その3点を今ここであえて再録すれば以下のような論点である。

① 行為者本人が主観的に意識しているのは表層的意識の一部丈であって，主観的に思念せる意味をたとい完全に理解できたとしても，それだけでは当人の意識事態の十全な把捉にすらならないのではないか。

② 行為というものは意図と結果とが合致するとは限らないのであって，社会的事象においてはむしろ結果の方が重要であることに鑑みれば，当人の主観的に意図せる意味の理解を主軸にするわけにはいかないのではないか。

③ 行為者個々人たちが主観的に思念した意味に定位したのでは，意図と結果とが合致するとしてさえ，たかだかミクロな社会現象の分析は成り立つとしても，マクロな社会構造や法則性の研究にはなりえないのではないか[15]。

　ともかく，問題はこの3点の理論上の疑義に，ヴェーバーやシュッツがどう答えているかよりも（それは廣松も指摘するように，それなりにきちんと答えてはいるのだが），今のわれわれには，実際の個別具体的な社会学の研究において，行為者の主観的意味理解がいかなる意味で不可欠であり，しかもそれが方法的

にどんな困難を抱えるか，そして最終的に社会学は何を明らかにすることができるのか？　なのだ。

　われわれの社会学方法論という狭い領域での考察は，ここまで20世紀の最初の四半世紀に構想された行為者の主観的意味理解というM・ヴェーバー理解社会学の問題設定を出発点に，なんとか21世紀現代の社会学の可能性を探ってきたともいいたいのだが，社会現象の冷静かつ万全の理解を目指すというとき，歴史の細部，ある時間と空間を生きていた具体的な個人の主観的世界にまで肉薄していく努力と，同時に「社会科学」の最終地点である諸個人を越えたマクロな歴史の構造的認識や法則性の研究とは，どこまで同伴できるのか？[16]

　哲学者エドムント・フッサールの圏域の中では，近代科学全般が拠って立つ認識と方法の前提を基礎付けるために，まずは徹底的に疑ってみる，という大きな構想と指針がある。いまここでフッサールの現象学そのものを論じるのは，とても筆者の手に負えないので，戦略としては社会学方法論という場での現象学的な応用問題を試行的に扱ってみたい。つまり，通常フッサール現象学研究の順序としては，初期の『算術の哲学。心理学的および論理学的研究』(1891)から始めて，中期の『純粋現象学と現象学的哲学のための諸考想』(通称「イデーン」)第1巻(1913)に代表される著作，そして晩年の遺著『ヨーロッパ諸学の危機と超越論的現象学』(通称「危機論文」1936)まで，さらに死後1950年から今も39巻まで刊行され続けている全集『フッサリアーナ』に収められた膨大な遺稿を後期フッサールとすることが定着している[17]。

　ここでの戦略は，初期フッサールの鍵概念としての「指向性」，中期の「現象学的還元」，そして晩年に登場する「生活世界」論，の順で現象学理解を深めてゆくのではなく，具体的な個別事例研究に用いられた方法を素材にして，「生活世界」から始めて「現象学的還元」へとすすみ，その先に意識と「指向性」を検討するという，つまり逆に辿ってみることにする。

　現象学には近代哲学が依拠する基本図式のいくつか，とくに「主観―客観図式」と「心身問題」という前提が深く関わっている。フッサールはそれを根底

から批判して，「客観世界に実在する」外的対象を，人間が身体に属する感覚器官によって知覚し，心的内容として取り込んだものを理性的意識が捉えるという認識論上の「主観—客観図式」を，悪しき実証主義につながるものとする。彼が最終的に批判の対象としたのはまずはデカルト以来の近代哲学，そして隆盛を誇る近代自然科学だ，ということになる。しかし，むしろ20世紀の人間諸科学，つまり社会科学こそ「20世紀諸学の危機」を体現する怪しげなしろもので，だからこそ社会科学の片隅で迷っていた社会学は，現象学の問題提起を積極的に取り入れようとしたのではなかろうか。

あらゆる出来事を科学的な法則性にしたがってとらえようとする実証主義は，それ自体世界についての抜きがたい先入観に基づいて成立している。その先入観とは，人間の意識から独立した客観的世界なるものが外界に存在する，ということへの素朴な信頼であり，それを認識し把握する理性は主観的なものであるとしても，観察や実験のような経験的認識法を工夫することによって真理に到達できるという信念にほかならない。フッサールは，そうした客観的世界の想定は，日常経験の積み重ねの中で形成された単なる思考習慣に過ぎないとして，そうした無反省な自然的態度をいったん停止する（エポケー）ことが必要だと考えた。

マルクスをベースとする廣松ならば「物象化」というところだろうが，われわれはふだんこの世界を客体化して見ているので，概念化された言葉，たとえば「日本の社会」「日本人と中国人」「日本語」などという言葉を平気で使っている。改めて反省的に意識することなくそのことに慣れてしまっている。科学者や研究者はとくに，事象を把握したり説明したりする際に，自分たちの業界が開発したさまざまな専門用語を駆使して語ることを当然のように行っており，それが専門家の証明であるかのように思っている。

しかし，フッサールに言わせれば，それに先だってわれわれは誰も眼前の世界（生活世界 Lebenswelt）を生きているのであり，この生きられるがままの世界における世界経験を明らかにすることが，現象学の本来の課題になる。フッサールは，各自が日々現に生きている意識体験を客観世界内部の一事実とみる

のではなく，逆に意識こそそうした客観的世界の想定そのものがでてくる根源的な場だと見た。そして，世界内部に存在するもろもろの存在者の多様な存在意味（ここも社会学的には行為者の抱く意味と行為そのものにあたる）を，この意識のうちでどのように形成されるかを分析することが現象学の課題になる。これは「イデーンＩ」で追求されている。意識による現象学的還元と構成を中心に置くフッサールの思想に対して，哲学分野では独我論的観念論にすぎないという批判がしばしば加えられたという。そうした批判の多くは従来の「主観－客観図式」から出ないものが多く，それに答えようとする中から，後期の思想が成熟してくるわけだが，中期段階のフッサールには，世界内部的存在者の全体およびその包括的「地平」としての世界の意味は，主観の意識のうちで「対象として構成される」ものであった。

　たとえば今そこで話されている言語が何であるのか，それを「日本語」という言葉で認識できるのは，単に「日本語」をちゃんと話す能力があるかとか，「日本語」という単語を知っているとか以前に，世界には「日本語」以外の言語があることを知っている必要がある。それは生活世界の日常経験，つまり幼児が言語習得するときに，今話した言葉たちは「日本語」というひとつの言語体系に属している（もちろんそれを一瞬で把握する幼児にはそんな面倒な用語の説明は必要ない）のだ，そして日本語でない言葉もあるのだと理解した時から始まっている。いわゆる「構成的主観」だが，こうした構成の行われる場としての意識を，それ自身，世界内部に存在する事実的人間の意識と同一と考えてよいだろうか。

　たとえばひとつの論点は，観察による認識におけるパースペクティヴ現象である。われわれが見ているものは，一定の視点から見える現れ方に限定されている。机の上の同じコップを見ている３人には，確かにそのコップが見えているが，視点の位置や光の角度，障害物の有無などを考えれば，若干違うものが見えているはずで，２人の死角に入る部分もある。また，誰にも見られていないモノ，秘境に咲く花とか，未発見の埋もれた遺跡などはこの世界からはかき消され存在しないものとなっている。

フッサールは，同一のものがさまざまに現れるその仕方を「現出 Erscheinung」「射映 Abschattung」などとよんだ。そのような言い方は，つまり世界は個別の現れ方に依存していて，カント的な「物自体」あるいは本質は原理的に認識できないことを意味している。フッサールによれば，真理もしくは真実在に到達するのは，ある理性定率に合まれる部分志向がすべて完全に充実されたときだが，それは原理的に実現不可能であり，真理は「カント的意味での理念」にとどまらざるをえない。それでは，人間の意識や経験とは無関係な客観的真理などはありえないことになり，フッサールの答えは当然それを認め，なおかつ目の前にあるモノを現に経験し認識しているわれわれの意識が，世界内的ではないところで自然的態度を脱却し，超越論的に構成することによって真理が成立する（かもしれない）方向に進む。

そこで，ひとまずフッサールから離れ，もとの社会的行為における主観的意味理解への３つの疑問に戻ってみると，どうなるだろうか。

第１の，行為者本人が主観的に意識しているのは表層的意識の一部のみであり，主観的に思念した意味といっても，フロイト的無意識の領域や潜在する過去の記憶などは含まれない，という点は，現象学からすればそれでとくに支障はない。つまり特定の人間が日常生活世界で抱いている意識のほとんどは，現れては消える移ろいの中の現出あるいは射映であって，顕在的であろうと潜在的であろうと意識自体のすべてを捉えることは不可能である。ただし構成的主観については現象学的に捉えることが目指されるなら可能である，ということになるだろう。

第２の，行為における意図と結果の不一致の問題，とくに社会的事象における結果の重要性から，行為者の主観的意図や意味の理解は副次的であるとする点は，現象学的には意図の方はともかく，行為の結果という捉え方自体に反論すると思われる。常識化した先入見やドクサを配した意識事態の正確な記述を旨とする現象学は，捉え難い意図や意味のみならず，明白な事実として語られる行為の結果という実証主義的概念を否認するだろう。仮に限りなく確かな証拠のある歴史的事実と，その当事者の主観的意味というものに接近できたとし

ても，それに説明や意味付けを与えるのは構成的主観の役割である。

　第3の，行為者が主観的に思念した意味を社会現象の研究の中心に置いたのでは，意図と結果が合致したとしても，ミクロな社会現象の分析でしかなく，マクロな社会構造や法則性の研究にはなりえない，という点では，そもそも社会科学が目的として想定するようなマクロな全体社会の分析，社会システム論や形式社会学のような「社会」という存在とそこに働く法則性を自明の前提にした分析には現象学は関心がない。そうした学問は，19世紀の観念的な実証主義の硬直した方法論を社会現象に投影しただけのものにすぎないとみるからだ。

　哲学者フッサールには，認識論や直接経験の意味と捉え方が問題であって，社会的行為とか相互主観性といったシュッツ的な問題群はもとより主題としていなかったわけで，フッサールの仕事の中にそれを求めても得られない。しかし，われわれにとっては社会現象のまったき理解が目標なのだとすれば，現象学を有効に活用する方法が問題である。では，もし現象学的社会学が可能だとするならば，実際の研究においてこれをどう解くのか。少なくともそれは行為者の主観的意味を重視しているはずであるが，ヴェーバーの理解社会学とは違って，シュッツ以後の展開は「構成的主観」を相互行為論を導入することで脱却しようとした。そこでここでは遠回りして，個人の意識経験を記述するという具体例のひとつを検討してみよう。

4　個人の意識経験を追うこと　ケース1

　心理学のように意識現象を客観的世界内部の出来事として科学的に研究するのではなく，主観に現れるがままの意識現象の記述を目指すのが現象学だと言っても，実際には何を手がかりにするか，そしてその断片的な素材をどのように構成するかが，大きな問題であることは言うまでもない。現象学的社会学や既にみたライフ・ヒストリー研究などでは，この方法をめぐって，オーラル・ヒストリー，インタビュー記録，書かれた文書による分析，会話分析や映像による行動観察など，さまざま異なった方法の模索が行われたわけだが，こ

第5章　社会学と現象学の遭遇　187

こでは社会学という枠にこだわらず，ある例を検討してみたい。ここでとりあ
げるのは，ある個人のライフ・ヒストリーを時代の文脈と関わらせて描いた評
論である。

　江藤淳は1970年に出た『漱石とその時代　第1部』(新潮選書) において，
ある仮説を提示した。この本は，やがて漱石という筆名で高名な小説家になっ
た江戸牛込馬場下の名主の息子，夏目金之助が教師になり，英国への国費留学
生となり，帰国して大学講師となり，作家になるまでの評伝4部作の第1巻で
ある。夏目金之助の (幼時養子に出されて塩原金之助を名乗っていた) 幼年時代
からやがて帝国大学となる大学予備門に入り，帝大の文科大学で英文学を専攻
して，卒業後に四国松山の中学に赴任する頃までの青春期を描いている。江藤
は，その後も交流の続く学友，正岡子規との往復書簡を中心に，金之助の作っ
た漢詩，英詩，俳句，そして当時を知る人の証言などを手がかりに，近代国家
形成に向けて走っていた明治20年代を生きていたひとりの知的な青年の意識
の内容に迫る。

　そして，後年大学を辞め，朝日新聞の専属職業作家漱石となってから次々生
み出した文学作品に結晶する，ある重要なイメージの原体験を探究する。それ
は，夏目金之助の青春時代のどこかに「永遠の女性」として刻印された人がい
て，しかも彼女は決定的に失われてしまったという仮説である。従来の漱石研
究にも，熊本五高赴任以前の漱石の未婚時代の恋人 (片思いも含め) に関して
はいくつかの名があがっていたが，江藤の提示した嫂の登世説は少々論議を呼
んだ。

　江藤は登世の死を悼む金之助の，正岡宛ての長文の手紙にある「人生を25
年に縮めけり」(死時25歳)「骸骨や是も美人のなれの果」(骨揚のとき)「鏡台の
主の行衛や塵挨」(二首初七日)「今日よりは誰に見立てん秋の月」(心気清澄) な
どの俳句を並べた後にこのように記す。

　　俳句はあきらかに金之助の喪失感の深みから生まれているのであり，恋をして
　いたとすれば彼はうたがいもなく死んだ嫂に恋をしていたのである。「……子は闇

より闇へ，母は浮世の夢に25年を見残して冥土へまかり越し」という語調には，ほとんど父親の哀惜に近い感懐がこめられており，「そは夫に対する妻として完全無欠と申す義には無之候へ共」や，「一片の精魂もし宇宙に存するものならば，二世と契りし夫の傍らか，平生親しみ暮らせし義弟の影に髣髴たらんか……」には三角関係の自覚が暗示されている。一方和三郎にこの自覚がなかったことは，彼がおそらく妻の存命中からほかの女を愛しはじめていたという事実から推測される。それは彼の3人目の妻となった山口みよである[18]。

　みよが夏目直矩に婚姻入籍されたのは，明治25年（1892）4月15日で，前年7月28日に死んだ登世の一周忌が済む前である。ちょうどこの10日前，明治25年4月5日付で，金之助は分家して北海道岩内郡吹上町17番地浅岡仁三郎方に本籍を送った。これはおそらく兄の仕打ちに対する拒否の表現であり，亡き嫂登世への深い思慕のために，新しい嫂と戸籍を同じくすることをいさぎよしとしなかったためと思われる[19]。

　実証主義のセオリーからすれば，金之助と登世の間に恋愛があったという江藤の説には，そんな証拠は何もないというしかないのだから，これは証明不可能な仮説でしかない。仮に金之助の書いたものに，そのような示唆を読み取ることができたとしても，相手の，亡くなった登世の感情や行為を確認する手がかりは皆無なのである。

　江藤の記述によれば，登世は漱石と同年25歳の兄嫁で，金之助が大学を終了する頃に兄の家に同居していて，1891（明治24）年4月，登世が妊娠して悪阻がひどく病臥しても兄和三郎直矩は遊び歩いて家を空けることが多く，彼女が産褥で死亡するとすぐ後妻を娶った。これに前後して金之助は，兄が戸主である戸籍から分家して，自分の戸籍を北海道に送って兄と別れた。従来，この戸籍変更は，徴兵軍務を逃れるためとみられていて，明治22年施行の徴兵令の規定では，文部大臣の設立許可を得た学校の生徒は満28歳まで徴兵を猶予されるとされていた。徴兵は戸主である者，あるいは北海道を本籍地とする者だけは免除され，大学卒業が翌年に迫り，軍務に取られることを恐れた戸主でない金之助が，北海道に一度も行ったこともないのに本籍を移したと考えられていた。しかし，江藤はこの事実を，兄嫁を冷遇した兄への否認を動機とした行動だと解釈する。徴兵免除だけなら三度目の嫂みよが入籍される10日前と

いう日をわざわざ選んで分家する必要はない。忌避されたのは徴兵ではなく，兄の三度目の結婚だったのだ，というのが江藤の仮説である。金之助と登世の間にどの程度の恋愛感情のやりとりがあったのか，家族の親密さを越えた男女の関係があったかもしれない。もちろん，これは明確な証拠は何もない，江藤の推測でしかない。江藤は，漱石の作品の一部を引いてこう述べる。

　「……」先刻三千代が提げて這入って来た百合の花が，依然として洋卓の上に載ってゐる。甘たるい強い香が2人の間に立ちつゝあった。代助は此重苦しい刺激を花の先に置くに堪へなかった。けれども無断で，取り除ける程，三千代に対して思ひ切った振舞が出来なかった。
　「此花は何うしたんです。買って来たんですか」と聞いた。三千代は黙って首肯した。さうして，
　「好い香でせう」と云って，自分の鼻を，瓣の傍迄持って来て，ふんと嗅いで見せた。代助は思はず足を真直に踏ん張って，身を後の方へ反らした。
　「さう傍で嗅いじゃ不可ない」
　「あら何故」
　「何故って理由もないんだが，不可ない」
　代助は少し眉をひそめた。三千代は顔をもとの位地に戻した。
　「貴方，此花，御嫌いなの？」（『それから』10）
　いずれの場合にも百合は女の象徴であり，それが喚起する濃密な情緒は，花が男女を結びつける性を象徴することを暗示している。金之助がこのイメージをどの書物から，またはどのような個人的体験から得たかは謎である。その謎を解く手がかりは，ひょっとすると百合が夏の花だというところにひそんでいるかもしれない。明治33年の夏，金之助は百合の花の「甘たるい強い香」をその記憶に刻印されるような忘れがたい経験を味わった。その場に百合の花は実際にあったかも知れず，またなかったかも知れない。だがいずれにせよそれは深く性に結びついた体験であり，その相手はおそらく捜の登世以外にはあり得なかったのである[20]。

　ある人が特定の誰かに恋愛感情を抱いている，というどこにでもあるありふれた現象も，それを確かに共同的客観世界の中に存在していると立証することはきわめて難しい。江藤淳がここで採択可能な状況証拠を総動員して試みていることは，その種の困難な課題なのだが，社会的行為の最小単位としての2人

の男女の間に交わされた感情を，慎重な研究者である第三者が理解しようとして取る方法は，何が可能か。文書にせよ証言にせよ当事者が残した具体的なてがかりが見つからなければ，あとは状況証拠を詰める以外に手がない。実際，ここで江藤淳が採用している方法は，現象学的な記述ではなく，あくまで夏目金之助が書き残した文章と，明治23年に起こった外側の状況証拠（たとえば東京で当時猖獗をきわめたコレラによる死の恐怖）を集めて，そこに想像力をたくましくして構成的主観を投影するだけである。

　「罪」として想像されるのは，もちろん嫂との肉体関係である。あの百合のイメージが，通常西欧の文学にあらわれるようなキリスト教的純潔の象徴としてではなく，どこかに「罪」を秘めた濃密な性を暗示するイメージとして描かれていることに注目しなければならない。箱根滞在中の作である律詩に，彼は詠じている。
　《飄然として故国を辞し
　　来りて宿す葦湖の湄
　　悶を排する何んぞ酒を須ひん
　　閑を遣るは只詩有り
　　古閑　秋至ること早く
　　廃道　馬行くこと遅し
　　一夜征人の夢
　　無端　柳枝に落つ》
　「柳枝」は漢詩の慣用によって恋人を象徴する。「罪」から逃れて葦湖のほとりにやって来た「征人」である彼の夢には，ふたたび登世の姿があらわれる。なぜなら「夢」は禁忌と「死」とのあいだに架けられた浮橋だからであり，疫病の街をのがれてもいったん禁忌の彼方の世界を垣間みた彼の内面の放恣さを回復することはできないからである。直接の証拠をあげて実証することができぬ以上，これらはすべて推測と想像の域にとどまる。しかし，後述の英詩（第2部第18章参照）をはじめとして，作品のなかに繰り返してあらわれるある無言の告白は，秘められた恋の存在とそのなかに隠された「罪」を強く暗示している。金之助と登世との間が禁忌をのりこえたとすれば，それはこの明治23年の夏，7月から8月にかけての間を措いてほかになかったはずである[21]。

　このような考察をわれわれは納得できるだろうか？　これは江藤自身の夢ではないのか。

第5章　社会学と現象学の遭遇　191

　ここで示された状況証拠は，明治23年に大学生夏目金之助が兄の家で嫂と
同居して生活していたこと，彼女の死の前後に友人にいくつかの詩作を含む手
紙を書いていたこと，その後で戸籍を北海道に移して兄の家から名目上の分家
を選んだこと，などである。江藤淳はそこから秘めた恋の実在を確信するに
至ったわけだが，「いかにもそういうことはありうる」とみる根拠は，われわ
れの日常経験の中にそれに類する恋愛体験を想起できるからである。社会学的
には若い男女がひとつ屋根の下に生活し，あまり幸福とはいえない結婚生活の
中で病床に伏す嫂に想いを寄せる，という相互作用過程が不自然なものとはい
えず，婚姻関係のタブーは認知されているものの，性的な誘因が存在する可能
性はありうる。そこで，後年の小説家漱石の諸作品において，濃密な三角関係
が重要なモティーフとなっていることから逆算すれば，ここに個人史上の焦点
を当てる意味が生じる。

　もちろん夏目漱石は，自分の個人的体験をもとに赤裸々な暴露を行う私小説
作家ではないから，彼の作品中にこの恋愛の痕跡を探しても明確な証拠はみつ
からない。漱石は森鷗外の『舞姫』のような形で若き日の自分の行為を作品化
することはなかった。しかし，文芸評論家江藤からすればそのような体験がな
ければ，『三四郎』『それから』『こころ』『門』のような作品は生まれなかった
と考え，社会的な役割や法律が前提とする規範の拘束力から，人の社会的行為
を説明するだけでは，優れた文学作品の評価は不可能となってしまう。ライ
フ・ヒストリーを通じて，動機の意味理解を追求しようとすれば，ブラック
ボックスになっている深層の綾に及ぶ必要がある。ここでの方法は，推理小説
のようなあやうい綱渡りを説得力のあるものにするために，日常生活世界に根
拠をおく，つまり誰にでもこういうことはあるのだ，という言説を繰り出すし
かない。

　現象学的な視野の中では，さまざまな状況証拠や文章，後年の漱石の著作の
中から，あるものを取り出して秘めた恋の実在を論証しようとする江藤の作業
は，はじめにまず「漱石の文学の核に，若き夏目金之助であった時代に体験し
た存在の不安と罪の自覚があり，そこには秘められた恋が隠れている」という

「指向性」があり，そこからすべては「構成的主観」によって導かれてくる，ということになろう。

　ある意味でどのような人間においてもこれは適用可能だが，このような探究が意味ある個人はそうはいない。多くの人間は秘めた恋のひとつや2つもっていて当たり前であるし，それを詮索するだけなら週刊誌的興味でしかない。孤独で癇癪持ちのくせのある青年夏目金之助は，後に国民的人気作家になり紙幣の肖像にもなる文豪となったことで，彼にとって「永遠の女性」が誰であったかが重要な日本文学の研究課題になったわけである。それが実際にあったことか，単なる空想かを判定するのは，現象学的には江藤淳の提示した語りの説得力に読者が同調するかどうか，に帰するのである。われわれはその言説を読んだ直後における自然的態度，あるいはわれわれの日常生活世界に照らして再帰的に意味を見出すならば，それは真実と見做しても許される，かもしれない。

　しかし，実証主義の立場に立てば，すでに確立した知の構図（後期フッサールの「地平」概念でもよいだろうが）に応じて，ある事象について述べられた仮説や命題のうち，しかるべき明確な手続きを経て，あるものは真として確証され，あるものは偽として否定されなければならない。しかし，ある命題が真であると確証されるのは，経験の具体的連関や展開から切り離され，それを超越した高みにある「上からの理論 Theorie von oben」（フッサール『イデーン』）によって判定されている。「上からの理論」が想定する真理や真実在は，そもそも前提からして経験から切り離されたものであるがゆえに，そのようなものをわれわれが経験したり認識したりすることは，定義上不可能である。いわば神の視点に立っていることになる。

　江藤淳の考察もある意味，神の視点に立っていると言っていいだろうか。それはむしろ実証主義的に確証されないことによって，誰もが反省的に意識する日常生活世界の経験に接近しているといえるかもしれない。しかし，それはどうも社会学ではない。

　次に，もう少し焦点を絞った歴史上の人物史から，別の例をとりあげてみたい。これもまた，普通は社会学の研究とはみなされないであろうが，現象学的

第 5 章　社会学と現象学の遭遇　193

社会学としても多少は興味深いものと思われる。

5　歴史の解釈における現象学的理解　ケース 2

　実証科学をいちおうの前提とする歴史学との関わりで，現象学的な視覚がどこまで応用可能かを考えるために，ここでとりあげるのは，1937 年から 1945 年という日本が破滅に至った大戦争の開始と終了に関わった重要人物である近衛文麿（1891～1945）の「遺書」である。日本の歴史上の決定的な場面に登場したキーパーソンであり，その悲劇的な死を含め彼の評価は常に毀誉褒貶，論議を呼んできた。漱石のような文人，しかも世に名が知られる前の無名の青年時代の個人史とは異なり，国民的英雄とまで言われ天皇とも親しく言葉を交わせる世襲貴族の総理大臣であった近衛の場合は，さまざまな彼に関する資料，発言，証言には事欠かない。逆に言えば，そのような資料の山の中から，研究者みずからの構成的主観によって何を選び出し，歴史の重要場面である決断をした（あるいはしなかった）行為者の主観的意味を描き出すとは，どのような作業なのかをここで考えてみたい。

　昭和史に関心のある人には周知の事実であるが，もはや知らない人もあるかと思い，念のため伝記的経歴をひととおり書いておくと，近衛文麿（ふみまろ，あやまろという読みもある）は，平安藤原貴族の血を引く名門公爵近衛家の嫡男として東京に生まれた人である。貴族皇族子弟の学校，学習院でナイーブな文学青年に成長し，大正期に東京帝国大学に入学，のち京都帝国大学に移って河上肇の講義に並び社会主義思想を学ぶと同時に，アジア主義者だった父の関係で国龍会などの民間右翼とも接触があったといわれる。

　彼が 27 歳のとき書いた論文「英米本位の平和主義を排す」（1918 年発表）では，欧米の帝国主義国の都合による平和主義を批判し，アジアの植民地解放によって日本の活路が開けると論じ，若手の論客として注目され 1919 年第一次世界大戦終結後のパリ講和会議にも日本の全権牧野伸顕に随行する一員となった。国際連盟設立にむけた戦後の国際秩序形成に，日本が人種差別問題を提起し，アメリカなどで起きた移民排斥に対抗して外交的な主張を行う場に立ち

会った。若くして貴族院議員となり，40代で貴族院議長に就任するなど戦前の日本では，特権的なエリートのひとりであり，長身の容姿からも国民の人気を得ていた。

日中全面戦争開始となる盧溝橋事件の直前，1937（昭和12年）6月，突出する軍部と混迷する政党の対立解消を期待されて，大臣経験がないまま首相となり，挙国一致内閣を組織した。盧溝橋事件が起きると，すぐに派兵を決定して事態を悪化させ全面戦争に突入。政権内部の混乱を招いて翌年には和平交渉をうちきり，国内向けに「東亜新秩序建設」を声明して戦争を泥沼化させていく。その間に軍部は国民党政府の首都，南京などを武力占領し，中国国民に甚大な被害を与えた。国内ではこの戦争を支那事変と呼び，国家総動員法を公布し，国民精神総動員運動や経済統制をすすめた。

結局，近衛は陸軍との対立で総辞職し，枢密院議長に就任。しかしヒトラーのヨーロッパでの電撃戦成功に刺激されて翌年議長をやめ，ナチスを手本とした国民組織づくりを目指して「新体制運動」を始めた。1940年，再び首相になると既成政党をすべて廃止した大政翼賛会を結成し，これを頂点に大日本産業報国会や隣組などを整備して，ファシズム下の国民統制組織を作りあげ，一方で武力による南進政策をとって南部仏印（ヴェトナム）に進駐を強行したことから，アメリカなどとの対立が決定的となり，孤立と経済封鎖を打開するため，翌年に日米外交交渉を開始したものの，反対する松岡洋右外相を更迭して総辞職，さらにひき続き第三次内閣で交渉を継続したが失敗に終わり，総辞職して日米開戦に至る東条内閣ができる。戦争が終わった後，近衛は東京裁判でＡ級戦犯容疑者に指名され，出頭当日の朝に自殺した。

近衛の生涯における決定的な崖っぷちは，1941年9月の日米交渉の失敗と，敗戦後の1945年晩秋，占領軍のGHQに呼ばれ戦犯指名による出頭命令を受けた12月15日にある。この夜の近衛文麿は息子の前で18行，324字の文章を書いた。近衛の遺書には，句読点がない。

　　僕は支那事変以来多くの政治上過誤を犯した　之に対して深く責任を感じて居

第5章　社会学と現象学の遭遇　195

るが　いわゆる戦争犯罪人として米国の法廷に於て裁判を受ける事は堪へ難い（事である）　殊に僕は支那事変に責任を感ずればこそ此事変解決を最大の使命とした　そして此解決の唯一の途は米国との諒解（の外なし）にありとの結論に達し日米交渉に全力を尽くしたのである　その米国から今犯罪人として指名を受ける事は誠に残念に思ふ

　しかし僕の志は知る人ぞ知る僕は米国に於てさへそこに多少の知己が存することを確信する　戦争に伴ふ昂奮と激情と勝てる者の行き過ぎた増長と敗れた者の過度の卑屈と故意の中傷と誤解に本づく流言蜚語と是等一切の所謂輿論なるものもいつかは冷静を取り戻し（正）常に復する時も来やう　其時始めて神の法廷に於て正義の判決が下されやう

　近衛の自殺は，今日の歴史家の通説では，戦争の開始と終結に関与した自分の責任を，本人の主観のなかでは一貫して軍部に抵抗して戦争回避に努力し，アメリカに対しても敵意を持っていなかったから，敗戦後は戦後処理や新憲法制定に意欲を持っていたのに，よもや自分が戦犯として訴追されるなどとは心外で，そのショックとプライドのために死を選んだと解釈されている[22]。この遺書は，そのまま読めばそのような近衛の無念を吐露したものとして読める。そして，戦争当時の権力中枢にいた大臣，将軍，責任者の何人かは勝者の法廷に引き出されることを拒否して自死を選んだが，近衛の場合は彼の出自にことよせて「お公家さん」ゆえの性格の弱さ，個人の脆弱さが強調されてきた。

　以下では，この遺書を論じた武田泰淳の文章を，以下少々長く引用する。それは，この文章が書かれた状況を理解するために必要だと考えるからで，読者には申し訳ないが我慢してほしい。

　（事である）と（正）は書き加えたところ，（の外なし）は棒線で書き消したところである。その３カ所を訂正しないでも，よくととのった文章であるし，漢字の選び方にも，おかしな点は少しもない。
　矢部貞治は，下巻の第13章「戦後の近衛」の，「4，運命児の死」に，次のように記している。
　「通隆が『何か書いておいて下さい』というと，近衛は
　『僕の心境を書こうか』

といって筆と紙を求めた。近くに筆がなかったので通隆が鉛筆を渡し，有り合わせの長い紙を切って出した。

『もっといい紙はないか』

というので，近衛の用箋を探して出すと，硯箱のふたを下敷きにして，鉛筆で一文を書き流し

『字句も熟していないから，君だけで持っていてくれ』

と言って通隆に渡した。」

矢部の著書には，『政界往来』昭和26年の12月号にのった通隆の想い出の記が引用してある。だいたい似たような内容であるが，これによると，通隆の方から「何か書いて下さい」と頼んだような様子はない。

「夜半を過ぎていた。森閑と寝静まった雰囲気の中で，私は父と対談する機会を得た。

『なにか書くものを……』

と父が言葉少なに言った。私の差し出した用箋の上に，父は淀みないペンを走らせた。

『字句の整ったものではないが，僕の今の気持ちはこうだ』

と言いながら，私に示した文字が，私にとっても亦家人にとっても，最後の書置きらしい父の言葉となったのである。」

矢部はおそらく，文麿の死の直後に，通隆の口から亡父の「遺書」のことを，詳しくききとっていたにちがいない。又，父の死後7年ちかくたってから書かれた通隆の「手記」は，多少そのときの事情を簡単にして書きつづったものであろう。（鉛筆なのに，ペンを走らせた，と書いているのでも，それが推察できる。）

〈中略〉

個人的な感情を，あまりむき出しにしないのが，近衛の文章の特色である。その中では，この「遺書」は，かなり彼の感情，ことに彼のいまいましさをあらわにしている。舌打ちしたり，唾をとばしたりするような，はしたない文体は避けているが，結局，この文章の原動力は「残念」ということである[23]。

武田はこの遺書が書かれた夜の場面を再現しつつ，国家を破滅に導いた責任について近衛があくまで強硬な軍部に抵抗した自分を免責し，個人の主観的動機の意味理解に即してこのような文章を書き遺した意図を追跡している。

とにかく彼は，12月16日に自分が出頭しなければならぬ，占領軍の法廷を，何とかして倫理的に否定したかったに違いない。そのとき，ほかにうまい用語がなかったので，「神の法廷」を持ち出したのであろう。

たしかに，その瞬間の近衛には，ほかにうまい用語がなかったのである。
　もともと近衛は，「大日本帝国の正義」や「やむにやまれぬ大和魂」を信じている男ではないのであるから，軍部や官僚の発明した，粗野な戦時用語を，今さらもち出すのは，照れくさくて厭だったにちがいない。「おしまいの文章」で，近衛は日本の政治，および政治家としての自分と切っても切れない因縁のあった二大国にふれている。中国とアメリカ，「支那事変」と「日米交渉」である[24]。

　政治家，とくに世界を相手に大戦争を決断し遂行するという重大局面で大きな役割を担った政治家には，その決定に従うほかない無力な市井の市民はもとより，高名な文学者やアカデミーに巣食う学者などよりもはるかに重く大きな責任が生じる。占領下の東京裁判はその戦争責任に対するひとつの結論ではあるが，その被告もまた個人としての日常生活世界を生きた等身大の人間である[25]。われわれのここでの問題意識からすれば，歴史研究もまた多くのドクサ，上からの視点に縛られた特殊な専門用語によって構成された神の視点に立たなければ「客観的」記述すら不可能になる。しかし，そのような神の視点とは，どれほど実証的証拠を並べてある個人のある日ある時の心情風景に肉薄したとしても，実はそれを見る個々の歴史家の主観的視点に拘束されたものでしかない，というのが現象学的な批判の意味するところであろう。

　にもかかわらず，近衛の文章は，やはり私たちの心を打つ。
　彼はとにかく，俳句，和歌，漢詩，古い東洋の偉人の言葉などで，あっさり問題を流してしまおうとしないで，できるだけ普通の用語で，できるだけ正直に語ろうとつとめた。
　つとめたばかりではない。事実，彼はあまりにも正直に，自己を語ってしまったのである。彼自身が意識できなかったほど，見事に，自己を表現してしまっているのだ。
　彼のいちばんの悲劇，つまり自分が「彼の考えていた者とは全くちがった者」であることを，よくもよくも証明したのである。
　かつて国民の人気を一身に集めた者が，最後の念頭，にうかべていたのは，国民の姿，国民の願いなどではなかったこと。国民の「英雄」にまでまつりあげられ，彼自身も，その人気を国民の幸福のために活用しているのだと信じ込んでいた政治家が，最後の瞬間に，戦没者やその遺族たちの，うずまいて沈められている心

理とは，はるかにかけはなれた「心理」にたてこもっていたこと。彼一身の「残念」
が，ほかの無数の知られざる「残念」を，忘れさせてしまっていること。
　私は決して，彼の遺書を責めているのではない。むしろ，思いがけない真理の
文書として，その一葉の走り書きに感謝さえしているのだ。
　「人間はしばしば，他人がそうだと思いこみ，当人自身もそうだと思いつめてい
る者とは，全くちがった者でありうる。」
　この定理は，彼ら政治家のみならず，我ら文学者にもあてはまる[26]。

　文学者はともかく，普遍的な真理を追究しているはずの科学者は，自分の仕
事の成果が自分個人の実生活，親しい人間と日々かかわって繰り広げているプ
ライベートな私生活とはとりあえず質的にまったく別のものと考える習慣が身
についている。政治家が公人であるように科学者・研究者もその仕事の上で公
人である。むしろ自分の仕事にプライベートな要素を持ち込むことは，禁じら
れるべきだと考えている。通常の社会生活において公私の別をわきまえること
は，当然の倫理となる。しかしそのような公の世界に四六時中生きることはお
そらく誰にとっても耐えがたい。その点で権力の中枢にある政治家は，そのよ
うな緊張を生き抜く強さをもっとも要求される職業である。

　　夜半の父子の対面をのべた，通隆の文章には，さらに感動を呼ぶくだりがある。
　　「今まで色々と御心配をおかけしておきながらこれといって親孝行をすることも
できず，まことに申しわけありません。」
　　と次男は言う。父の死を予感した若き大学生の，精一杯のことばである。
　　これに対して，父文麿は，
　　「親孝行って，一体何だい？……」
　　と，吐き出すように言いかえして，プイと横を向いてしまう。
　　国家的な死をひかえて，かぞくひとりびとりの心理などに，かまっていられな
い，政治家の胸中のいまいましさが，よく表現されている。かなしみに心みだれた，
純情の青年は，父の冷たいそぶりに，反感など抱きはしない。かえって，「お父さ
まは淋しい，孤独な御方なのだ」と，同情する。
　　青年は，できるだけの勇気をふるいおこして，
　　「では，明日は（巣鴨へ）行って下さいますね。」
　　と，父に問いかける。どうか自殺などしないで下さい，私どもはそう願ってお
ります，と言う必死と親愛の質問なのである。

第5章　社会学と現象学の遭遇　199

　文麿は，だまっている。
　子は，無言の父の目の色を見つめる。
　「沈鬱な，そしてなかば私を非難するような，一種異様な面持ちであった。私は，いまだかつて，父がこんな厭な顔をしたのを，見たことがなかった。」
　と，通隆は，きわめてすなおに描写している。
　「厭な顔をした」と言う。その厭な顔とは，厭でたまらんから，そんな話をしてくれるなと言う，拒否の顔つきの意味であろう。
　父のこの，なかば攻撃的な表情に対しても，子は，ゆとりのある，同情的な解釈を下している。
　「今にして思えば，あの時私はギリギリの気持で父に回答を迫った。それに対して『うん，行くよ』と一言答えることの方が，どれほど容易であったであろう。また私としても，それを真に受ける受けないは別としても，その答を予期していたのだ。しかし父は決してそんな一時的な気休めを，あの場合に臨んでも言わなかったし，又言える性質でもなかった。黙って淋しく，私に反省を求めるような眼で見返っただけであった。いかにも父らしいと思う。私はこういう父に，限りない敬慕と愛着を感じるのである。」
　父を敬慕し，父に愛着した子としては，さもありなんと推察できる感慨である。誰もその感慨に，反対することはできない[27]。

　ここで死を決意した父とそれを見守る息子という光景が，ドラマの一場面としては感動的であっても，社会学にとっては（歴史学にとってもおそらく）どうでもよいことである，と言わざるをえない。問題は，近衛が生きてきた生々しい権力政治の世界が，彼にとって欺瞞と汚辱と利害対立の醜さを現出していた世界だと意識されていたという事実である。彼が清潔な貴公子として政界に登場したとき，天皇制国家日本の政権中枢は腐敗した政党の闘争場裏にすぎない国会，政府を無視して暴走する利己的な陸軍と海軍の中枢，情報を遮断されて戸惑う宮廷，の離齬・立往生という絶望的な状況にあった。これがなかば必然的に世界戦争を余儀なくされる「世の勢い」であったという言説は，社会科学的には思考を停止した戦線放棄だと言っていい。
　近衛文麿は，天皇を輔弼する有力政治家として，この状況の中でとりうる限りの方策を追求したとは言えるだろう。つまりこの苦境を脱するには，同盟を結んだヨーロッパ戦線におけるナチス・ドイツの勝利に期待して行動するので

はなく，日中戦争の停戦を実現してアメリカとの戦争を避ける，という選択肢
しかないという判断は少なくとも合理的だった。それにはどうしても中国戦線
からの撤退，日本派遣軍の引き上げを約束する必要があった。しかし，それは
日本の指導者の誰からも，内心では賛同を得ながら決して自分からは口にしな
い選択肢だった。当時の国際政治の現実は，日米戦争回避の可能性は六分四分
と織り込みつつ，後から冷静にみれば（つまり事後の結果からみれば）近衛の日
米交渉が実現する可能性はほとんどなかった，という結論になる。それは神の視点
に立つ実証主義的な歴史学の成果であろう。近衛の死をめぐる臨床的な考察は，武
田のきわめて文学的な，しかし核心をついた次の文章に示されている。

> しかし，私はひそかに想像する。
> 文麿は，おそらく，わが子なればこそ安心して，「厭な顔」を見せたのであろう。
> もしも彼の内心の敵であったはずの松岡や東条が，その夜訪ねてきて，次男と同
> じ質問を発したとしても，公人である彼は「厭な顔」をして見せたはずはない。
> 舌打ちせんばかりに，いまいましそうにして見せた「厭な顔」。それが，おそら
> く近衛が，自分以外のすべての人間に示したかった，うそいつわりのない表情だっ
> たのだ。「厭な顔」を見せまい，見せまいとして，それが習慣と化し，皮膚からは
> なれない仮面となっていたために，それだけかえって想いきり「厭な顔」をして
> 見せたい欲求は，つもりつもっていたにちがいない。
> かれの「遺書」は，彼が，精一杯の決意をしぼりだし，より強き者に向って，やっ
> とさらけ出して見せた「厭な顔」であった。見せたい，見せたいと願っていた，とっ
> ておきの表情を，今こそ見せてやるゾという気持に，あまりにも強く支配されて
> いたために，彼は，「厭な顔」を見せつけるチャンスもなく，死んでいかねばなら
> なかった「国民」の表情を忘れていたのである[28]。

　さて，ここでわれわれは昭和の戦争期の歴史研究をしようというのではない
から，当然の疑問として問われるのは，これは社会学と何の関係があるのか？
社会学は，このような個人の心情，深夜に心深くで抱かれたある特定個人の，
心の中身になど注意を払う必要はない，社会学が取り組むべき課題は，個人の
思惑や心情を超えた冷徹なシステムの力，歴史を駆動する巨大な流れを貫く法
則の探求なのだ，という意見は当然あるだろう。歴史法則というような現象学

からすれば無意味な課題は，今はとりあえず問題外としても，社会学にとって特定個人の心情告白の探求にどこまでつき合う意味があるのかといえば，社会学の主題は別にある，それは認める他ない。

　このことは先に検討したライフ・ヒストリーあるいはライフ・ストーリー研究に対する方法的疑念にも通じる。個人史のオーラル・ドキュメントの聴き取りを主要なデータとして考えるリアリスト対アンチ・リアリストの立場の相違は，自分についての回顧的「語り」(あるいは自己言及的語り)を，世界内的に生起した「客観的事実」の証拠として捉えるか，それをあくまで主観が構成した物語として「客観的事実」とは別のものとして捉えるかの対立であった。しかし，残念ながら今ここでそのことを明確に論じる余地と準備がないので，暫定的に2点だけ指摘しておきたい。

　ひとつは，誰の経験，誰の主観を問題にするのかという超越論的，Tranzendentaleな場の設定という問題，もうひとつはシュッツに繋がるフッサール現象学が，主観や自我をどのようなものと考えていたか，を再度参照する必要があるのではないか，ということである。第1点の誰の経験，誰の主観を俎上に置くのかという問題は，まさに特定他人の意識経験を観察者・理解者・研究者がなにゆえに問題にするのか (したのか) という，文脈に依存している。そして観察者・理解者・研究者が自明の前提にしている客観的な神の視点からではなく，自分をも含む当事者の直接経験を相互作用場面でいかに構築しているか，それを表現行為の中でいかに再構成しているかという視点から考えるとき，結局誰をとりあげるかは，ふたたび社会学的な，あえて言えば歴史社会学的な構想の中から選択されるということを考える価値があると思う。

　また，第2点についてはまだ筆者には十分な確信がないのだが，フッサール現象学における自我論あるいは「心的世界」論の構成には，科学という人間の知的構築物の体系の根拠を基礎づけるという野望，モティーフがある。M.ヴェーバーの理解社会学，あるいは社会学方法論が考案した行為の類型論のような粗雑な枠組みにおいても，目的合理的行為に示される自我に基づく自律的な個人の自己決定が，市民社会的な秩序形成に不可欠であるというある種の

ア・プリオリな判断があると思われる。だが，フッサール現象学からすれば「自我」や「主観性」は，即自的「自然的態度」において仮想されているにすぎない。現象学の示唆するところは，われわれは日々瞬間の身体性を含む無意識の選択によって，ある「主観的意味」を反省的に産出してはゆらゆらと流動している。現実の日常生活世界において，われわれの大半の社会的行為は自覚的な目的合理的にではなく，さらに価値合理的にでもなく，おそらくは伝統的・習慣的・無意識的・無反省的な「自然的」態度によって行われている。だからこそ，社会的行為分析の作業においては，研究のための中心的主要データではないが，特定個人の直接的な意識経験をできるだけ参照することが，大きな意味をもってくるのだと考えたい。

おわりに　現象学的に考えることの社会学にとっての意義について

方法論としての「実証主義」という科学論上の立場は，21世紀に入った時点で，これまで以上に根底的な疑問をもたれていると同時に，他方ではむしろ硬直的なまでに現実の社会的政治的な決定に影響を与えている。原子力発電所の事故をもちだすまでもなく，近代科学の内包する技術への盲目的信頼，自然環境への人為的改変への楽観的盲信，市場経済・経済成長・開発への惰性的逃走といった現代的状況の批判にとって，現象学が寄与することはもはやないかにみえる。しかし，そう悲観することもないのかもしれない。

フッサールには「発生的現象学」という構想があって，対象の先所与性などと呼ばれる認識活動における「すでに与えられている」対象のあり方に関する考察である[29]。発生的現象学に対する，出来上がった経験の構造を扱う静態的現象学が，構成する意識（ノエシス）と構成された対象（ノエマ）との関係を記述するものとされたのに対し，発生的現象学は対象が自我あるいは主観性の能動的な作用に先立って，感覚の受動性の次元ですでに生起し形成されているという事態を探究する。それは意識の潜在性あるいは地平性を掘り下げ，この受動的な意味構成ということが，実は自我の能動性を可能にし，より複雑な認識を可能にする基盤となる。

第5章　社会学と現象学の遭遇　203

　フッサールは音楽を聴くことを例に，意識経験の流れを説明し，流れ出た音の一つひとつは一瞬ごとの与えられる聴覚受容には単音なのだが，意識には連続してメロディやリズムの経験として成立する。これを追求していくと，その意識が沈殿して根源的な時間意識として記憶され，ある短い時間の中でひとつの曲として構成される。さらにこの深層の流れは経験の発生の問題として現在から過去，過去から現在に相互浸透的な移行を遂げ，未来にも影響する。しかし，とりあえずわれわれは現在という1点から「すでに与えられている」対象を知覚し，そこで発生しつつある意識に集中することで「生き生きした現在」という形の世界経験を得る，ということになる。

　だが，われわれの「生き生きした現在」といっても，それを覚知する能力は誰もが等しくはない。視覚や聴覚の一部を失った場合を考えてみれば，残った他の感覚で失った感覚を補うというよりも，指向性が向けられる領野が質的に変容すると考えられる。もちろん，後天的に感覚を失った場合とはじめから持っていない場合も異なるだろうが，たとえば視覚障害者にとっての「生き生きした現在」は視覚障害のない人間よりも狭いとは言えないであろう。聴覚障害者には音楽の十全な鑑賞という経験はおそらく難しいが，じゅうぶんな聴覚を持つ者が，音楽の中に「生き生きした現在」を感知し満足できる経験を得ているかは身体の感覚機能ではなく個人の指向性，いや習慣化された嗜好性と学習による。それはフッサール的に言えば，われわれの意識経験は発生的には刻々と現れては消えていく世界の現出を受け取っては失っていく流れの中にある。それは個人が持つ知覚の能力差の問題ではないのだが，感覚が捉えた意識の構成物によって，人称以前の受動的流れが時間意識を産出し，それに続いて記憶や想起の意識が生起する。この意識は現在から，余韻を残して過去へと沈んでいき，同時にあらたな意識が現れてくる。未来と過去が流動する現在の中で瞬時に反響し，相互に敏感に反応して多様に統一されまた分散していく。

　意識している「私」というきわめて危ういものは，一見永遠に続く襲いくる意識の濁流に浮かぶ小舟にも思えるが，「私」はこの流れの中でみずからの経験を構成し統合し，生きようとする主体にもなりうる。「私」は刻々と過去へ

押し流されていく現在の経験を，想起し，反復し，反省することで，現在に引き戻そうとする。匿名の経験，一般化される経験に対して固有名をもつ体験が，行為にとって現象学的な意味を持つ[30]。これは社会学にとっても類型的・一般化的な社会的行為へと個人の経験を流し込むのではなく，固有名を持つ「私の語り」あるいは「私の記憶」に注目するという方向で，注目される。

　もうひとつ，社会学にとってフッサール現象学が気になるのは，『デカルト的省察』(1932) などで触れられている「他者問題」や「相互主観性」をめぐる議論である。はじめは単にモノと同じように眼前に現れ「私」のうちで表象されるにすぎない他者であるが，すぐに還元不可能な「超越」として立ち現れる他者をどう位置付けるか，が問題になる。フッサールにとっての「客観的」なものとは，他者の見ている世界を間接現前 (Apprasentation) として「私」が手に入れることで初めて構成されることになる。客観的世界といえるとすれば，世界が「私」にとっての世界であるだけでなく，すべての者にとって同じひとつの世界であるという意味になる。ただし，この他者とは「私」の経験の対象となった他者ではない。「私」の経験にとっては，世界の方が問題であり，他者は客観的世界の意味を共同的に構成する主観性，匿名的な主観性なのである。この客観的世界を共に構成する他者との主観性が「相互主観性」(Intersubjektivität) と呼ばれる。

　やがてシュッツによって，社会学的な方向に展開される他者問題であるが，フッサールは現象学に向けられた「独我論」批判に反論するという意図があるので，十分に深められた考察があるとはいえないように思える。本章ではもう，それを考える余裕がない。シュッツ以降の展開については次章で論じる。

　最後にまた，社会学とは無縁なある小説の一部分を引用して，とりあえずの考察を終えてしまうことをお許し願いたい。ここで提出した現象学と社会学の，あるいは現象学的な分析と社会学における世界認識の方法論とのいろいろな問題点は，何も解決されてはいないが，筆者自身は今のところ（あるいは今までは少なくとも）現象学的社会学の立場に立つ者ではないので，これはあくまで示唆にすぎない。

第5章　社会学と現象学の遭遇　205

　この小説『武蔵野夫人』は，フランスの小説家スタンダールの研究者であった大岡昇平が，1944年に日米が激突したフィリピン・レイテ島の戦争に，徴兵された日本軍の一兵士として参加し，九死に一生を得て捕虜となった後，帰国して日本で仏文的恋愛小説として発表し，戦争体験をもとにした『野火』『俘虜記』とともに小説家として認められた作品である。以下の引用は，戦争が終わった東京郊外で過酷な戦争から帰還した青年と，兄嫁である女性が並んで池のほとりで飛んできたアゲハ蝶を眺め，それをまた離れた場所から彼女の夫が眺めているという場面の描写である。

　　この日も二羽のアゲハ蝶が野川の方から飛んで来て，地の上一間ばかりの高さの空間で舞っていた。
　　一羽の翅は黒く大きく，一羽は淡褐色で細かった。
　　黒い蝶はゆるやかに翅をあおっていた。淡褐色の蝶はその下に密着して，突き上げるように忙しく上下の運動を繰り返した。頭部が上の蝶の腹に触れるように見える瞬間，つと身を落した。それからまた突き上げた。
　　黒い蝶は始終ゆっくりと落ちついて，下の蝶の上昇する運動を上から絶えず押えているように見えた。
　　二つの蝶はそうして下の蝶の忙しい飛翔の間に生ずるわずかなずれに従って，少しずつ池の上の方へ移って行った。
　　ヴェランダはやはり静かであった。秋山は二人がこの蝶の運動を見ているなと感じた。すると嫉妬が起きて来た。
　　秋山の直観は正しかった。二人はさっきからこの蝶から目を離すことができなかった。背景の珊瑚樹も池も霞んで，二羽の蝶だけが浮き上がるように光って見えた。
　　二人にはこの蝶が雄雌の双いであると思われた。しかし彼らはともに蝶類について知識がなかったから，そのどっちが雌かの判断で，正反対であった。
　　道子は下の蝶が雌だろうと想像した。雌は自分と同じ苦しい片恋を抱き，上の鷹揚な雄蝶から逃れようとして，無益な飛翔を続けているのである。しかし勉は彼女の心の隅々まで知っていて，彼女の心の行くところにはいつも彼が先にいる。
　　勉は下の蝶が雄だと思った。道子に憧れる彼の心は，上の雌蝶に達したと思う瞬間，その無心にはじかれて離れねばならぬ。いつまでもその空しい試みを繰り返さねばならぬ。
　　秋山が不意に視野に現れて，池に駆け寄り，手をあげて蝶を追ったので，二人は夢から醒めた。蝶は離れて中空に揚がり，また近寄り，もつれながら野川の方

206

へ飛んで行った。

　振り上げて，肘まで露われた秋山の細い腕を道子は醜いと思った。

　勉と道子の目が合った。その互いの目の輝きの意味を，二人はもう疑うことができなかった[31]。

　池の上を飛ぶ2羽のアゲハ蝶の動きに，戦争体験を反芻する自己反省意識に囚われた男と，戦争などなかったかのように日常の自然的態度に埋没する夫に違和感を覚えている女が，義弟の思慕を人妻は拒否しなければならぬと思いつつ惹かれている，という構成的主観を投影している。さらにそれを，眺める夫が強い嫉妬を感じて2人の前に現れて蝶を追い払う。これは西洋近代小説の話法で象徴的なイメージを描いているが，こうした表現は匿名的なアンチ・リアリズムなのか，それとも共同主観的なある種のリアリズムを現出しているのか？　社会学的認識はこれを，作為的なフィクションとして無視するのか，それとも現象学的に意味のあるリアルな表現（「超越的」かどうかはともかく）と見るのか。今のところ，筆者には判断を保留しておきたい。

注

1）たとえば日本社会学会会長矢沢修二郎の会長講演「日本における社会学のために」（『社会学評論』第62巻1号，2011年）で，矢沢は，これから日本の社会学がなすべきこととして3点をあげ，第1に国際化と使用一言語の問題，第2に文明論的分析の重要性，そして第3に反省社会学，つまり解釈学的反省のみならず超越論的反省を深めなければならないと述べている。

2）そこで交わされた議論は，もはやパーソンズかシュッツかではなく，富永からすればパーソンズもシュッツもヴェーバー理解の線で繋がり，現象学的社会学派からすればパーソンズにまで戻ってシュッツへと繋がる線を踏んでいくことになるのかもしれないが，筆者からすればやはりパーソンズとシュッツは基本的なスタンスが違うので，論争といっても両者の主張は結局嚙み合うはずがなかったと思う。

3）樋口直人「共生から統合へ─権利保障と移民コミュニティの相互強化に向けて」梶田孝道・丹野清人・樋口直人『顔の見えない定住化　日系ブラジル人と国家・市場・移民ネットワーク』第11章，名古屋大学出版会，2005年。

4）樋口直人「批判的移民理論のために前国家的共生論の試み」（第84回日本社会学

第5章　社会学と現象学の遭遇　207

会大会・民族・エスニシティ部会報告要旨）139 頁。

5) Gouldner, A. W., *The Coming Crisis of Western Sociology*, 1970.『社会学の再生を求めて』1 ～ 3，岡田直之・田中義久訳，高橋徹解説，新曜社，1974 年。

6) 70 年代ラディカル社会学から社会学に入った世代（筆者もそのひとりだが）は，アメリカの大学アカデミーの中心にいると目したパーソンズの構造―機能主義を，体制秩序維持の社会学として批判することを当然とみなしたが，パーソンズ理論はラディカル社会学者がいうような硬直した保守的理論ではなかった。近代的誇大理論だとしても，少なくとも支配へのクリティカルな視点を排除していないと筆者はのちに思うようになった。

7) 数値化されたカテゴリーデータとしての「質的データ」と，言葉や画像で記述される「質的」調査法とは，いうまでもなく別物であるが，いまだにしばしば混同される。

8) 桜井厚『インタビューの社会学　ライフストーリーの聞き方』せりか書房，2002 年。

9) 桜井，同上書，「第 1 章ライフストーリーとは何か」14 頁。

10) Bertaux, Daniel, *Les Recits de Vie: Perspective Ethnosociologique*, Nathan Universite, 1996. Rosenthal Gabriele, "Reconstruction of Life Stories: Principles of Selection in Generating Stories for Narative Biographical Interview", *The Narrative Study of Lives*, 1（1），1993.

11) 朴沙羅「『ライフストーリー』研究は可能か？―個人史および口述史からの検討―」（第 84 回日本社会学会大会・テーマセッション（1）「ライフストーリー研究の可能性」部会報告要旨）196 頁。

12) オスカー・ルイスの『サンチェスの子どもたち　メキシコの一家族の自伝』1963 年は，口述をテープレコーダーで記録し，文字に起こした家族の生活史の古典として広く知られるが，ルイス夫妻がそこで提示した「貧困の文化」という視点には批判も多い。

13) Bertaux, Daniel, 前掲書，1997.『ライフストーリー　エスノ社会学的パースペクティブ』小林多寿子訳，ミネルヴァ書房，2003 年，31 頁。巻末に載る「パン屋のライフストーリー」で，彼がなぜ前近代的と見られた自営業のパン屋をライフ・ストーリーの対象として取り上げたかは，興味深い。

14) ベルトー，2003 年，前掲訳書，日本語版へのまえがき，16-18 頁。

15) 廣松渉「跋文に変えて」西原和久編著『現象学的社会学の展開』青土社，1991 年，331 頁。

16) その答えを，現象学の祖形をまだ十分に知ることのなかったヴェーバーは，理念型的類型論を工夫する段階で終わったが，A. シュッツは本家現象学のフッサールから出発してそれを社会現象に持ち込み，アメリカで花咲かせた，というのが社会学説史的な定説であろうか。

17) 社会学では，おもに1913年の『純粋現象学と現象学的哲学のための諸考案』副題『純粋現象学概説』いわゆる「イデーン1」，Idéen 第1巻，と呼びならわされている壮年期の著作がとりあげられることが多い。社会学が「イデーン1」に注目するのは，フッサールが超越論的現象学の立場から自然科学と精神科学，つまり論理学，心理学，認識論および形而上学の新たな基礎付けを試みている点で，重要かつ代表的であり，また同時代の思想状況を考えるとき，たとえば M. ヴェーバーの『理解社会学のカテゴリー』とこれが同じ年に出ていることも考える。

18) 江藤淳『漱石とその時代 第1部』新潮選書，1970年，196頁。

19) 江藤，同上書，97頁。

20) 江藤，同上書，176-177頁。

21) 江藤，同上書，177-178頁。

22) 鳥居民は，この近衛の自殺が占領軍の中にいた日本史研究者ハーバート・ノーマンと，近衛と並んで権力中枢にいた侯爵内務大臣木戸幸一の結託によって仕組まれたものだとの見解を主張している。鳥居民『近衛文麿「黙」して死す すりかえられた戦争責任』草思社，2007年。

23) 武田泰淳『政治家の文章』岩波新書，1960年，71-75頁。

24) 武田，同上書，76頁。

25) 武田の同上書で取り上げられた外務大臣重光葵の獄中手記で，国家の権力中枢を担った人びとが，すべての役割を剥ぎ取られたただの貧弱な老人でしかない姿は，意義深い。

26) 武田，同上書，86-87頁。

27) 武田，同上書，88-91頁。

28) 武田，同上書，88-91頁。

29) 発生的現象学は Husserl, E., *Erfhung und Urteil*, 1939.『経験と判断』長谷川宏訳，河出書一房新社，1975年など，1920年代から30年代にかけて展開された。

30) 「自律的主体」という言葉は，「主観―客観図式」からくる誤解を招くので使いたくないし，フッサールも使っていないのではないかと思う。和田渡「時間意識の現象学―初期時間意識論から後期の生き生きした現在論まで」新田義弘編『フッサールを学ぶ人のために』世界思想社，2000年所収。

31) 大岡昇平『武蔵野夫人』第5章「蝶の飛翔について」，新潮文庫版，1953年，88-89頁。

第6章

私的に書かれた
「語り」を読むこと

──社会調査のデータとしての日記と手紙について──

　発言されている語りは，伝達である。その存在傾向は，聞く人に対して，語りがそれについて語っているものへの開示的存在に，die Teilnahme 参加させることを目指している。

　自分を言い表す際に話された言葉の中に，すでに潜んでいる平均的な理解にしたがって，伝達された語りは，広く了解可能だが，そのさい聞いている人は自らを，語りの内容 worüber を根源的に了解している存在に，持ち込んでいるわけではない。人は語られている当の存在するものを，それほど了解しているわけではなく，すでにただ語られたことそれ自体を，聞いているだけだ。語られたことは了解されるが，それが触れている内容は ただ大まかな上っ面にすぎない。人は言われたことを，共通に同じ平均性で了解するので，同じことを meinen 思い考える。

(M. ハイデガー『存在と時間』中，原著 1783 年，桑木務訳，
ただし訳文は筆者が一部改変。岩波文庫，1961，84-85 頁)

はじめに

　今日，社会学系の大学を中心に，一般的に行われている社会調査の教育では，最初に「量的な」研究法と「質的な」研究法をあげ，これに対応して数量的なデータを集めて分析する社会調査と，「質的なデータ」を使って分析する社会調査がある，と説明するようになっている。「量的な調査」が想定しているデータとは，要するに一定の尺度で測定された数字セットのことであり，「質的な調査」が使用するデータとは，インタビュー記録や書かれた文章や画像・映像

を含めた，数字ではない言語的な記録を意味している。この両者はいちおう「データ」と呼ぶにしても，まったく違った性質のものであり，その収集の仕方も分析の手法も妥協の余地なく異なっている。

　しかし，これは現在の社会学系に特有の分類であり，他の社会科学，たとえば経済統計をもちいる経済学や実験データを使う心理学などでは，このようなデータの「質と量」による区別と並列は，なにか奇妙な方法的混乱・折衷にみえるだろう。仮説や命題を数式化し実験・観察で測定したデータを数値で記録し分析するのは，科学として確立した方法であって，仮に数値化できないもの，言語や映像で記録したものを使用する場合であっても，それを普通は「データ」とは呼ばないであろう。

　周知のように20世紀のなかば，社会科学においても，数量化された「データ」の蓄積と測定の技術が，コンピュータの普及と共に飛躍的に進んだ。社会現象の因果関連はきわめて複雑であるから，測定されたデータの精密性や信頼性は，一定のあいまいさ，不確定性をもたざるをえない。ただ，自然科学のレベルには至らないとしても，大量現象の大数的認識と確率・統計学の発達が，社会科学の数量化を促進し続けたので，1960年代ぐらいまで，アメリカを中心に行動科学や数量的社会調査の隆盛が社会科学，とくに社会学を席巻したような状況になった。

　そこでモデルとなったのが，仮説検証型の経験的社会調査，つまり条件をコントロールしたうえで仮説を立て，変数を絞り込んで統計的に意味のある数のサンプルを選び，精密で大がかりな調査を行って数量化したデータを獲得する。そこから仮説に適合する結果が出たかどうかを検証する，という手続きである。自然科学に倣えば，そのようなデータの蓄積から導かれる確かな結論こそ，科学の名に値する専門知であり，真理だと考えるわけである。これはその成果はともかく，近代科学の研究・調査に従事する研究者の，基本的態度，職業的倫理にまで高められる。もしこの一連の手続きのどこかに，誤りやごまかしがあれば，それは真理の捏造であり，また他の研究者の業績の盗用・剽窃などをすれば，知識の犯罪に等しいという了解が定着した。

第6章　私的に書かれた「語り」を読むこと　211

　その場合の「データ」は，実験や観察でえられた数値化された観測データが想定されている。画像・映像も「データ」であるが，今日のデジタル技術を使えばそれは数量化されている。実証的科学の公準からすれば，「質と量」の区別は数量化の内部の問題であり，データ自体が測定における絶対量を表示するquontitative な尺度で取られているか，便宜的なカテゴリー尺度で数値化したqualitative なデータかというテクニカルな問題でしかない。この場合「量的データ」も「質的データ」も，どちらも数字で記録されたデータである[1]。

　しかし，社会学では（とくに日本の社会学では），数量化されたデータの統計的分析を金科玉条と考える教条的な科学原則主義が，ほとんどの社会学的問題は，数量化され十分に設計された信頼できる大量の社会調査データさえあれば，いくらでも意味のある分析結果を出せると豪語する人びとがいた一方で，「数字や数学で何がわかるものか」と数量的社会調査を基本的に信用しない人々がいた。そもそも地べたをはい回る経験科学などというものに興味を持たない書斎派は別として，社会学はフィールドで汗をかいてこそ有効な知識が得られると考える彼らには，数量的な調査が普及する前の，昔からやっていた方法，つまりどこかに出かけていって，そこで人に会ってじっくり話を聞いたり，古文書や記録資料をみつけて読んだり，村に住んでそこに暮らす人々や出来事をノートに書く，といったある意味プレモダンな研究活動を，もう一度社会学に回復したいと秘かに考えていたと思われる。実はそれは日本だけの動きでもなかった。戦前のシカゴ学派の都市研究などをみれば，文化人類学などとも共通する地味で野暮なフィールドワークの方法は生きていたし，フランスやドイツの社会学は，数量的方法を導入するに際しても，もっと理論への方法的態度に注意深かった。

　問題は，実証主義と近代科学の方法を，数学と数量化の力を借りて一気に社会現象に適用する立場に対して，これに反感をもつ「質的（非数量的）研究」に拠る社会学者は，それなりの道具と用語の「リニューアル」を必要としていたことだろう。1970 年代以降，それはまずは社会調査という道具の近代化・現代化と，「質的（非数量的）研究」と「データ」という用語の採用にむかった。

212

そして日本でその流れの中心となったのは，「生活史研究」と「エスノメソドロジー」ではないか，というのが筆者の今のところの展望である。

エスノメソドロジーが人間のミクロな相互行為，とくに言語に着目する，シュッツからガーフィンケルという西洋起源の現象学的社会学の流れにあるのに対して，生活史研究は戦前の農村研究や柳田民俗学などにも通じるドメスティックな社会史研究につながっていると考えられる。日本の生活史研究の先達であった中野卓の出発点『商家同族団の研究』[2] が，福武直や有賀喜左衛門流の農村研究の方法の関西商家への適用であったことからも，伝統的な知の血統のようなものをうかがうことができる。

以下本稿で採りあげるのは，そのような社会学における一般に「質的研究」と一括して呼んでいる経験的社会調査の，ある立場，そのなかでもインタビューなどの口述記録や生活史ではなく，日記と手紙というライフ・ドキュメント，生活誌について具体例を素材に若干の考察を行う。この点ではエスノメソドロジーについても，検討する必要があるとは思うが，ここでは採りあげない。

まずは，日記や手紙の「データ」としての価値と取扱いについて。

1　社会調査における「日記」と「手紙」

「日記」や「手紙」という個人の書いた文章が，社会学にとっての「データ」としてどういう意味をもっているかを考えるにあたって，その前に数字と言葉の取り扱いについて，少し考えておきたい。

「質的研究」という立場をいちおう認めたとして，これに対する「量的研究」（数量的な研究を唯一の方法とする立場からはわざわざ「量的研究」などという言い方はしないだろうが）が取り扱う「数量データ」「質的データ」は単に測定数値としての数字に過ぎない。数字だから，コンピュータで統計ソフトを使えばいくらでも数学的な分析が可能である。データの操作的変換や相関係数の計算や有意差の検定などから，さらに数学的な命題の分析検証もできるかもしれない。でも，言葉で語られたものを，そのまま言葉にして（数量化に対する文字化！）それが「データ」であるとは，どういうことか。「量的研究」者には理

第6章　私的に書かれた「語り」を読むこと　213

解できない世界だろう。

　近年の社会学で「質的研究」あるいは非数量的「データ」という言葉が盛ん
にもちいられるようになったのは，ひとつはグラウンデッド・セオリーの影響
があるのかもしれない。それは1960年代のパーソンズ流社会システム論の批
判，上からの「グランド・セオリー」に対抗するという理論的含みから出てき
たひとつの手法だった。

　グラウンデッド・セオリーと呼ばれる方法は，1967年にバーニー・グレイ
ザーとアンセルム・L. ストラウスの共著として出された『データ対話型理論
の発見』で提唱された方法である[3]。グレイザーはニューヨークのコロンビア
大学でマートンとラザースフェルドに学んだ社会学者で，いわば数量的調査と
経験的社会学の理論化を考えていたのに対し，ストラウスは伝統的なシカゴ大
学の足で稼ぐ調査屋の訓練を受けた社会学者。この2人が手を組んで方法的な
課題としたのは，理論→仮説→調査→データという演繹的な流れを逆転し，
データから出発して理論へと遡る方法の具体化を考えることにあり，およそ次
のような状況を意識していた。実証主義的な仮説検証型社会調査が，実際はた
だやみくもに調査を繰り返しているだけで，その成果が蓄積されてまとまった
理論の生成につながっていない状況への疑問と批判である。あらかじめ立てた
仮説の検証だけを，お膳立てされた数学的数量分析だけで求めるのではなく，
データそのものの突っ込んだ分析を試みなければならず，そのためには特別な
やり方を工夫しなければならない，という主張。

　これが「グラウンデッド・セオリー」と呼ばれたのは grounded on data デー
タに基礎を置く，というところから来るのだが，その場合の「データ」とはど
んなものを考えているのか。それは当初「質的データ」（数値としての質的カテ
ゴリー・データ）を含むものでもあったが，その後グラウンデッド・セオリー・
アプローチ（GTA）は，もっぱら「質的研究」として扱われる言語的データに，
つまりインタビュー面接記録などの分析手法として，ある意味で進化すると同
時に狭く技術化していったようにも思える。

　グラウンデッド・セオリーには，数字ではなく言葉を「データ」として精密

に捉えようという姿勢があると同時に，それは数字の「データ」と同じ論理で言葉の「データ」をできるだけ洗練した形で取り扱いたいという狙いがある。それは言葉の集合としての「データ」を仕分けして分類する「コード化」，要約して名付ける「カテゴリー化」，そしてキーワードになるデータの小部分（文節・文）を文脈contextから切離して解釈する「切片化」などの技法を開発する。そこに漂っている指向は，規格化され標準化されて誰もがこれを習得すれば言語「データ」を明晰に分析できるようなる，という技術的合理化への欲望と，それと相反する解釈の深さという職人技への願望である。それらは実は，極度に数理的な思考に共通する合理主義と，情緒的感情的な言葉に反応する自意識，そのような自意識を質的研究の中に取りこみたいという考えとの矛盾を孕んでいる。

　それは当然のように，言葉で記録された「データ」を，どんどん切り刻んで切片化する分析的な方向（それは数量化に近づく）と，公約数的に細部を切り捨ててカテゴリーにまとめていく縮減的な方向（抽象化）に分裂していく。そこで残るのは，「文脈」社会的コンテキストの問題であるだろう。言葉は数字と違って，単語だけでは自立して機能できない。それは文になっても同じで，文脈の中で意味は膨らみ多彩になると同時に，不確定性を帯びる。人が数字で考えるときと，言葉で考えるときでは，何が違うか？　数字が示すものは数式という構造の中で動く変数の値であるのに対して，言葉が示すものはそれが連なる文脈に依存した揺れ動く意味の醸し出すイメージである。それは聞いたり読んだりするたびに多義的な解釈を必要とする。

　ここでグラウンデッド・セオリー・アプローチが無意味だと言いたいのではない。言葉の集合を「データ」と呼んで，その分析手法を徹底して規格化・合理化することは，エスノメソドロジーの戦略とは違うが，できるだけミクロな，発生的な段階の言葉に即して丁寧に分析しようという指向において共通する。そういう忍耐のいる作業を面倒くさがる研究者や実践家には，態度として身につけてもらう方が生産的だろう。とくに日本の「文学的」風土において言葉を読むことが，情緒的・感情的な要約に流れがちな思考を，矯正するのにグラウ

ンデッド・セオリーは役に立つような気がする。

　そこで，言葉で語られ，記録され，読まれる文書を，ライフ・ドキュメントとして一括した場合に，社会学の「データ」として扱うとすれば，どういう問題があるのか。これまで一般的に述べられていることを，ちょっと整理してみると，とりあえず以下のような分類が可能だろう。

I　語られた言葉の採集・記録
　＊インタビュー…面接場面で語った言葉を，テープなどに録音する方法が典型的。

「口述記録」→トランスクリプト（文字おこし）→「文字記録」という作業を経て，文書化する。生活史の聴き取り，さまざまなテーマの個別インタビューなど。

　＊過去に保存された録音テープ，映像記録などの二次分析

II　書き残された文書・記録
　＊ライフ・ドキュメント…「個人的記録」…手紙，日記，自伝，写真，動画，絵画など

　＊「公的記録」…日誌，名簿，行事記録，雑誌・卒業アルバムなど

　これをその文書記録の作成目的と書き手が誰であるかの区別でみたとき，図6-1のような四類型が考えられる。つまり，横軸は誰かに読ませることを目的としない自分のために書くか，誰か特定の相手あるいは不特定の他者が読むことを想定して書くかの相違。縦軸はその文書を作成するのが本人（自記式）なのか，インタビュー記録のように本人以外（他記式）なのかの相違である。これを組み合わせてみると，「日記」は自分のために自分で書く（例外的に，誰かに読ませたり出版したりすることを前提に書かれる日記もあるが），「手紙」は特定の相手に読まれることを前提に（差し出されない手紙も含め）本人によって書かれ，「生活史インタビュー記録」は，語りを依頼し記録するのは本人ではな

図6-1　Life Document の分類

い（それを純粋に自分のための私的な行為とはいえないかもしれないが）。日誌・名簿・雑誌記事などの「公的記録」文書は公共性をもち，ほんらい個人的な目的で作成されるものではないから，書き手が誰であっても，他記式と考えてもよいだろう。

　実証主義的な歴史研究ではまずは公的記録を中心に，事実の確証を求める傾向があり，当事者へのインタビューも併用されるが，資料としての価値はその時点で書かれた文書の方が重視される。個人の記憶は，しばしば不確かだったり変形されたりするからだ。

　生活史研究における主要な方法は，インタビューである。自分のことを語ってもらうためには，さまざまな条件を整え，じゅうぶんな時間をかけなければならない。なによりも安心してありのままを語ってもらうためには，語る側と聞く側のラポールが不可欠であることはいうまでもない。さらにその生活史をどのように分析し解釈するかが，大きな問題である。しかし，ここではインタビューの問題は主題としない。

　ただ，インタビューでは，「語り」をどうやって引き出すか，それをどう記録するかが重要だが，その意味では，エスノメソドロジーの会話分析や，精神分析や心理カウンセリングなど，面接的な時空間で対面的な接触をする研究や治療行為との，共通性と相違点が問題にはなるだろう。その場合，あくまで語

第6章　私的に書かれた「語り」を読むこと　217

る主体の自由度を最大限にして，記録者に徹する客観主義的観察態度を守る立場と，観察者と被観察者という役割を捨てて，相互行為における行為や言語の交換，場合によっては積極的介入を組み入れる立場がありうる。

　生活史をはじめ，カウンセリングなどでも，あくまで当事者に心おきなく語らせることを理想とする客観主義に立つ場合が多いようだ。しかし，どれほどインタビューする側が控えめにしても，面接場面は具体的な人間が向かい合うわけだから，単なる録音機械やヴィデオカメラが置いてあるのとは違うわけで，そこがテクニカルな問題ではあるだろう。

　既に書かれた文書をテキストとして分析する，ライフ・ドキュメントの場合は，そういう問題は考慮しなくてもよいという点で，手紙や日記による個人的な記録は，それが手に入りさえすれば，問題はそれをどう読むか，というところに集中する。書かれた文書を主要な手がかりとする研究といえば，まず歴史学が思い浮かぶ。歴史学は，近過去についてその生存者がいる場合には，インタビューなど生活史的なインタビューを試みることはもちろんあるだろうが，もはやその時代をリアルタイムで生きて記憶している人間がいなくなった時代を研究する場合は，文書記録が最大の手がかりになる。歴史学における実証主義的研究は，研究対象とするその時代に書かれた文書や記録を一次資料として（つまりこれが「データ」として）そこから諸仮説を検証していくという手続きになる。その場合，事件史や経済史，外交史などの場合と，社会史や民衆史の場合で，日記や手紙のような個人の記録の扱いは変わってくるだろう。歴史学の場合はあくまで，歴史的事実の確認が第一義に問われ，その事実の中で生きている人間が何を考えていたか，の追求になるものと考えられる。

　それは社会学においても，同様だと考えてよいだろうか？　日記，手記，自伝，手紙などをどう扱って，なにを明らかにできるのか，という問題も考えておく必要がある。そこで，まず手紙をもちいた社会学的研究として，有名な古典的研究をみてみよう。

　W. I. トーマスと F. ズナニエツキの共著になる『ヨーロッパとアメリカにおけるポーランド農民』（原著は 1918 年から 20 年にかけて刊行された 5 分冊で出版

された2250頁に及ぶ大著）[4]は，20世紀初期にアメリカ社会学が生んだ画期的な著作，とくに移民の生活記録として手紙および生活記録を使ったものとして，語り伝えられる研究である。この本のテーマは，19世紀末から1920年代まで北米，アメリカ合衆国に東欧から大量の移民が流入したという事実を背景に，移民家族の生活の実態を追求したもので，当時のシカゴ学派の社会学者たちが取り組んだ新たな社会変動過程の記録と分析の中に位置付けられる。

　トーマス＆ズナニエツキの分類によれば，家族の手紙は4つに類型化できる。

　　1　儀礼的な手紙——普通は家族全員の出席を求めるような家族的行事の際に送られる——結婚式，先祖の聖名祝日，クリスマス，新年，イースター。これらの手紙は儀礼上のスピーチの代わりである。留守にしている成員は，スピーチを自分で言うのではなく書いて送る。そうした手紙の機能は，集会やスピーチの機能と同じもので，その集団全体にかかわるある事態に対して家族感情を蘇生させようとするものである。

　　2　近況報告的な手紙——挨拶の手紙は，留守にしている成員の暮らしや家族集団が今後いつ会うかなどの詳しい話には触れない。しかしすぐ会えそうもないから，手紙が出会いの機能の代わりを一時的にせよ，しなければならない。こうしていかに別離が永いものであっても，家族の関心の共通性が保たれるのである。

　　3　感傷的な手紙——別れているために当初の半ば本能的な家族の団結が弱まる場合，この種の手紙は儀式的な場面とは全く関係なく，個人の感情を昂揚する役目をする。

　　4　文学趣味的な手紙——儀式でも非公式な出会いでも，農民の審美的な関心が音楽，歌，詩の口誦などの形式に最も普通に表現されている。留守の成員は集団の供応に個人として参加できないので，代わりに手紙を詩歌にして送ることがよくある。また時には，同じやり方で返事をもらうこともある。その手紙は皆の前で披露されるわけだから，そこにいくらか虚栄心を満たす楽しみもある。ほんのちょっとした審美的な関心が第一次集団の集まりで披露され，そのうち印刷されないと満足できない文学的関心にまで変わっていく。そうした進化にこの文学的趣味的な手紙が重要な役割を果たしていることは確かである。

　　5　仕事用の手紙——この代償機能は極めて単純である。農民はできる限り自分の仕事は自分でやろうとする。ただ別離が長期に及び会おうとしてもあまりに遠方の時に，仕事用の手紙に頼る[5]。

桜井厚によれば，『ポーランド農民』刊行の1920年から第二次世界大戦終結

第6章　私的に書かれた「語り」を読むこと　219

の1945年頃までは，生活史や個人的記録への大きな関心が寄せられた時代，生活史研究の第1期と考えられるが，この後は1960年代半ばまで数量統計的社会調査の隆盛期を迎え，生活史など「個人中心的アプローチ」は低迷期に入ったとみる。

『ポーランド農民』への理論的な批判は当時からないではないが，なんといっても手紙という一次資料が語るリアリティの迫力は誰も否定できない。

2　手紙・自己表現と伝達意思としてのライフ・ドキュメント

『ポーランド農民』に収録された手紙とはどんなものか，そのいくつかを読んでみる。なお，ここにあげた手紙は，原著第1部の「農民の手紙の形式と機能」中の「夫婦間の往復書簡」にあるボルコウスキ家の一部である（原著160-172頁．訳は筆者による）[6]

ポーランドの妻からアメリカの夫ウラディスタフ　ボルコウスキへの手紙

ワルシャワ，1893.7.21

　　Dear Husband: いつものように7月4日付のあなたの手紙を受け取りました。今までリビキス（ポーランド南部の都市）家の人たちと生活しています。私はとても満足してるとはいえません。それはたぶん，私がいつも長いこと（あなたと離れて）地味に1人だけで生きてきたからでしょう。そして今日も，あなたは世界の果てにいて，私はもうひとつの（果ての）場所にいます。奇妙な街角（周囲の連中）を眺めていると，私は憧れと後悔でどうしていいかわからなくなります。あなたが私を忘れないで，いつまでも高貴さ（generous 気高い）を保っていてくれることだけが，私には慰めになります。あなたは私をボルコウスキ家（彼の兄弟）に行かせたいんでしょ。私はそこにいました。もし彼らがあなたについて尋ねただけなら！　しかし誰も一言も言わなかった，私についてだけ…。もう私には書くことは何もありません。あなたにお願いするだけ，あなた，あなたのことをできるだけいっぱい手紙に書いて。元気にしてるかどうか，どうやって成功するか，それだけが私の喜びだから，他にはないの。私の友達といえば，私が何千（ルーブルのお金）を持っていて，次から次に私のところにやってきて，12ルーブルを貸してくれって頼もう，と考えるような人たちだけなの…。そして，みんなが永遠に借りにくる。私はすでに知っている…。

　　そして今，私はあなたにさよならを言って，あなたの健康といっぱい良いこと

がありますように願います。私を忘れないでね。　　　　　　　　　　　敬具

　　　あなたの妻，テオフィラ・ボウコウスカ

　手紙は家族ごとにまとめられ，はじめにボルコウスキ家の事例について，
トーマス＆ズナニエッキによる解説コメントがあり，いくつかの手紙には註が
つく。この1893年7月の最初の手紙には次の註がついている。

　＊isolation 孤立・分離は，習慣的かつ望まれたものになる。我々は，農民家族
ではこれを見出さなかった。もちろん，いくつか privacy 私的内実はつねに既婚
者グループで探索されたが，性的関係のような出来事については多かれ少なかれ，
他の人々の intrusion 押しつけ（割り込み）の過剰な伝統によって，保留されて
いる。家族から既婚者によって訴えられる私的秘密の総計は，コミュニティから要
求されるものよりも，より少ない。要するに，農民にとってのプライヴァシーは，
個人生活への社会的特性の裁定を越えることはない。この事例では逆に，一般に
社会生活からの自発的個人的な隔離をもたらしている。
　＊家族の分解は確かにリアルであり，この事例では，書き手が夫の係累たちの
冷淡さをとくに強調していることすら，彼女がもっぱら彼を引きとめようとする
彼女自身の傾向に一致している。

　24通に及ぶ手紙は，1893年12月の日付の最後の手紙まで19年という長期
にわたるが，いずれもポーランドにいる妻テオフィラからアメリカの夫に向け
て書かれたもので，夫から妻への手紙はポーランドにあったのだろうが残って
いない。

　　　　　　　　　　　　　　　　　　　　　　　　　　　　　1894.4.12

Dear Husband: 拝啓，4月2日付のあなたの手紙を受け取りました。私は元気
で，あなたがお変わりない事を心から願っています。今私は，あなたがワルシャ
ワに帰ってくるのを考え，喜んでいました。でも，あなたは帰る気はないと書い
てきたので，私は神の意志を受け容れ，あなたの考えに従います。私は今指折り
数えて（あなたが私をアメリカに呼んでくれるまで）こちらにいることにします。
我らの主なる神様が，できるだけ早くそれを叶えてくれますように。だって私は

第6章　私的に書かれた「語り」を読むこと　221

ほんとうに困っているの。なんて悲しい生活！　私はほとんど誰のところにも行かない，だってあなたがワルシャワにいた頃は何もかも違っていたから。昔は私たちには友だちがいて，みんな仲良くしていた，でも今は誰かに会いに行くと，私がなにか物欲しそうだと警戒されたり，わざと無関心な顔で私を見るの…。

　みんなそうなの，昔はとても親しかった人たちも。今はみんなそうなっちゃったの。

　あなたは私に，ウラツィアのところで何か仕事をしてみろって書いたでしょ。でも，私は彼女からまだ1グローシュ（ポーランドの貨幣単位）も受け取っていない。彼女は言ったわ。みんなが独り暮らしのために仕事をくれって頼む，そのうえ宿代と食費に2ルーブルを払わなきゃならないと。そうよ，あなた，お願い。どんな細かな事でも私に書いて。私が何をすればいいか，どんな服を着て，毛皮やフォトフレームや，その他つまんない物を手に入れる価値があるかどうか，教えて。私は肖像と十字架が欲しい。だけど，チェスト（蓋付の箱）をもつのは禁じられたと聞きました。そう，何でもぜんぶ私に書いて下さいね。

　　　　　あなたの愛する妻，テオフィラ・ボルコウスカ

これにもトーマス＆ズナニエツキによる以下の註がついている。

　＊導入で我々が述べたように，家族集団のメンバーになっていないテオフィラは，彼女と夫の地位がもたらすもの以上の社会的承認を得ることができない。彼女の夫は，出て行ってしまい，彼女が彼の妻としてはほとんど無意味になってしまっているという認識は，彼女の周囲の行動や彼女の嘆いている行動によって，示される。彼女には，少なくとも若干の社会的立場を保つチャンスが，まだ2つある。ひとつは，彼女の夫の誠実さ——送金，手紙を書くこと，等々——一言で言えば，彼が離れ離れでも彼女との共同利害を守り，この別居生活が一時的なものに過ぎない，彼がきっと戻ってきて彼女をアメリカに連れて行くという証拠である。第2のチャンスは，彼女自身が働くことで個人的地位を手に入れることである。

　＊ウラツィアはいとこで，帽子屋あるいは仕立て屋を持っており，ボルコウスキは妻にお針子として働くように望んでいた。

1895.8.8

Dear Husband: あなたが数か月も手紙をくれなかったことに私がどんなに耐え忍んでいたか，あなたは信じようとしないでしょうね。私はもうこれ以上あなた

の手紙を読まないで生きるのは無理だと思いました。でも，あなたからの手紙を受け取ったとき，嬉しさでしくしく泣いてしまったの。しかし，それを読んだ後では，また悲しみが私を打ちのめしました。あなたは忘れていて，あなたの住所を書かなかったかもしれないと思いました。でも神様に感謝します。私の重い悲痛や恐ろしい欠落が終わることを私にお示し下さることを。今年はもうドブスカの仕事は全然ありません。それに私はそこでもう針仕事はしません。私はときどきズロティで稼いでいますが，（3，4人一緒の）部屋を借りるのに月に3ルーブル払わねばならないからです。あるときは宿に払うお金がなかったので，私のベッドを取られました。今は借りたベッドで寝ています。さらに，彼らはワルシャワの診療所費用，年間1人分1ルーブル，を持ち逃げしてしまったのです。私はそれを払わねばならず，もし払わないとあなたが後で4ルーブル払わねばならなくなるからです。

　あなたの手紙を受け取る前，私は何度か領事館に行き，あなたを探してくれるように，あなたがどうなっているか教えてと頼みました。でも，5ルーブル払うまではあなたを探すとは言ってくれませんでした。しかし消息はわからず私は悲しみにくれたのです。あなた，私の写真に聞いて，あなたがわずか数ルーブル送ってくれるだけで，それを送ることができるわ。お願いです。できるだけ早く私をあなたのところに送って…。

テオフィラ

　ポーランドとアメリカに離れたまま夫婦間の手紙と送金は断続的に続き，最後の2通ではこうなっている。

1911.4.20

　Dear Husband: あなたに4通の手紙を書きました。どの手紙でも，私はあなたに手紙を下さい，少しでも言葉をくださいと懇願しましたが，果たせませんでした。そう，私の親愛なる夫，私を哀れんで下さい。私は懇願します，そして少しでもいいからお金を送ってください。おかしな考えが私の頭にこのところ浮かんでいます。あなたに正直に言いますが，それは空腹からくるのです。長い間，私はわずかなお金しか持たず，それも私が借りた借金の数ルーブルと，わずかなズロチだけ。でも，他の人たちはあなたがこれ以上私に送金する気がないと見ていたように，それで私はあえて無理な借金ができず，彼らは私に弁解し，お金を貸してはくれないんです。お願いします。できるだけ早く送ってください。そうじゃないと私はたぶん，命がもたない。イースターに，スリビンスカが私にくれなかったら，乾パンの一切れももらえないでしょう。彼女だって何も持っていない。彼

女の子供たちのお恵みによってだけ生きているのだから。

テオフィラ・ボルコウスカ

＊次の手紙（ここでは失われた手紙）で，彼が彼女にいくらかの送金をしたことが示される。

（最後の手紙）

1912.7.12

Dear Husband: 私を哀れんで下さい。私はすでに裸足で裸ですから。彼らは家賃のためにいろんなものを奪いました。私の頭の下の枕まで。小さな枕1つだけ残りました。哀れんで下さい。愛するウラデック。そしてお金を送って！　私を飢え死にさせたくないなら。私はあなたが慈悲深く高貴な心をもっているのを知っています。ひょっとしたら誰かがあなたに励ましをくれるように。なぜ，私はもうこれ以上生きられないの？　私が苦しんでいるこんな飢えには，もう我慢できないの。そしてあなたに懇願します。愛する夫，哀れんで下さい，私の哀願を聞いて。あなたは神様の次に大事な人，私が毎日祈っていた人。

さようなら。あなた。幸せでいて下さい。

あなたの愛する妻

テオフィラ・ボルコウスキ

20世紀の初めの東欧ポーランドと北米アメリカは遠く，簡単に行き来することは難しかったとはいえ，夫婦が19年も離れて暮らすことは当初の計画にはなかったであろうと思われるが，この事例へのトーマス＆ズナニエツキの解釈は，他の農民家族の場合と異なって，この夫婦がワルシャワの都市生活者だったことと，親族の紐帯が農村部とは異なることに注目する。手紙の前についている解説にはこうある。

夫婦間の通信：Borkowski Series

ボルコウスキと彼の妻は，ワルシャワの中であるいは近隣に多くの親族をもっていたが，双方の家族メンバーはお互いにあまり多くは助け合っていない。連帯

の欠如は，ボルコウスキ家の男兄弟が 20 年間彼に手紙を書いていなかったこと，そのかわり手紙は他のものと一緒に保管されていた，ということにつながる。この状況をマルキヴィッチ家で我々がみつけたものと比較してみたい。妻のテオフィラは，彼女の親族が誰 1 人彼女を助けないという，格別の逆境の中で自分を発見する。親族たちは，彼女との社会関係を，退屈で，貧乏で，みすぼらしい，愚痴っぽい老女として避けようとすらした。

　ここには，我々が農村部や小さな町で発見したようなコミュニティで遂行できていたことがもはやない。確かなのは，みんなが知り合いのサークルをもっていて，そこではゴシップ——社会的意見の貧困な模倣——があり，しかし村の住民の間の持続的な関係性や定期的な会合のようなものがないのだ。社会的意見は，それゆえに小さな力，堅実さ，バイタリティをもっている。

　このような条件のなかでははっきりと，結婚はただの個人的出来事になってしまう。その社会的側面は，宗教的制裁を規定し，婚姻グループとゆるい社会的環境の間の若干の単純な関係を規定する，またこの環境，そして犯罪的行動のレアケースにおける状態の例外的な介入を規定する。このような若干の社会形態によって特徴づけられる大きな限界の中では，誰にとっても大事な，性の異なる 2 人の個人の間の関係が想定する多様性が存在する。この関係の本質は，もちろん成員のパーソナリティに依存するだろうし，彼らの共通の利害関心の領域に依存する。現実の事例では，夫と妻のパーソナリティが伝統に乏しく，文化にも乏しいところでは，彼らのつながりはいくぶん弱くならねばならない。初めの感覚的（肉欲的）魅力が消えてしまったとき，習慣と日常生活の共通利害関心が唯一のつながりだ。しかし，夫の移民は，この両方を中断し，夫婦の絆の段階的解体が心理的必要性をもたらす。

　我々は，この夫がいかなる進化を遂げたのかは知らない。ただ女性側の手紙からそれはたやすく想像はできる。彼は，確かにアメリカで利害関心の新しい領域を見つけた。比較してみれば知的になり，教育がない男だったにもかかわらず，彼は新しい状況に自分を成功裏に適合させた。ワルシャワでの彼の生活は，同じ仕事をしてわずかしか稼げず，彼を表現する機会に乏しかった。——実際もっとおおく，仕事の多様性や，村の生活が与えることのできる多くの現実の社会的利害関心がある農民の場合よりも，彼はワルシャワでとても狭くしか生きることができなかった。さらにすすんで，彼はアメリカで，おそらく彼より年上の妻から逃れて，元気を回復したと感じていたと思われる[7]。

　夫側の応答がないので，ある部分は推測になるが，この夫婦が辿った人生と，1912 年 12 月の最後の日付（東欧の政治情勢は流動的で，2 年後に第一次世界大戦が始まる），そしてこれがアメリカの夫のもとにまとまって保管されていたこ

第6章　私的に書かれた「語り」を読むこと　225

となどを考え合わせると，この解釈は立体的に浮かび上がってくる。手紙の文面が語るものだけでは，この夫婦が実際にどんな生活を送っていたのか，ある部分は誇張や空想も含み，ある部分は本人も意識しない社会的な圧力が反映したとしても，それはあくまで想像するしかない。しかし，常識的な判断からすればとても理解できないような状況も，手紙には明確に描かれていて，移民という社会現象が，当事者に何をもたらしたかを統計数値とは異なる，まさに「質的」なリアリティを滲ませて読む者に理解を迫ってくる。

　さて，社会学方法論としての問題は，『ポーランド農民』の場合，どこにあるだろうか。生活記録としての手紙は，これが少数の事例とはいわせないだけの数を家族単位で集めていることと，その手紙の内容から移民集団の親族ネットワークの社会関係という焦点化にある程度成功していることにある。

　前者については，研究者の手法としての倫理的問題はあるとしても，シカゴ学派の達成したある種強引な社会研究の伝統のようなものの威力を感じる。後者の視点については，20世紀の社会学に大きな影響を与えたと思う。それは20世紀初めの，東欧移民が押し寄せたアメリカという特殊な時代を抜きにしては理解できない。100年前のその時代に生きていた人はもう地上にいない以上，われわれはこれを改めて歴史学的，いや歴史社会学的に読んでみることは意味があると思う。

　『ポーランド農民』の手紙はどのように集められたかは，不明だったというが，後に彼らが手紙や手記の多くを広告を出して購入したものであったことが判明したという[8]。

　その後，手紙を用いたこれだけまとまった研究は出ていない[9]。

3　日記・社会学の見たいものと文学の表現したいもの

　次にここで検討したいのは「日記」である。

　「日記」についても，これを研究の「データ」として活用しようという試みは，とくに歴史学や文学ではありふれた方法である。日本ではとくに，日常の身辺雑記を書き記すという習慣が古代から現代まで連綿と続いているので，資料と

しての日記はかなり豊富に利用できる。しかし，社会学にとって「日記」はどこまで「データ」として活用できるのか？　『ポーランド農民』以上に，生活史研究においても「日記」を用いた研究は乏しい。しばしば言及されるオスカー・ルイスのメキシコをフィールドとした『サンチェスの子供たち』や『ラ・ヴィーダ』[10] などは，当事者に自分のことを書き記してもらった生活記録ではあるが，自分が自発的な行為として書いた「日記」ではない。

　「日記」という文章の特徴は，書かれた時点が特定されていることである。ある時代，ある場所に生きていた個人が，その時点で感じていたこと，考えたことを間をおかずに書き記すのが「日記」だとすれば，それは「時間」というものの制約と「空間」の制約の個別性をそこに帯びている。日付というものは通常は，あまり大きな意味を持たない。人は日常的な世界で，ある場所ある時間に生きて，ものを考えたり他者と一緒に過ごしたり，食べたり眠ったり働いたりしているのだが，その記録は通常他人にとってはほとんど意味のない情報である。場合によってはそれを書く本人にとっても，単に習慣化している行為だけで，その価値がとくに意識されていない場合も多い。

　政治家の日記のように，誰かに見せることを想定して書かれることもあるし，家計簿や予定表のように，単なる記録に徹した日記もあるだろう。それも家計研究のようにある時代の経済生活や物価の記録としては貴重なデータであるだろう。しかし，多くの日記は，具体的事実の記録という側面と同時に，そのときそこで書き手の人間が何を感じ考えたかが記されていることも多い。社会学が注目するのは，それがきわめて「個人的」であると同時に「社会的」な語りの記述であるからだといえるだろう。

　見知った他者の心を覗いてみたい，という隠微な欲望は別として，通常は本人以外のものに読ませることを想定していない「日記」は，ある場合には歴史の証言になるかもしれないし，それを書いた時点と場所に拘束されていることが，資料としては強みになる例として，ここでは山田風太郎『戦中派不戦日記』(1985)，をとりあげてみたい。山田風太郎（風太郎は後年の筆名・実名山田誠也）は，戦後日本で膨大な大衆的小説を書いた作家で，この日記が書かれた当時

第6章　私的に書かれた「語り」を読むこと　227

(1945 年) には，23 歳の医学生であった。これが社会学的に意味をもつ記録で
あるとすれば，なによりも日本がアジア太平洋で長期間戦った戦争の敗北，と
いう未曽有の 1 年に書かれた日記であるということだろう。長いがいくつか引
用する。

　まずは，東京や横浜に空襲のあった後の 6 月 3 日の日記。

6 月 3 日
○朝，自転車で下目黒の焼け跡へ行ってみる。

　途中の電車通りの焼跡もそうだが，いたるところ罹災者が 1 坪ほどの掘立小屋
をたてて住んでいる。木という木は焼けはてたので，屋根も皆赤茶けたトタン板
である。入口には焦げた釜だの土瓶だのがころがり，中に寝ている老人などが見
える。

　どうしても東京に残っていなければならない人間，地方のどこにもゆくあての
ない人間が，こんな鶏小屋みたいなものを作って住んでいるのだろうが，しかし
人間の生活力の図太さには驚嘆のほかはない。

　大鳥神社から清水の方へ——また五反田の方へ，自転車を駈けさせてみると，
ただ一望の灰燼，いまさら茫然たらざるを得ない。

　とくに五反田，また五反田から目黒へかけての町々は自分になじみが深いので，
夢ではないかと思われるほどだ。五反田のごとき，白木屋の建物が 1 つ残ってい
るばかりといってさしつかえない。駅も焼けて，白木屋で切符を売っている。

　これは現実のことなのか。ほんとうに何もない！　赤い焦土の上には，ここも
また鶏小屋みたいな赤トタンの塊が，ぽつりぽつりと散在しているのみ。——そ
の中を，陸軍のトラックが群れをなして往来している。陸軍関係の建物が焼けた
ので，どこかへ引越しをしているらしい。碧い明るい初夏の空だった。日の色は
いつのまにか，すっかり白く眩しく変っている。暑い。
○さあ，弱った。住む家もないが，生活の道具も 1 つもない。いつまでも高輪螺
子に厄介になっているわけにはいかないが，下宿すべき家はどこにもない。第一，
蒲団はどうするのだ。書物，ノート，机，鉛筆，それに洋服，傘，下駄はもとより，
着替えのシャツ，サルマタに至るまで何にもない。時計，ラジオ，洗濯盥，バケ
ツはおろか，包丁 1 つ，俎 1 つないのである。いままで笑っていたが，ほんとう
に笑いごとではない。

　「罹災って，やっぱりあんまりよくないことだなあ」

　といったら，おやじは春本からジロリと眼を離して，

　「何のんきなことをいってやがる。あたりまえじゃねえか。焼け出されたら何
かいいことでもあるのかと思っていたのか」

と，いった。

焼けたものについては一切愚痴はいわないというみなとの約束なので，ウーンとうなって，ただいたずらにあごを撫でまわす。ただ，いつまでもこうしてぶらぶらしていることはできない。それにまた今夜にでもドカドカと来て東海道線が不通になったら万事休す。

とにかく故郷に帰ってシャツ1枚でももらって来なければならない，と突然発心して，あわてて握飯を作ってもらい，7時過家を出た。

〇品川駅のフォームで時間表を見ると，東海道線は小田原止まりばかりで，遠いところへゆく列車は22時55分と，23時20分の広島行きだけである。

11時ちかくまで，4時間もここで待つ。腹がすいて，いま目と鼻の先で作ってもらった3つの握飯をみんな食べてしまった。

午後10時55分の列車，すでに満員で来る。

〇横浜はまだ燃えていた！

29日の朝やられたというのに，30日，31日，1日，2日，3日のきょうの深夜まで，いったい何が燃えているのだろう。

月はまだ昇らず，ただ闇黒の中に，全市灰燼となった残骸が，赤い火をチロチロと，不知火の大海原のように燃えつつ拡がっている。棒杭のような無数の黒い柱が蛇の肌みたいに光って，何たる凄惨，陰刻，蕭殺の景か。──車窓から見て，みな嘆声を発した。

どっと罹災者が乗り込んで来た。この人々のため，空車になっていた最後の車輛が提供された。そこへ入って見ると，大半は負傷者である。丸太のように足を繃帯で巻いた少女，手を首にくくった老人，そして仲間にかつがれて入って来た物体は，ミイラみたいに全身を繃帯で巻かれて，ただ顔面に，眼と鼻と口が4つの小さい黒い穴をあけているばかりで，老人か女か見当もつかない。「可哀そうに，可哀そうに……」という声が聞えた。

〇茅ヶ崎で警報。みな車中で騒然となったが，B29一機ときいて安心。きょう正午偵察に来た一機は珍しく撃墜したそうである。(212-215頁)

この部分は，彼がその日見たこと，出会った人の様子を並べている。この『戦中派不戦日記』の記述の特徴は，この「こんなものを見た」「こんなことをした」という事項の記録を記した部分と，「自分はこんなことを考えた」「自分は今こう感じている」という内面的な評価にふれた文章が併存し，日によってどちらかの比重が交代するところにある。しかも，事実の記録も論説や抒情を述べる場合も，対象に距離を置いて冷静に観察する場合と，思わず昂奮して言葉が迸ってとまらなくなる場合が，絶妙のバランスを保っている。

第6章　私的に書かれた「語り」を読むこと　229

　空襲が激しくなり彼の所属する東京医専（後の東京医科大学）は，長野県の
飯田市に疎開している。戦争の終結直前，原子爆弾投下とソ連の参戦という事
態の中で，医学生たちも学業どころではない。8月14日の日記は，長大な記
述だが，前半は時世戦況に対する嘆きと政府・軍指導部への批判的論説を書き
連ね，後半は戦争終結の動きに対して学生たちが戦争継続のために飯田から運
動を起そうという計画に夢中になって，昂奮して語りあう場面が描かれてい
る。その最後の部分。そして8月15日は，ただ1行のみ。

8月14日（火）晴れ
〔15頁にわたる記述の続いた後の最後の部分〕
　何もかも滑稽になり，疲労し，死ぬほど眠くなって来た。夜の思想と朝の思想
は全然別物だ，という鷗外の言葉がぼやけた脳を横切ってゆく。
　――日本に戦争を続けさせる，などという巨大な運動の，第一歩にも入らない
ところで，すでに一友人の参加で動揺している。いやになりかかっている。高田
の理屈よりも，そんな自分に何が出来ようか。
　まぶたが落ちてくる。光は次第に強くなって来る。8月14日が明けかかってい
るのだ。朦朧と高田の声が鼓膜を鈍く震わせる。
　「しかしそういう企図自体にはおれも賛成するよ。間に合わないという焦りにも
一理はあるよ。……支障がなくて，しかも急速な運動方法がないかと，おれも考
えてみるよ」
　この言い方の中に，自分は高田が軍師役として呼ばれたとでも考えているよう
な自惚を感じ，何もかもばかばかしくなった。
　（中略）
○飯田の町に鬼気が漂いはじめた。これは半ば取壊した疎開の建物から発するも
のに相違ない。しかし飯田市全市民，二里外に退去せよという命令のために，そ
うでない町にも名状しがたい鬼気が流れている。灯のない町に凄味のある半月だ
けが美しく上がる。

15日（水）炎天
○帝国ツイニ敵ニ屈ス。

16日（木）晴・夜大雨一過
○朝9時全員児島寮に参集。これより吾々のとるべき態度について議論す。

滅ぶを知りつつなお戦いし彰義隊こそ日本人の神髄なり。断じて戦わんと叫ぶ者あり。

聖断下る。天皇陛下の命に叛く能わず。忍苦また忍苦。学問して学問して，もういちどやって，今度こそ勝たん。むしろこれより永遠の戦いに入るなりと叫ぶ者あり。

軽挙妄動せざらんことを約す。

○中華民国留学生数人あり。その態度嘲笑的なりと悲憤し，酒に酔って日本刀まで持ち出せる男あり，Kのごとき，真剣にこれを考えて余に手伝えという。断る。せめて死骸の始末を手伝えという。断る。悲憤の向けどころが狂っているなり。

○東久邇宮稔彦王殿下に大命下る。このあと始末には皇族のほかに人なからん。

○8月15日のこと。

その日も，きのうや一昨日や，またその前と同じように暑い，晴れた日であった。

朝，起きるとともに安西が，きょう正午に政府から重大発表があると早朝のニュースがあったと教えてくれた。その刹那，「降伏？」という考えが僕の胸をひらめき過ぎた。しかしすぐに烈しく打ち消した。ン本箱の通り静かだ。空さえあんなに美しくかがやいているではないか。

だから丸山国民学校の教場で，広田教授の皮膚科の講義をきいている間に，

「休戦？

降伏？

宣戦布告？」

と，3つの単語を並べた紙片がそっと回って来たときには躊躇なく「宣戦布告」の上に円印をつけた。きょうの重大発表は天皇自らなされるということをきいていたからである。

これは大変なことだ。開闢以来のことだ。そう思うと同時に，これはいよいよソ連に対する宣戦の布告であると確信した。いまや米英との激闘惨烈を極める上に，新しく強大ソ連をも敵に迎えるのである。まさに表現を絶する国難であり，これより国民の耐ゆべき苦痛は今までに百倍するであろう。このときに当って陛下自ら国民に一層の努力を命じられるのは決して意外の珍事ではない。

「最後の一兵まで戦え」

陛下のこのお言葉あれば，まさに全日本人は歓喜の叫びを発しつつ，その通り最後の一兵まで戦うであろう。これは僕の夢想していたいかなるカンフル注射の幾倍かの効果を現わすにちがいない。

日は碧い空に白くまぶしくかがやいていた。風は死んで，風越山にかかる雲も動かず，青い大竹藪はたわんだ葉をじっと空中に捧げている。玉蜀黍もだらりと大きな葉を垂れて赤い毛がペルシャ猫みたいなつやを放っている。暑い。

……11時を過ぎると，みなざわざわして来た。時計と広田教授の顔を見くらべては溜息をつく。ついに1人が立っていった。

第6章　私的に書かれた「語り」を読むこと　231

「先生，12時に天皇陛下の御放送がありますから，すみませんがもう授業をやめて下さい」

「承知しています」

と，教授は落ち着いたものであった。

「しかし，まだいいでしょう」

「いえ，ラジオをきくのに遠い者もいますから，どうか。……」

教授はしぶしぶと「薔薇枇糠疹」の講義をやめた。

教授はそのとき果してその御放送の内容を感づいていたであろうか。また学生も予感していたであろうか。学生のききたがっていたのは，その内容よりもむしろ生まれてはじめてきく天皇陛下の御声であった。

教授も学生もことごとくソビエトに対する宣戦の大詔だと信じて疑わなかったのである。

1人が例の紙片を書いた張本人をつかまえてやっつけている。

「どうして休戦なんて書いたんだ。今やめれば，サイパンも沖縄も硫黄島もとられっぱなしじゃないか。そんなことになれば大騒動が持ち上る。宣戦布告にきまってるじゃないか！」

降伏などは論外においたけんまくである。

白い日盛りの道を僕達は寮に帰った。道には砂けむりをあげながら，近郷へ家財を運び出す大八車の群がつづいていた。世間は昨日と同じであった。

途中，ふと大安食堂をのぞいてみたら，安西と柳沢と加藤が中でラジオを囲んで座っていたので，僕も入った。

「天皇陛下の御声ってどうだろうな」

「東海林太郎とどうかね」

そんなことをいって4人は笑った。東海林太郎が先日この町の劇場に巡演に来ていたからである。中華民国留学生の呉が入って来て，煙草を巻くから糊の代りに御飯粒をくれとおばさんに頼んでいる。

12時が近づいて来た。4人は暑いのを我慢して，制服の上衣をつけた。加藤などはゲートルさえ巻きはじめた。

呉は椅子に座って僕達をモジモジと見ていたが，急に風のように外へ出ていった。僕達のやることを見ていて，素知らぬ顔でランニングシャツのままでいるわけにはゆかないし，さればとて改めて空ぞらしい芝居をする気にはなれなかったものと思われる。僕は彼に同情を感じた。

加藤の腕時計は12時をちょっと回った。ラジオはまだ何も言わない。が，遠い家のそれはもう何かしゃべっている。……おじさんがあわててダイヤルをひねった。――たちまち1つの声が聞えた。4人はばねのごとく立ち上り直立不動の姿勢をとった。

「……その共同宣言を受諾する旨通告せしめたり。……」

真っ先に聞えたのはこの声である。

その一瞬，僕は前身の毛穴がそそけ立った気がした。万事は休した！

額が白み，唇から血がひいて，顔がチァノーゼ症状を呈したのが自分でも分った。

ラジオから声は流れつづける。

「……然るに交戦已に四歳を閲し朕が陸海将兵の勇戦，朕が百僚有司の励精，朕が一億衆庶の奉公，各々最善を尽くせるに拘わらず，戦局必ずしも好転せず，世界の大勢また吾に利あらず。……」

何という悲痛な声だろう。自分は生まれてからこれほど血と涙にむせぶような人間の声音というものを聞いたことがない。

「加うるに敵は新たに残虐なる爆弾を使用してしきりに無辜を殺傷し，惨害の及ぶところ真に測るべからざるに至る。而もなお交戦を継続せんか，ついに我が民族の滅亡を招来するのみならず延ては人類の文明をも破却すべし。かくの如くんば，朕何を以てか億兆の赤子を保し，皇祖皇宗の神霊に謝せんや。……」

のどがつまり，涙が眼にもりあがって来た。腸がちぎれる思いであった。

「朕は帝国と共に終始東亜の解放に協力せる諸盟邦に対し遺憾の意を表せざるを得ず，帝国臣民にして戦陣に死し，非命に斃れたるもの，及びその遺族に想を致せば五内ために裂く。……」

魂はまさに寸断される。一生忘れ得ぬ声である。〔以下16頁続くが略〕（316-321頁）

8月15日には1行しか書けなかった反動のように，翌日の日記はドラマチックな小説のような描写から，天皇の玉音放送，そして鈴木首相の内閣告論全文や割腹した阿南陸相の遺書までが引用されている。しかし，ラジオ音声を聞いただけで，ここまで正確な文章がその翌日に書けるものだろうか？　おそらく翌日の新聞に載ったものを書き写したのであろうが，実際の日記はノートブックに筆記で書かれたもののようであるから，後に出版する際に修正や補足がなされなかったとはいえないだろう。言論統制や怪しげな情報が溢れていた状況の中で，医学生山田誠也は状況に懐疑的なまなざしを投げながら，戦争の推移をかなり冷静に推測していた。

このような文章を書いていること自体，当時は危険視されていたことを考えれば，この日記は友人にも読ませることなく，密かに書かれていたのであろう。

いずれにしても，国民すべてが命を懸けるつもりでいた戦争が，このような

第6章　私的に書かれた「語り」を読むこと　233

形で終ったという事態は，通常の日常生活世界の平凡な時間の継続とは異なる特殊な状況である。しかし，そのような共同体の崩壊という稀有な共有体験も，その受け止め方は，集団においても個人においてもさまざまであったことをこの「日記」は示している。

　注意して読むと，敗戦前と敗戦後の文体上の変化がいくつか発見できる。顕著なのは，一人称から「僕」が消え「余」，あるいは「吾々」のみになり，文章は元々基本的には文語調なのだが，時折混じった口語体が会話部分に限られる。この「余は…せり，日く云々」という古風な文体と，会話の効果的な生々しさは，この「日記」の魅力でもあるのだが。

10月1日（月）　快晴
○午前中，岡村周諦『生物学精義』を読んだり，リラダンの短編を読んだり。
○午前松葉と2人でまた今宮様裏の城山に登る。今宮神社に「帰還御礼，25歳男」と書いた細長い木札が立てあり。
　山上の雄渾壮美の大景観。夕日に霞む重畳たる赤石山脈，光そよぐ白すすき，ひろひろと鳴く虫の声。
　茶店に寄る。きょう朔日で参拝客多く，茶菓子（漬物なり）なし，売り切れましたと婆さん大いに恐縮したが，梨半分を切って茶とともに供す。
　「悪いなあ……気を悪くせんようになあ，ほんとうにお気の毒でなあ」
　と，繰り返しいう。
　秋風青く大いなる山上，六畳一間に萱の屋根，土作りの竈に赤銅の大茶瓶かかりて赤き火チロチロ燃ゆ。白雲悠々去りまた来るの景，われらもいつかかかるところに庵を結びて晴耕雨読の日月を送りたしと，2人ガラにもなき殊勝なる気を起す。
　「婆や，お茶くれえ」
　と入り来れる一老人に，また茶菓子なきことを詫びたるのち，婆さんひとりごとをいう。
　「負けるって情けないことじゃなあ。のう，こんなことがありますかい。——何しろ今まで負けたことがないんじゃものなあ。……昨日の新聞の天子様のお写真はどうです。あの，敵の大将と一緒の……お可哀そうになあ，あんまりウツリもよくないに。……」
　1円置きて去る。
　（中略）

今，日本は完全なる罪人となれり。悪なるがゆえに破れたりと全世界より断ぜられる。されば戦争中の宣伝に関して，その荒唐なりしを笑わるれど，明白なる敗戦の一因は，宣伝戦の未熟なりしにあらざるか。敗るる以前すでに日本は世界の敵と目されたり。余は国家間のいわゆる正義を認めず。負け惜しみにもフテクサレにもあらずして，国家間のいわゆる正義なるものは，実に浮雲のごときものと思うなり。而して日本は敗戦以前すでに連合国側の厖大なる宣伝機構に圧倒されいたるなり。

また戦争中の吾らの思想について想う。

戦争中われらは，日本は正義の神国にして米は凶悪の野蛮国なりと教えられたり。それを信じたるわけにはあらず，ただどうせ戦争は正気の沙汰にあらざるもの，従ってかかる毒々しき，単純なる論理の方が国民を狂気的決闘にかりたてるには好都合ならんと思いて自ら従いたるに過ぎざるのみ。

また吾らは，戦後の日本人が果して大東亜共栄圏を指導し得るや否や疑いたり。（戦争に負けるとは思わざりき。これ確信ありて敗北を思わざりしにあらずして，これを思うは耐えがたくして，かつそれ以後の運命を予想し得べくもなきにゆえに，われと目を覆いて必勝を信じいたるなり）さて勝つとして，日本人が，アングロサクソン，ソヴィエット，独，伊の各共栄圏の各指導民族と比して，果して遜色なきやと疑いたり。これ単なる科学力文化力のみをいうにあらず，その人間としての生地の力量に対する不安なり。詮じつめれば，日本人の情けなき島国根性なり。しかれども，吾人はこれに対してもまた，本戦争にともかくもカムシャラに勝たば，而してともかくも大東亜共栄圏を建設して，他の指導民族と角逐すれば，これに琢磨されて島国根性一掃され，闊達なる大民族の気宇おのずから養われんと思いいたるのみ。

数十年後の人，本戦争に於て，われらがいかに狂気じみたる自尊と敵愾の教育を易々として受け入れ，また途方もなき野心を出だしたるを奇怪に思わんも，われらとしてはそれ相当の理由ありしなり。

5時前山を下る。

夜，この6日，学生が大松座を借りて飯田市民を招待し，素人芝居をやらんとの企図に応ずるため，出演者の選択やプログラムの編成に関し相談会あり（417-420頁）。

改めて現象学の視線からこの「日記」をみると，自分の日々経験している日常生活世界と，戦争という経験的世界を超越した大状況，それを語ることは妄想的で構築的なドクサに陥るような，つまり人殺しや飢餓の現場としての戦場と，戦争の大義や玉音放送の声音のような言葉の接点がみつからないという問

題が立てられる。平和な市民生活が維持されている社会なら，通常は，世界は
そこまで緊張していないから，それは別々のものとして存在していて，人びと
はもっぱら日常生活世界を見て生きていることを不思議とは思わない。しか
し，1945年8月の日本では，現実に進行していた事態と，人びとが生きてい
ると思っていた世界とが見事に物理的にも精神的にも亀裂を露呈したので，生
き残った人びとは絶望感と混乱の中にありながら，同時に解放感や皮肉な愉快
すら味わっていたことをこの「日記」は記録している。

　さて，社会学における「日記」の利用という点で，ここでは現象学をそのま
ま使うのではなく，村上陽一郎の『科学と日常性の文脈』(1979)[11] にある「文
脈依存性」および「日常言語」と「理論言語」の区別という概念を借りて，社
会学が「日記」をどう料理できるかを考えてみたい。村上は近代科学が作りあ
げた正確で一義的な「理論言語」と，人びとが日常生活世界で使っている「日
常言語」を対比させて，このような説明をしている。

　　すでに述べたことから得られる自明の区別は，言わば「日常言語」と「理論言語」
　の定義に由来する特徴でもある。それは，これらの言語系を共有する「共同体」
　の大きさの問題である。日常言語の内実をどのように捉えるのであれ，これまで
　の記述の筋道に従えば，それを共有する「共同体」，すなわち「われわれ I」と呼
　んできたものは，最も規模の大きな共同体である。この共同体——いかなる言語
　圏，いかなる文化圏における共同体であるかは問わず——に属しないで，人間と
　しての「われ」はどのような形においても存在し得ない，という意味で，すべて
　人間は，この種の共同体の一員である。「日常言語」とは，そうした共同体におい
　て成立している言語であり，そうした共同体を成立させている言語でもある。
　　他方，「理論言語」を支える共同体，「理論言語」が成立させている共同体は，
　そうした日常的共同体の内部に包含されている，より小さな共同体であると言う
　ことができる。繰り返すまでもなく，そうした共同体の構成員としての一人一人
　の個人は，日常的共同体としての「われわれ」の一員である「われ」であると同
　時に，「理論言語」を介して生れるより小さな共同体としての「われわれ」の一員
　である「われ」でもある。
　　第2に，「日常言語」においてもちいられる概念，用語に関しては，すでに一瞥
　した如くその意味規定は曖昧であり，多義的である。例えば，「ムシ」という日本

語は，単に昆虫のみならず，甲殻類などの節足動物全般から，場合によっては腔腸動物や原生動物，あるいは逆に爬虫類などまで，きわめて曖昧な適用範囲をもっている。それは豊富な「孕み」をもっており，さらに，それを成り立たせている他の概念群との間の有機的連関も，多義的，曖昧，陰伏的である。

　これに比較して，「理論言語」における用語は，その用法と，他の用語群との間に成立する有機的連関とが，比較的はっきりしており，一義的，と呼ばれ得る状況に近く，ときには完璧に明文化されてさえいる。

　このことは，別の言い方をするとこんな風になる。ここですでに導入した「潜性」〈disposition〉の概念をもう一度考えてみよう。潜性とは，例えば「砂糖の白さ」という性質に対する「水溶性」といった性質を指すことになっている。砂糖の「白さ」は，見れば判るが，砂糖の「水溶性」は見ただけでは判らない。砂糖の「水溶性」は，砂糖を水に漬けてみる，という特定の状態もしくは条件下に初めて，見れば判るものとなる。言って見れば顕性化される。そこでこの「水溶性」のような，ある特定の条件を規定されたときに初めて姿を現す性質を「白い」というような通常の性質と区別するために，「潜性」という言葉が使われたのであった。

　実はこのような区別は，単に便宜的なものに過ぎないものであることも指摘した。何故なら，砂糖の「白さ」と言っても「通常の可視光線の下で，通常の視覚を備えた人が見たとき」に初めて，それは見れば判る性質となる，つまり顕性化されるのであって，その意味では，「白い」もまた，立派に「潜性」ということができるからである。それゆえ，通常の「性質」と「潜性」との間の区別は，実体的substantial な意味を持たないことには気をつけておかねばならない。

　むしろ，もっと積極的な言い方をすれば，ある言語系内のあらゆる用語は，すべて，「潜性的」なのであった。第1章での「文脈依存性」という概念はそこにも立脚していた。「灰皿」はある文脈のなかで，ある「場」のなかで，初めて，「灰皿性」を露わにする。つまりは，しかじかの条件の下で，初めて「灰皿」は「灰皿」である，というこの事実は，「灰皿」が「灰皿」であることもまた，「潜性」の定義に叶うものであることを示しているのである[12]。

　「語り」の文脈を形づくるのは共同体の「日常言語」の自明性，成員にとっては言語化する以前に自明な，しかしどこまでも曖昧で多義的な概念を含む言葉である。『戦中派不戦日記』に記された言葉の半分は，見れば判る「砂糖の白さ」として捉えられたものであるが，それと並べてもうひとつの「理論言語」，見ただけでは判らないが厳密で一義的な意味をもつ狭い共同体の言葉を使って，世界をなんとか捉えたいという強い欲求を示している。それは硬質な文語体の属する世界，日本の伝統文化のなかで知的エリートを指向する「理論

第6章　私的に書かれた「語り」を読むこと　237

言語」への指向を示すのだが，空腹や貧乏という物理的困難以上に，彼の苦悩
の中心は「理論言語」を通じて対話できる確実な共同体を，この破滅した国家
のどこにも見出していないという焦りにある。しかし，この日記はきわめて冷
静に，目の前の人々の「語り」を収録している，という点で社会学的である。

12月17日（月）雨
○午後2時山陰八鹿着。バスを待ち4時家に帰る。暗澹たる冬空の下に群嶺の雪
冷たくひかる。刈田，水藻に青く寒し，夜雪。
○汽車バス中の物語断片。
　比島よりの復員兵の話。
　「わしたちは内地に帰って決して歓迎されるなんて，夢にも考えてはいなかった。
しかしです。こうまで冷たいとは思いませんでした。浦賀に帰って来てはじめて
聞いた声は，何だ案外肥っとるじゃないか，という言葉でした。わたしたちがフィ
リッピンで何を食っとったか知っとりますか？　東京へ行く電車の中で，若い女
が背中のあかん坊に，ほらあれが捕虜だの敗残兵だと教えとりましたが，わした
ちは降伏したんじゃないんです。5年でも10年でもやるつもりで山に立籠もった
んです。ロープばかりでよじ上らねばならんような山の中に陣を築いていたんで
す。先に参ったのは内地の方じゃありませんか。日本が降伏したときいてもわし
たちはほんとうにはせなんだものでした。後になって命令によってやっと下山し
ていったんです。わしはその女を殴り倒してやろうと思ったが，いやいや折角命
あって帰還したんじゃからと胸をさすってがまんしました。東京のあの女たちの
ザマはなんですか。アメリカ兵と手をつないで歩いている女どもに，フィリッピ
ンで片腕や片足を失った，いや死んでいった戦友たちの姿を一目でも見せてやり
たい」
　前の座席に座っていた女の人の話。
　「兵隊って可哀そうなもんですねえ。終戦前，私の家の近くに部隊が駐屯してい
ましてね。そこの将校さんたちったら，朝から晩までお酒をのんで騒いでいるん
ですよ。それあのに兵隊さんたちは，朝，昼，晩，こんな小さなムスビ1つづつ
なんですよ。初め近くの畑を荒らす者があって，そのうちそれが兵隊さんだって
ことがわかったんですがね。1日中材木をかついだりシャベルで穴を掘ったりし
てるんでしょう。それなのにあんなムスビ1つずつじゃあんまりひどいって——
何もこちらはいわなかったですよ。よくうちへもやって来て，色々食べさしてや
りましたがね，何とかしてあげなきゃ見ていられませんよ。兵隊さん，炊事には
なるべくお焦げをたくさん作るんですってねえ，それを自分たちで食うらしんで
す。それで将校さんたちの兵隊さんを殴ったり蹴ったりするったら，そりゃむご

たらしい。うちの子もあんな目に合っているんだろうか，ああああ兵隊にゃやり
たくないもんだって，みんな身につまされてましたよ」
　特攻隊生き残りという青年の話。
「軍隊もなかなかいいところがあるんですがね」
　姫路の若い男の話。
「チャンコロや朝鮮のやつら，シャクにさわりますなあ。いま列車でどんどん帰
国してるらしいですな。それが駅に停ると，ワッとばかり飛び出して駅前の店や
マーケットを襲って略奪してゆくんですよ。何しろ何百何千ってんだから，警察
も手が出せない。みんな血の涙流してくやしがってるんですがね」
　老人の話。
「今年や悪い年でしたなあ。戦争にまける歳なんていいことのあるはずがないが，
大雪，風は吹く，長雨はふる，地震は会う，大根なんて――あんなものでも，こ
としはいくら面倒見ても，こんなにしか実が入らなかったですな。負けるなんて，
実際何ちゅうこってすか，日本が負けるなんて，お上が勝つっちゃ，てっきり勝
つっちうことに――うんにゃ，戦争すりゃ勝つことに決めていたもんですがな。
ひどいことになりましたなあ。まるで地獄ですなあ。負けて，3か月，せめて半
年くらいの辛抱じゃ，みなそう思ってじいっとがまんしていたんですがな，まだ
このありさまじゃ，こりゃもうみんな死ぬよりほかはない」　　（517-519頁）

　この記述は，東京を離れて岡山の実家に向かう途中の車中で出会った人びと
の言葉を，そのまま拾って，いつものような論評を一切加えていない（付記・
ここには今日差別用語とされる表現があるが，歴史的記録として原文のまま引用し
た）。敗戦後の現実をその人なりの解釈を加えて饒舌に語る人たち。それはま
るで虚実取り混ぜた語りを採集した中世の説話集『今昔物語』のようでもあり，
またオスカー・ルイスが採用した「羅生門スタイル」，つまり敗戦直後の日本
社会のさまざまな側面を，複数の語り手のそれぞれ異なる視点で浮かび上がら
せる手法に近いものがある。それはもちろん医学生というよりも，後年人気小
説家になるこの書き手の才能によるところが大きいのだが，「日記」という形
でその文章の作為性は少ないと考えてもいいのではないか。
　ただ，この「日記」を歴史的なある一時点の生活記録として読むか，むしろ
文学的な自己表現作品として読むか，が問題である。それは書かれたテキスト
そのものが意図しているわけではなく（後年作家になった人間が書いた日記で

あっても，書かれたときの動機はもっぱら自分のためだけの記録だった），読む者の態度と村上陽一郎のいう「日常言語を成立させている共同体の文脈」にかかわるだろう。あの戦争を直接には経験していない者には，すでに戦後の日本が平均的に形づくって来た戦争時のイメージのステレオタイプ（言説空間）が内面化されている。それは歴史認識としての「理論言語」によって構築されていたのだが，「日常言語」の「語り」をフィクションとして，あるいはフィクションに近い形で言語化・文章化する文学作品とその鑑賞は，それゆえに多義的で曖昧な解釈が許される世界である。しかし，社会科学としての社会学という立場から「日記」を扱うとすれば，意識的に「日常言語」をその時点の「共同体の文脈」に沿って読まなければならない。と同時に，「理論言語」から導かれる仮説に適合的な部分だけ抜き出して，これを「理論言語」の材料に変換することの危険にも慎重であるべきだろう。

4　応用問題　ある手記

　あるときある場所で，現にそこに生きていた一人の人間が，ある出来事を個別的に体験する。その体験の内容と記憶は，ほとんど無限に揺れ動く多様性を孕んでいて，ほんのちょっと前，三〇分前の出来事すらも，変化する現在の前で過ぎ去っていく記憶に変わっている。われわれが生きている社会に「動かしがたい現実」というものがあるのだとしても，われわれが捉えることのできるのは，十九世紀的客観主義・実証主義的な，唯一の現実というようなものではなくて，物事のある側面をある視点から眺めてそこに見えてくるものにすぎない。それはその当人にとってすら，一貫した不動の体験などではなく，多様で曖昧な，つねに確認しなければ消えてしまうようなものである。

　「日記」も「手紙」も，ある出来事が生起しているリアルタイムの経験ではなく，それがおこった後で（たとえ一分一秒後でも），反省的に想起して書かれたものである。あるいは，その行為の現在は文字を書いているという時点であって，書かれた語りの内容はつねに事後的，場合によっては遠い過去や，ありえなかった夢想ですらありうる。「インタビュー記録」のように，インタビュ

アーがある出来事についてインタビュイーの想起を引き出し，そこに特定の事実の証言や検証を求める，というのは，少々無理なことをやっているのではないか。一義的尺度で測定した数字数量データの場合と異なり，「自然言語」の「語り」である限り，恣意的な読み替えや変換が避けられない。そこのむしろ積極的な意義を見いだそうとする生活史研究は，「語り」をそのまま提示するか，それに一定の解釈を与えるか，あるいは切片に切り刻んで再構成するか，どのような処理を施すのか？

　ここまでかなり長い引用を通じて，「手紙」と「日記」の具体例を追ってみたのだが，もうひとつ「手記」あるいは「自伝」に属する「語る文章」をあげてみたい。これはごく最近書かれたものである。2011 年 3 月の東日本大震災の被災地のひとつ，宮城県気仙沼市のある企業の従業員（工場長）で，津波の被害で自宅を流され，妻と両親を失った K 氏の「手記」である。この場合も，大災害の被災者という，平凡な日常生活の中ではありえない特殊な事態の中で経験したことを，少し時間をおいた時点で反芻しながら書かれたものである。「日記」ではないが，大震災発生時から数日間の出来事を，できる限り念入りに記憶をたどって書かれている。

K 氏の『追想』[13] より

3 月 11 日の出来事 1　(会議中の食堂で)〔2011.06.20 記〕

　2011 年 3 月 11 日，14 時 46 分。私はじめ幹部（本社機能除く）は，食堂にて，月 1 回の定例である "課長会議" の開催中に大地震に遭遇しました。

　食堂は工場のなかでは，長机と椅子しかない様なところですので，遭遇した場所としては比較的安全な場所での遭遇でした。

　しかし，これまでに経験したことのない揺れの大きさと長さ…。揺れている最中に蛍光灯が消え停電になったことを認識し，本来であれば，そのまま収まるはずが，更に揺れが大きくなり，食堂に設置したばかりの，地デジ対応の 42 インチの薄型テレビが今にもテレビ台から落下する様な暴れ方の勢いに，逃げることも出来ず，その時の私の行動はテレビを押さえて落下を防ぎ，揺れが収まることを待つしか出来ませんでした。

宮城工場は年1回，初冬に防災訓練を行っています。この2年位は，地震も想定した訓練を行っており，社員の揺れが収まってからの行動は，訓練そのものでした。

火もと点検・始末を行ってから，全員がトラックターミナル前に集合し，各部門毎に点呼を採り，総務課長に部門毎に全員無事であることを報告，全ての部門・社員が怪我等なく，無事が確認できた時点で私に報告があり安堵しました。

訓練であれば，その後，訓練結果の総評を行い，自部門に帰って仕事を再開するのですが，今回の大地震では，訓練では予想していなかった事態に遭遇し，その判断，指示が，工場責任者としては，その後，精神的に追いつめられる結果となったのでした。

「こんな状態で仕事は出来ない」「家族が心配だ」「大津波警報が発令した」等の意見があいつぎ，"帰せコール"になったのです。

この記録が貴重なのは，ある一日の出来事を三ヵ月後に丁寧に繰り返し確認するように回想しているところにある。人は通常，一日の出来事をすべて記憶しているわけではない。とくに印象に残ることがなければ，大半は時間の経過と共に忘れていく。ところが大震災と大津波という激烈な出来事が起り，その後の非日常的世界を生きることになったK氏は，精神の動揺や避難生活上の対応に追われた後，やや落ち着きを得たときから，あの一日についての記憶をたどってこの文章を書きはじめる。K氏は職場の管理責任者という立場にあったので，まずは自分の職務上の判断を回顧していく。

3月11日の出来事2（帰せコール）

「こんな状況で仕事はできない」「家族が心配だ」「大津波警報が発令した」等の意見があいつぎ，"帰せコール"になったのです。

確かに，大震災以降は停電したままですので仕事は出来る状況ではありませんでした。しかし，すぐに帰して良いのかどうかの判断は悩みました。

私たち，地元の人達は，大きな地震＝津波の連想は，これまでの伝承・教育，経験からは容易に想像出来ます。

私としては，津波襲来に対し安全なこの工場から出ることは，非常に危険だと思っていましたが，"家族を思う帰せコール"を押さえられることが出来ず，短期に決断した結果は，"帰っても良いが以降は自己責任・判断にて"という様な言葉だったと記憶しています。更に，国道を通ることは危険だぞ！　まで言った記憶

があります。

　この時点で，正直，私には"家族が心配，帰らなければ"とかの考えはなく，とにかく，"現状を把握し本社に連絡しなければ！"しか考え尽きませんでした。

　更に言えば，津波の連想は出来たとしても，まさか，我が家が流出する様な大きさの津波が襲来することは予想すら出来ませんでした。

　「帰る際に総務に連絡してから帰る様に」との呼びかけも行った記憶がありますが，事態は深刻で状況が刻々と変わり，一度，国道に出かけた社員が，鉱山跡地の土石流や津波に遭遇し戻ったり，その後，山道へ迂回して帰路にトライした社員がいるなど，結果的に誰が，いつ，帰路についたか？　把握すら出来ず，時間が経つにつれて，社員の数はどんどん減っていくのでした。

　本社，家族に連絡が取れない。固定電話は停電につき不通，頼みの綱が携帯電話になるのですが，今回，携帯電話ですら役に立たない状況を目の当りにしたことはありません。別途，記述しますが，携帯電話であれ，通信と電気の密接な関係を改めて実感した大震災でした。

　まずは外部との連絡を取らなければならないが，携帯電話，固定電話が役に立たないという事態に大きな不安が高まっていく。そしてテレビが伝える各地の津波の映像。

3月11日の出来事3（津波の映像と携帯不通）2011.06.27 記

　とにかく，連絡がつかない，状況がつかめない。

　そのような中での私の行動は，駐車場から自分の車をトラックターミナルに移動し，エンジンをかけながら車のTVでNHKのニュースを見ることでした。

　画像の順番は違っているかも知れませんが，目に飛び込んできた映像は，

1）仙台市か亘理町か定かではありませんが，仙台平野に津波がどんどん襲来し，家や車などを呑み込み，がれきと共に田畑を喰いあさっていく映像。

2）気仙沼湾の魚市場付近でフェリーがまるでおもちゃの様に航行不能状態で津波に流されている状態。その奥には，商工岸壁にあるはずのM石油タンクが流されている映像。

3）気仙沼湾の一番奥の船着き場にある市営駐車場の3階まで津波が押し寄せ，その上の屋上に人が立ち往生している映像。

　特に2）3）の映像は見慣れた地元のショッキングな映像でしたので，「ウソだろう！　えー！」って言葉に出たかどうかは定かではありませんが，絶句と共に，

第6章　私的に書かれた「語り」を読むこと　243

初めて，家族，社員の安否が心配になり，K次長とかと，携帯電話での家族や本社への通話トライが続くのでした。

　大震災直後の携帯電話の不通は，電話を掛ける人が殺到し，電話会社が回線を規制したことによるケースで，震災地だけでなく，多くの国民が地元や家族や知人の安否を確認したくて経験したことだと思います。

　その状態であれば，粘ればつながる可能性はあります。

　実際，大震災直後，本社にも何度か通じ，社員を帰した等の簡単な報告を行った記憶がありますし，女房の携帯にも何度もかけた結果，「混み合っているのでおかけ直し下さい」のコールではなく，時々，通話を試みて，「電波が届かないところか電源が入っていない」のコールになった時があり，その時は，「まずいかも…」と最悪の状況はよぎったことを記憶しています。

　まだ，この時は粘ればつながるとの感覚しかなく，粘ってつながった人は，家族等の安否も確認出来た人もいると思います。

　しかし，その後，陸の孤島と化し，更にはガソリンが手に入らず，通信の妨げになるとは，ほとんどの方が予測できなかったし，被災地から離れている方は，被災地でどのような状況に陥っているかも把握できなかったと思います。

　ガソリン，電気，交通の寸断，寒気への対応，なによりも携帯電話の再開にかろうじて期待をつなぐK氏。しかし，携帯電話のアンテナは立たない。

3月11日の出来事4（携帯電話と電気）

　時間が経つにつれ，周りが暗くなってきている中で，携帯電話がつながらない新たな問題に直面してきたのです。

　携帯電話のアンテナが立たない状況になってきたのです。

　電話をかける人が殺到し，携帯電話会社が回線を規制だけであれば，アンテナが立てば，電話は無理だったとしても，メールとかでのやりとりも出来たはずです。（私も残された家族とは当日でも多少メールのやりとりできました）

　私の携帯はdocomoですし，工場の携帯（グループ間は一定料金）も，docomoで契約しており，ある時，工場内はdocomoのアンテナが弱いと苦情を出したところ，会社の目の前に，まるで当工場のための中継局を設置してもらった経緯があり，docomoの携帯はバリ3状態だったのです。ところが震災から時間が経つにつれ，アンテナが立ちづらくなり，ある時間帯は，唯一，事務所前の受水槽付近の1か所のみ，弱い状態ながらつながる状況でしたが，寒さも厳しくなり，そこに立っていること自体つらい状況になり，会社のステップワゴンをそこに移動して車内で試行してみたりもしましたが，窓を閉めただけで圏外になる様な弱い信

号レベルだったのです。

　考えてみれば，携帯電話の中継局だって電気で機能しているのです。中継局の規模によっては，蓄電池等で数時間は機能していた中継局があり，工場の目の前の中継局はあっという間に機能を失い，もっと離れていた中継局に電波が弱い状態でつながっていたと思われます。

　ここまで記述すれば想像できると思いますが，停電復旧の見通しが全然立たない状況下，工場で唯一つながっていた場所においても，圏外になるのは時間の問題でした。

　更には，携帯電話の充電切れ！　停電状態につき充電が出来ない！

　確か，車内にシガーライターから充電出来る充電器があったはず！　って探しましたが…。「アー，女房の車か！…」

　このような震災時，電池とか車から携帯電話に充電できる充電器が必需品であることを思い知らされました。(但し，アンテナが立たなければ意味ありませんが…。)

　比較的高台にあるＫ氏の勤務先と海に近い自宅は1.5kmほどの距離で，さほど遠くはないのだが，海岸方面は津波の危険で近寄れず，車で動くのも控えた。なにより，Ｋ氏には工場を預かり従業員たちを保護する責任が優先していた。だからこそ，家族との連絡は携帯電話がつながることだけが希望だった。この時点で，自宅が津波に流されているとは想像もしていない。海に近いといっても，海岸からは離れた場所で土地も少し高くなった場所だからだ。

　3月11日の出来事6　(避難場所での一夜)

　3月11日に戻ります。

　暗くなり，小雪が舞うきびしい寒さ，継続的に余震が続く中，当工場の避難場所として，正面玄関を入ったロビー(すきま風が入るが直ぐに外に避難できる場所)がおのずと避難場所になり，食堂の椅子や机，石油ストーブ，毛布等を準備し，一夜を過ごすことになりました。

　社員で残ったのは10名いなかったと思います。近所の方々が場内の車の中や外で避難している方もいて，その方々もロビーに案内しました。それでも若い方は車内で，お年寄りの方々がロビーに避難したと聞いています。

　暗くなる前に，災害時の非常食をロビー付近に準備しており，女性社員が手際よく，暖かいコーヒーや非常食の炊き出しを行い避難している方に提供し，長～い，暗～い，寒～い，一夜が始まるのでした。

　後で聞いた話ですが，初日，2日目あたりの一夜の避難状況は避難場所によっ

て雲泥の差だったらしいです。

当工場の避難場所はすきま風は入るも，暖をとることができ，食事も不自由なく取ることができたのです。

陸の孤島化（海水が引かない）した避難場所においては，本来の避難場所であっても，避難用物資が津波で流出したりで，津波に遭遇し紙一重で生きのびても，津波で濡れた衣料を着替えることも出来ず，食事もままならず，せっかく地震，津波で生きのびても，高齢の方々の中には，あの厳寒の中，体力・気力が追従できず，その後に避難場所で亡くなった方も多かったと聞きました。

工場の中で一夜を過ごした社員において，避難所として唯一の欠陥は家族の安否の確認ができなかったことでした。そのような中，社員のM母子と犬1匹が，無事が確認できた家族として避難していました。

M君が母を捜しに山道経由で自宅付近まで行き，偶然的にもその日に犬と一緒に避難した母を見つけ，工場に避難してきたのでした。

その当時，まさか私が5月の連休まで，M母子においては7月上旬までという長い期間，当工場での避難生活が続くとは夢にも思わなかったことでした。

不安のうちに避難した従業員家族とともに工場のロビーで一夜を過ごしたK氏は，翌朝意を決して連絡の取れない自宅に徒歩で向かう。

3月12日の行動3（予想を遥かに超える津波）

自分の目で確かめるしかない！

車でどこまでいけるか分からなかったし，避難所の中学校から自宅までは1.5km位の距離なので，徒歩で向かう途中，近所で仕出し料理を営んでいる同級生に会い，家族は中学校に避難し無事だったが，自宅も店も流され，跡形もないという話を聞きながら，国道を横切り，岩井崎（吹き上げ岩で有名），御伊勢浜海水浴場の方向に向かうのですが，JR気仙沼線の踏切を渡る時，南側（工場がある本吉側）の線路が津波で流出している光景を見るも，その後の明戸町（この地名はいずれ後で出て来る予定です）の直線道路の両側の家は何ら普段と変わらない光景に違和感を覚えながら自宅を目指すのですが，その直線の半分位から津波によるがれきが見えはじめるも家は残っているのです。

ところが，直線が終わり緩いカーブを過ぎれば我が家，あと300m位のところに瓦屋根の半壊した家が道路のど真ん中に陣取り…。大人になってからは歩いたことがないガキの頃の遊びに使った裏道をがれきをかき分けながら進むと，光景が一変しました。

あるべき家がほとんどないんです。あっても1階は無残な状態，そして，海が近いんです。今まで家が沢山あったところが，がれきと海というか泥沼というか，

その中でK高校と全漁連の倉庫だけが異様な姿で持ち堪えていた光景でした。

この時点で，我が家も流出している状況は認識したのですが，信じることができず，本来，車で我が家に行く市道も流失し，水も引いていないので，裏を通り，瓦が散乱している近所の畑を通り，自宅（の基礎しか残っていない）へたどり着きました。あるべき物が何もないんです。そしてある訳がない物があるんです。我が家の庭に，小型の漁船がひっくり返っているんです。

"おらいまで（津波が）きたら気仙沼は終わる"とよく言ってたんですが，それが現実になってしまったのです…。

"Y子！（女房の名前）～"大声で何度も呼んで見たのですが，聞こえてくるのは，生活感のない異常な静けさ中でのウミネコの鳴き声だけ…。

こういう時って，両親には申し訳ないのですが，大切な人の中でも，一番大事な人が優先されてしまうんです…。

我が家周辺の状況及び家族が地元の避難所に避難していない…。

絶望感が増す中，避難所に戻り，更に知人に手がかりを確認するも，手がかりなし。無事だった近所の方々の確認が出来る一方，行方不明の近所の方々の情報も刻々と入り，頭が整理されない状況下の中で，決断したことは，"女房の実家に連絡を取らなければ！"でした。

女房の実家は，一関市（旧室根村）で，我が家からは約30km離れている"山の中"にあります。

自宅と家族が流された跡を見て，茫然自失したK氏は気を取り直して，避難所に家族が避難していることを期待して探すが，みつからない。そこで妻の実家に向かう。

3月12日の行動（実家での出来事）

工場に戻る際，山道のルートを変え，大谷小・中学校付近の伯母（父の妹）の家に立ち寄り，伯母の家はギリギリで津波の被害を免れてあり，簡潔に家族が見つからない旨を話し，暖かい飲み物をご馳走になって出る時に，"これ持って行け！"って手渡されたのが，レバーをクルクル回して携帯電話に充電する充電器でした。

これは助かる！　ってお礼し工場に戻り，M君に，室根の実家に行き泊まってくるかも知れない，と留守番をお願いし，女房の実家に向かうのでした。

本吉町津谷を通り，道路はところどころ凸凹はあるものの，普段の風景と変わらない道路を走り，実家に30分位で到着しました。

直ぐ，庭先に義姉がいるのを見つけ，寄っていくも不審者が来た様な警戒顔（多

第6章　私的に書かれた「語り」を読むこと　247

分，髪ボサボサ，無精ひげだったから…）だったので，気仙沼のＫ！　って叫ん
ではじめて，私と認識してもらい，今考えれば，いままでしたこともない，義姉
と自然に抱き合い，"良かった！　大丈夫だったんだ！"の泣き声に，辛い事実を
伝えなければなりませんでした。

　"申し訳ね～！　Ｙ子が見つからない。じいちゃん，ばあちゃんも…"その瞬間，
義姉の体は脱力感というのか，崩れ落ちそうになり，泣き声が大きくなり，私は
涙を堪えて，お姉さんを抱き支えていることしか出来ませんでした。どの位の時
間が経ったでしょうか…。

　お姉さんも正気に戻り，自分の足で歩ける状況になり，庭先から自宅の中に入
ろうとした瞬間，私の携帯のメール受信の音声が鳴ったのでした。90歳に近い義
母への挨拶もそこそこ，携帯のメール受信の音声は私の頭脳を仕事モードに切り
替えるのでした。

　メールを受信したということはアンテナが立つ場所があるということ，工場で
経験したように，庭先のある地点のみ弱いですがアンテナが立ったのです。

　早速，本社の常務に連絡するも，途中で携帯電話の電池切れで中断…。クルク
ル充電器は回すも中々蓄電できず，直ぐに電池切れの状態。

　その時，近所のおじさんが尋ねてきて，奥さんが南三陸歌津で介護の仕事をし
ているが消息がつかめず，手がかりを求めて来たとのこと。

　"平成の森であれば，あそこは高いですから大丈夫だと思いますよ，ちょっとこ
れを回してもらえないですか？"ってお願いし，その間に，何とか常務に連絡し，
女房の実家にきて，やっと携帯がつながった状況やワコーさんとの連携にて製品
出荷の実現性を説明し，本社からは上海工場からＥ総経理と出向組３名が翌日（13
日）に東京の空港に到着し，その日に気仙沼出身社員と合流し，レンタカーで宮
城に目指すことを知り，相変わらずのＥ総経理のレスポンスの早さに驚くと共に，
無事に気仙沼までたどり着けるのか？　ルートがあるのか？　心配だった記憶が
あります。携帯を切り，クルクル充電器の回すのをやめてもらったら，即座に充
電切れの状態になるのでした…。

　記録はさらに続くが，引用はここまでにしよう。

　東日本大震災という出来事は，被災の範囲もそれがもたらした被害の量と質
も，非常に広く多様であった。被災者と一言でいうけれども，その時どこにい
たか，どういう行動をとったかは，一人ひとり異なり，それが生死を分けたよ
うな事例は多数報告されてきた。Ｋ氏の手記もそのひとつである。これが「日
記」や「手紙」と異なる点は，３月11日とその翌日というごく短い時間の経
験を，何度も繰り返し点検するように回想し文章化している点と，この経験が

自分だけの内にしまっておくものではなく，誰かに語り文章にすることで出来事とそれに対する自分の態度を，質的に転換することになる，と考え始めた時からK氏にとって大きな意味をもったということだろう。

おわりに　私的な「語り」を読む，ことの有効性

　近代の自然科学は，感覚知覚で経験が捉えたものをただ自然的な言葉で理解することをやめて，もっと精密で一義的な概念を定義し，論理・実証的手続きによって，世界を根底から把握し説明しようとした。それは確かに誰もが「見れば判る」ものではなくて，対象がもつ固有の特徴・性質を分析し，要素相互の関係を考究し解明することで「判る」ことを目指した。その「理論言語」がさまざまな現象を説明し，それをもとに工学的応用技術が自然そのものを人間が操作的に改変することにある程度成功したので，社会科学も「自然言語」から「理論言語」への転換を行えば，複雑な社会現象を説明し，改変することも可能になると考えた。

　20世紀の社会学は，この流れに沿って近代科学の土俵にのぼり，統計から数量的社会調査へ，人間の社会的行動を精密に測定し分析できるという見通しの下に，技法の洗練を追求する一方で，日常生活世界を生きている自分を含む「自然言語」が語る世界に，こだわってきた。社会学における「理論」というものを考えてみれば，一方の極にエレガントでシンプルな数学的数式記号と数量データが想定されると同時に，他方の極に変幻自在でどろどろもやもやした混沌「自然言語」の世界がある。後者はそのままでは「理論」とは呼べないので，生活史研究による社会学者はインタビューを武器に，しつこく言語データからなんとか「理論」にまで辿り着こうとする。

　でもこうしていくつか「手紙」や「日記」や「手記」の具体例をみてくると，次のハイデガーの『存在と時間』の一節が，なにか意味ありげに蘇ってくるのである。

　　「Das Gerede おしゃべり」という表現は，このばあい非難する herabziehent

第 6 章　私的に書かれた「語り」を読むこと　249

こきおろすという意味で用いられているのではない。この語は，術語的には，
日常的現在の了解の働きと解釈の働きとのあり方を構成する，ある積極的な現象
を意味する。語り die Rede はたいていそれ自身言表されるし，またすでにいつも
発言された。語りは〔そのばあい〕die Sprache 言葉なのだ。そこでは言表された
ことのなかに，そのつど既に了解されたことと，その解釈とが潜んでいる。
Ausgesprochenheit 発言されたこととしての言葉は，自分の中に現存在のもつ了
解の ausgelegtheit 解釈を秘めている。この〈解釈されている〉ことは言葉と同様
に，もはやたんに目の前にあるだけのものではなく，その存在はそれみずから現
存在的なものだ。この〈解釈されてあること〉に現存在は，さしあたり，またあ
る限界内で，いつでも引き渡されているのであって，それが，〔誰にもあるありふ
れた〕平均的な了解の働きとそれに属している情態の可能性とを，調整しまた区
分している。発言されたことは，それが分肢した意義の諸連関の全体のうちに，
開示された世界の了解の働きと，それと根源を等しくして他人の共同現存在，お
よびその都度の自分自身の内・存在の了解の働きとを守っている。このように発
言されてあることの中に，すでに託された了解は，かつては到達し受け継がれた，
存在するものが die entdecktheit 見いだされてあることにも，同じく存在について
のその都度の了解にも，新たに手がけられている解釈や概念的な分節のために自
由に処理できる可能性や視界にも，該当する。しかし現存在のこの〈解釈されて
あること〉という事実へのたんなる der Hinweis 指摘を超えて，いま，話された
しかつ話されている語りの実存論的なあり方が問われねばならない。そのあり方
が，目の前のものとして解されないならば，語りの存在とはいったいどんなもの
であり，また語りの存在は，現存在の日常的なあり方について，原則的にどんな
ことをいうのだろうか。
(M. ハイデガー『存在と時間』中，原著 1783 年，桑木務訳，ただし訳文は筆者が
若干変えている。1961 年，岩波文庫，83-84 頁)

ハイデガーがここで「存在」「現存在」「実存」などという言葉で，何を示そ
うと試みているかは，相当に混み入った議論になるので，いまはただ「存在」
をこの世界に「あるもの＝存在者」と「あるということ＝存在」とを彼が区別
して扱うべきだと言ったことに注目しておきたい。近代科学では，「あるもの」
を物理的な実在とみなして，身体をもった人間をも含め客観性のもとに捉えら
れるし，それをあらしめている働きもまた「存在」に還元して理解できると考
えた，とするとフッサールが始めた現象学の視線は，それを方法の次元で根底
から批判する。ハイデガーもそこから出発して，「存在」に対して「現存在＝

250

人間」を持ちだして『存在と時間』の段階では,「存在とはいかなるものか」は,「存在」について手の込んだ科学の方法で探求すれば解明されるのではなくて,われわれはすでに日常世界を生きている中で知っている,とくに人が何かについて,あるいは自分について語ることの中に現れている。ただそれを見るわれわれの意識や態度が近代科学的な視野に毒されてしまっている,と述べたように理解してもよい(かもしれない)。

「手紙」「日記」あるいは個人の「語り」を,そのような角度から読み込むことができるならば,社会学という「社会科学の一領域」が対象とする事象にとっても,新たな相貌の下に見えなかったものが見えてくる,かもしれない。ただそれは,「日常言語」で語られたものを,そのまま並べれば「存在」が開示されるとは,とても言えない。

注

1) 実証科学的方法への傾斜が強い経済学や心理学では,仮説を検証する経験的データとは,統計的・実験的に厳密な手続きを経て得られた数量データでなければならず,そこから導かれる知見に,いかがわしい文学的ないわゆる「質的研究」のような方法を持ちこむことは,科学としての経済学や心理学を否定することだと考えるのも,それなりの歴史と根拠はあるのである。

2) 中野卓『商家同族団の研究 暖簾をめぐる家と家連合の研究』未来社,1964年。

3) B. G. グレイザー& A. L. ストラウス『データ対話型理論の発見——調査から如何に理論をうみだすか』後藤隆・大出春江・水野節夫訳,新曜社,1996年。

4) William I. Thomas & Florian Znaniecki, *the polish peasant in Europe and America*. Edited and abridged by Eli Zaretsky, University of Illinois Press, 1984.

5) W. I. トーマス& F. ズナニエツキ『生活史の社会学』桜井厚訳,お茶の水書房,1983年,83-84頁。この訳書は原著の一部と H. ブルーマーの「ポーランド農民」論(1939)の2作の桜井による抄訳を合わせたもの。

6) 訳に使用したのは,William I. Thomas & Florian Znaniecki, *The Polish Peasant in Europe and America*, Edited and abridged by Eli Zaretsky, University of Illinois press, 1984.

7) William I. Thomas & Florian Znaniecki, *The Polish Peasant in Europe and America*, Edited and abridged by Eli Zaretsky, University of Illinois Press,

第6章　私的に書かれた「語り」を読むこと　251

1984, pp.156-158.

8）W. I. トーマス& F. ズナニエツキ『生活史の社会学』桜井厚訳，御茶の水書房，1983 年，桜井厚「付論　生活史研究の課題」。

9）それには，このような原資料を大量に集めることが困難であることと，手紙，とくに個人の私信が頻繁にやり取りされ，それがまとまって保存されるような条件も失われたことが影響しているであろうし，通信手段も手紙から電話，ファックス，メール，SNS と変化した現代では，もはやこうした研究は不可能になるだろう。

10）オスカー・ルイス『サンチェスの子どもたち』柴田稔彦・行方昭夫・上島健吉訳，みすず書房，1969 年。同『ラ・ヴィーダ──プエルト・リコの一家族の物語』行方昭夫・上島健吉訳，みすず書房，1971 年。

11）村上陽一郎『科学と日常性の文脈』海鳴社，1979 年。

12）村上陽一郎，同上書，144-147 頁。

13）この手記『追想』は，K 氏が個人的に書いたワープロ原稿をパンフレットにしたもので，筆者が 2014 年 6 月に気仙沼を訪れた際，K 氏に個人的にいただいたものである。ここに，再録を許された K 氏に感謝する。

第7章

自明なことを凝視する先に
何が見えるのか
——エスノメソドロジー管見——

　人は或る動物が怒り，恐れ，悲しみ，喜び，驚いているのを想像することは
できる。だが望んでいるのを想像することは？　では，なぜできないのか。
　犬は自分の主人が戸口にいると信じる。しかし犬は，主人が明後日帰宅する
と信じることができるか。——それではこの場合，犬は何ができないのか。
——私の方はどうやってそれをするのか。——これに対して私はどう答えるべ
きか。
　話すことのできる者だけが，望むことができるのか。或る言語の使用に通じ
ている者だけが。すなわち希望の諸現象はみな〔話すという〕この錯綜した生
活形式の様態である（或る概念が人間の筆跡の特徴を目指したものなら，その
概念は書くことをしない存在者に対しては適用されない）。
（ルドヴィッヒ・ヴィトゲンシュタイン『哲学探究』2部1章，1976，174頁）

はじめに

　いかなる対象をとりあげて，どのような方法で研究を行うかは，いうまでも
なく研究者を志したものがまず直面する基本問題である。アカデミックな教育
機関の中で確立したカリキュラムなり，制度化された指導の下に研究者として
の訓練を受ける場合，その特定のディシプリン内部で標準的とされる方法とい
うものが大抵はあるはずである。自然科学の研究では，多くの場合，実験や観
察について踏むべき手続きや道具は決まっていて，しかも共同作業で組織的に
行われる研究が主流である。だから，研究者はまずはその手続きや道具を十分

第7章　自明なことを凝視する先に何が見えるのか　253

習得していることが必要条件となるだろう。さらに観測データや研究素材を取り扱う職人的な技能も要求されることがあるかもしれない。

　学術研究という活動は，一般には創造性独創性が求められるといっても，巨大化した科学研究内部では，研究テーマや方法の選定から研究計画，研究費の獲得執行からスケジュールまで，自分の意志で決められるのはトップの位置にある研究者だけに集中するだろう。仮にその研究の目的と手法を十分に理解し自分の能力と努力をそこに傾注したいと考える者が研究プロジェクトのメンバーになれたとしても，なすべき仕事の大半は与えられた課題を誠実にこなすことに終始するだろう。

　しかし，人文社会科学の研究の場合は，事情はだいぶ異なるはずだ。研究者の卵である大学院生でも，何を研究対象とし，どういう方法で研究するかは，かなり本人が決めることができる。もちろん指導を受ける立場で，師の立つ学問上の立場や方法を学習する以上，何をどう研究するか完全に自由ではありえないし，成果を判定する基準も気になる。だが，学習とはそういうものであるし，自然科学に比べれば，研究予算などたかが知れていてそのぶん制約は厳しくなく，相対的に自由度は高いといってもよいだろう。

　とはいえ，たとえば社会学の場合，研究を行うための最低限の条件として，単なる論文の書き方的なアカデミック・リテラシーは当然クリアしているとしても，その先の研究という行為の共通了解事項とはどのようなものだろうか？われわれはこれまで，社会学というディシプリンのなかで，意味のある知を獲得するにはいかなる方法論が有効なのか，という課題を立てていくいつか考察をしてきた。そこでの当面の見取り図は，コント以来この学問が，基本的には実証科学，そして物質的生産力を拡大するモダン社会の自己認識として，機械論的な物理学を頂点とする自然科学をモデルに，実証主義経験科学の方法を社会現象に適用する道を追求してきたとまず考える。しかし次には，この実証主義的オーソドックス社会学の立場に同意したくない一部の社会学者たちがいつもいて，彼らは，科学的方法の論理の一部は認めながらも，モノの世界を研究する自然科学と，人間が関与する社会現象の研究をする社会科学とは，対象に

向かう基本的な方法と態度において，別のものであると考えた。

この分岐が，ここでの議論のまずは入口である。

社会学が社会科学 social sciences のひとつであるか，という問いは，一応そういうものであると学生に教えることはできるが，少し正確に言おうとするとたちまち厄介なことになる。経済学や政治学や心理学など他の社会科学を称する学問領域の場合も，似たようなことはあり，それでも科学的に対象を分析するという方法論にかんして，社会科学者は数理と実証を武器に 19 世紀以来なんとか「科学」たらんとしてきた。モデルは自然科学の方法論である。精緻で専門的な知識を積み上げることにおいて，自然科学ほど確実なものはないのだから，社会科学もそれを追求するのは当然である，という意見は 20 世紀を通じて支配的になったといってもよいだろう。しかし，すでに 20 世紀の半ばに，当の自然科学について，その真理の探究の根拠を基礎づけようとする科学哲学での試みは大きな転換点に立っていた。

振り返れば，かの M. ヴェーバーも大きな影響をうけている 19 世紀末の新カント派[1]以来，自然科学と社会科学との間には研究対象の違いからくる方法論上の違いがあり，その独自性を主張する二元論的な見解はドイツで広く普及していた。たとえば，自然科学が実験観察により現象の因果的「説明」を目的とするのに対し，人文社会科学は直感による対象の内在的「理解」を重視する，という具合に異質なものとする。とくに「理解 verstehen」こそは人間科学の固有性を象徴するものであり，その「理解」の方法論として，ディルタイ以降の「解釈学」が提唱された。

この二元論的立場に対して，経験主義的な「統一科学」を目指す論理実証主義者たちは，科学の方法に二種類はないと考えて，自然科学とりわけ物理学の方法をモデルとしていた。すなわち，彼らは社会科学を自然科学の方法へと還元することは可能であり，そうすべきだと考えて，「科学の論理学」を推進した。科学哲学者野家啓一の要約を借りれば，20 世紀の科学方法論上の論争は，ほぼこれら 2 つの流れの間の対立と確執であったと言って大過ないという。とりあえず二元論における相違点について，野家はヘッセの指摘を整理して，自

第7章　自明なことを凝視する先に何が見えるのか　255

然科学の側から人文社会科学（人間科学という呼び方も行われた）とをわけ隔て
る一般的諸特徴として5点をあげている。

（1）自然科学においては，経験は客観的でテスト可能であり，理論的説明
　　　から独立だと見なされている。人間科学においては，データは理論と
　　　不可分であり，事実そのものも解釈によって再構成される。
（2）自然科学の理論は仮説演繹的な説明を産み出す人為的モデルであるの
　　　に対し，人間科学の理論は事実そのものの模倣的再構成であり，演繹
　　　的説明よりは意味の理解を目指す。
（3）自然科学においては，経験について主張される法則的関係は，対象お
　　　よび研究者の双方に対して外的である。人間科学においては，その関
　　　係は内的である。
（4）自然科学の言語は精密で形式化可能であり，それゆえ意味は一義的で
　　　ある。人間科学の言語は救いがたく多義的であり，絶えず個別事例に
　　　自らを順応させている。
（5）自然科学における意味は事実から切り離されている。人間科学におけ
　　　る意味はむしろ事実を構成するものである[2]。

　この自然科学の方法的特徴は，いわゆる論理実証主義者に共通する見解とみ
ることができる。つまり，具体的に言えば，認識者としての科学者から独立し
た客観的実在を認識対象として措く科学的実在論，経験的観察の記述と演繹的
理論による説明の峻別，データによる検証または反証による理論構築，真理の
対応説といった仮定に立っている。これはまた，古典物理学を軸とする近代自
然科学と人文社会科学がこうした方法論的に異なる特徴をもっているゆえに，
前者はその正確さにおいて後者に優越するという二元論になっていた。
　しかし，1960年代に出てきた科学哲学における「観察の理論負荷性」，「パ
ラダイム論」，あるいは決定実験の不可能性を主張する「デュエム＝クワイン・
テーゼ」，そして1980年代末に物議を醸したA.ソーカルによるスキャンダラ

スな「サイエンス・ウォーズ」[3] などの新科学哲学ないしは「ポスト経験主義
者（post-empiricist）」たちの見解は，こうした論理実証主義の諸前提を根底か
ら覆す論点に溢れていた。そうした立場を認めると，自然科学と人文社会科学
との間に境界線を引く従来の見解を，逆方向で見直し取り払うことにもなる。
ということで，野家は前掲のヘッセの5つの論点，とりわけ自然科学に関する
部分は，ポスト経験主義者たちによって，次のように言い直されることになる
と要約している。

（1）自然科学においても，データは理論から分離できない。何がデータと
　　見なされるかは，理論的解釈によって決定される。

（2）自然科学の理論は自然と外的に比較可能なモデルではなく，むしろ事
　　実そのものを見る見方にほかならない。

（3）自然科学においても，経験について主張される法則的関係は内的であ
　　る。なぜなら，何が事実と見なされるかは，諸事実の相互関係につい
　　ての理論的主張によって構成されるからである。

（4）自然科学の言語も救いがたく隠喩的で不正確であり，多大の犠牲を払
　　うことなしには形式化することができない。

（5）自然科学における意味は理論によって決定される。意味は事実との対
　　応によってよりも，むしろ理論的整合性によって理解される[4]。

　つまり，自然科学においても，認識者（科学者）と認識対象（研究対象）あ
るいは理論と観測事実との間は二元的に分断されているわけではない，と解釈
学的立場に立つ野家は考える。そこでは，対象としての自然現象は，理論負荷
性や通約不可能性を孕む自然というテクストとみて，それを読み解くと考えた
ほうがよい。そこでは一義的な読解（理論と事実との正確な対応）ではなく，複
数の可能な読解に開かれた言語的表現に近づいてくるのである。野家はそこ
で，自然科学と人間科学とを共約的な「テクスト・レベル」の見地から統一的
に把握することが可能となるはず，と書いている[5]。

第7章　自明なことを凝視する先に何が見えるのか　257

　こうした科学哲学的な，あるいは科学史的な議論には，ここではこれ以上立ち入らずに，現代社会学の具体的なありようを見たとき，どうしても無視できないものとして，A. シュッツが亡命したアメリカに撒いた種の発芽として，1970 年代はじめに社会学のなかの明確な勢力として登場した現象学的社会学，そしてその最も先鋭な勢力としてのエスノメソドロジーに注目したい。いまや日本の社会学界においても，エスノメソドロジー派（あるいは会話分析派）は一大勢力となっている。本稿で考えたいのは，それはひとつの研究技術・技法，さまざまな研究対象・研究課題にとって役に立つ便利な道具・手段でしかないのか，それとも社会学にとってもっと根源的な方法論的革命を志向するものなのか，ということをここで考えてみたい。

　それにはやはり，現象学の源，E. フッサールに発し，それを受けウィーンで社会的世界に繋げたアルフレート・シュッツの理論をみる必要がある。彼が1939 年にニューヨークに亡命して，第二次世界大戦後の世界で，興隆するアメリカになかば偶然に，現象学的社会学の種を蒔いたことは疑いないだろう。そして，ここから P. バーガーが生成し，ルックマンが広め，なかんずく H. ガーフィンケルが生育した（間接的にせよ）のである。でも，亡命ユダヤ人 A. シュッツは，現象学的社会学が，シンボリック・インタラクションやエスノメソドロジーといった新潮流として注目を浴びる前，すでに 1959 年に世を去っていた。なにゆえ，シュッツは社会学史におけるこのような位置を占めたのか？　それはたぶん，はじめのエピソードとしてパーソンズとの接触という偶然と，そのパーソンズの学生であったガーフィンケルに与えた示唆が，偶然的であったにせよ奇跡的にそれ以後の社会学にいってみれば，殴り込みをかけたような結果となった。それは，もはや学史的な記憶に収まってしまうから，以下ではごく簡単に周知の経過報告と概観をしておいて，本題とすべきエスノメソドロジーに駆けていきたい，と思う。

1　現象学から社会学へ　A. シュッツ

　われわれがふつうに考える「社会」とはいかなるもので，「社会」を知った

り捉えたりするにはどうすればよいか，という問いを立てるとき，2つの違った角度があるとしよう。たとえばひとつは，「秩序のなりたち」から考えようとするもので，社会学でよく出発点におかれるのは，T. パーソンズが『社会的行為の構造』(1937)で提示した「ホッブズ問題」である。もうひとつは，「生成消滅している現象」を捉える手がかりをどこに求めるかをめぐる議論で，A. シュッツが『社会的世界の意味構成』(1932)で示唆した現象学の社会学への開鑿としての個人の「日常生活世界への注視」がいまも意味をもっている。ただし，前者の「社会秩序はいかに成立するか」という問題と，後者の「人々の日常世界での相互作用」に焦点を絞るという方法は，簡単には結びつかない。そこに方法論上の大きな懸隔があるからである。

　さらに現象学的社会学の祖と呼ばれるにいたるシュッツの仕事をみると，主著の『社会的世界の意味構成』が論じている主要な問題は，フッサールの現象学の継承とか哲学的考察ではなく，前半は M. ヴェーバーの理解社会学と社会学方法論の批判的検討，なのである。認識上の拠点として『イデーン』などでの「括弧に入れる」とか，後期フッサールの「生活世界」などへの注目は確かに現象学からくるのだが，『社会的世界の意味構成』においては，哲学的考察としてフッサールよりはフランスの哲学者アンリ・ベルグソンの時間論に拠る部分が多いともいわれ，社会的行為論としてのシュッツの関心の中心はヴェーバーの「社会的行為における動機の意味理解」にあるとみられる。そこでまず，現象学から社会学へ，つまりフッサールから抜け出したシュッツの社会学への展開をざっとみてみることにする。

　フッサールの現象学の視点から，世界認識の方法として徹底した「科学の基礎づけ」を追求していくと，実証主義が出発点とする経験とか観察とかいう態度がすでに，把握・分析の前提に無自覚な謬見（ドクサ・思い込みのようなもの）が混入している，とする。またそもそも科学が命題の記述や測定の要素に用いる概念や用語自体が，われわれの日常経験から遠く切り離された操作的手段的な構築物であると指摘する。現象学をそうした実証科学の方法論批判として読めば，次に人間行動の分析を試みる社会科学に対しても，自然科学以上にあや

しげな実証主義社会科学を批判する立場になることは当然ともいえる。しかし，フッサール自身は，数学から出発して論理学に行き，さらに哲学として現象学を樹立していったわけで，社会科学全般とくに未熟な実証主義を信じているとみた当時の社会学にはほとんど関心を示していない。

　先にみた「統一科学」を指向する論理実証主義の隆盛をその拠点でながめつつ，1920年代から30年代のウィーンに生きていたシュッツは，ウィーン大学卒業後，学問とは無縁な銀行で為替業務の法律処理の仕事に就きながら，科学という知的営みが経験主義と論理主義，自然主義と客観主義を結びつけ，きわめて人工的で楽観的な合理的世界観を過信することに対する違和感を感じていたはずである。彼はこの問題をフッサール現象学を手がかりとすることによって克服できると考え，フッサールおよびベルグソンの著作を丹念に読破しつつ，同時にフッサールにはない社会現象への関心をヴェーバーの理解社会学を読みこみ批判することで，大著『社会的世界の意味構成』[6]を書き上げたのは33歳の時であった。

　その段階で，ウィーン学団と呼ばれた論理実証主義への批判は，ある程度完成しており，ヴェーバー理解社会学の価値も欠点も読み抜いていたとはいえ，それを社会学理論というかたちで完成するためには，ヒトラーの侵攻に追われてパリへ，そしてニューヨークへと移動する運命のいたずらが作用する必要があった。この偶然があったおかげで，現象学的社会学はアメリカで花開くことになったと結果的には言える。そして，これは偶然とはいえないが，ニューヨークに渡ったシュッツが，1943年から亡命研究者のための大学「ニュースクール」[7]に腰を据えて，彼がフッサールと並んで大きく影響を受けたヴェーバー理論に関心をもつ数少ないアメリカの社会学者，『社会的行為の理論』の著者，タルコット・パーソンズに接触を求めたことが，ひとつの学史的な事件として後に注目されることになった。

　それは，やがて1960年代に隆盛を迎えたパーソンズの構造─機能主義社会学に，シュッツの後継者たちが敢然と挑戦を挑んだということから，後付けの対決を振り返ることになったからだ。パーソンズ＝シュッツの往復書簡論争に

ついては，その噛み合わなかった論点も含め多くの言及が既にあるので，その後の現象学的社会学の展開に関連して，ここではシュッツの中で継承され変形されたフッサール現象学とヴェーバー理解社会学のある側面だけに焦点を絞ってみたい。

盛山和夫は，「客観性」を主題とした論考（2013 年）で，シュッツの理解に関して，社会学界では間違った解釈が定着していると批判する。

シュッツの社会学に関しては，従来からとんでもない誤解があって，しかもそれが社会学会での主流派的シュッツ解釈としてまかり通っている。その誤解とは，シュッツが，フッサールと同じように，主客二元論の克服という西洋哲学の長年の課題に取り組み，その探究をフッサールよりも一歩前に進めた，あるいは少なくとも，フッサールにはない新しい可能性を切り開いた，というものである。もう少しわかりやすく言えば，人々の個別的で主観的な意味了解や世界解釈から，いかにして，共同的で客観的な意味世界が立ち現われてくるかという問題に取り組み，それに一定の理論的な進展を示したというシュッツ解釈である。短く言えば，「共同主観性」の問題である。シュッツは共同主観性の問題を真正面から取り組んだ社会学者だ，という見方が広く蔓延している。しかし，このシュッツ解釈は 100％間違っている。彼は一度も共同主観性の問題を自らの探究課題として設定したことはない。むしろ，それは自分がアタックしている問題ではないことを次のように，しばしば明言している。

私たちは（中略）いうまでもなく現象学的還元の行使によってはじめて明らかとなるような，超越論的主観性と超越論的間主観性の問題性については意識的に断念しつつ，「現象学的心理学」を追求する（Schütz 1932：訳 60）。

社会諸科学は，相互主観性の哲学的諸側面を取り扱わねばならないのではなく，自然的態度をとる人々によって，つまり社会─文化的世界に生み込まれ，その世界のなかで自らの相対的位置を見出し，その世界に対処しなければならない人々によって経験されるものとしての，生活世界の構造を取り扱わねばならない（後略）（「社会科学に対するフッサールの重要性」Schütz 1973：訳 230）[8]。

そして，盛山はシュッツが「相互主観性の哲学」を推し進めているかのような誤解をもたらした代表例として廣松渉のシュッツ論をやり玉に挙げている。シュッツが取り組んだのは，ヴェーバーの理解社会学にフッサールの哲学的な

現象学が問題にした共同主観性の問題が，あるいは超越論的な現象学における「他我の構成」問題を欠いているから，それを克服する現象学的社会学を構想したのだ，と廣松は指摘する．しかし，これは「ないものねだり」で，シュッツの意図にはないことだったと盛山は述べる[9]．

　ではなぜシュッツに対して，個人の主観的な意味了解や世界解釈から，共同的で客観的な意味世界が生成するという誤った期待が，社会学者を捉えたのだろう．マルクス主義と唯物論的世界観に立つ『世界の共同主観的存在構造』の著者廣松の場合は，日常生活世界の探求といえども他我の構成が最終的に物象化された客観世界の存在に結びつく必然性に，つまりそこまでいかなければ意味がないのだろうが，シュッツ以後エスノメソドロジーに到る社会学者にとっては，そういう哲学的野心は希薄だろう．それでも，ヴェーバー理解社会学からシュッツ現象学的社会学への展開を，社会学理論上の大きな進展とみるのはシュッツの中のどういう部分にあるのか？　筆者が考える可能性としては，「社会的世界に生きる人びとがその社会的世界について考えたことがらを可能な限り解明すること」を研究の眼目とするシュッツの立場は，まずは現象学的に「主観的」とみられる自我の意識体験から始めて，つぎに自我と関わる他者のもつ意味や動機といったものの存在を考え，そしてその他者のもつ意識体験を理解できるのかと問う，その姿勢に少なからぬ社会学徒が，「客観性」を科学的認識の基礎に置く社会学（社会科学）とは異なる魅力を感じたからではないだろうか．

　シュッツの『社会的世界の意味構成』冒頭にあるヴェーバーの社会的行為の「意味」に対する問題設定とは，以下のようなものである．

（1）行為者がその行為に意味を結びつけるという言明は，何を意味するのか？（第2章「自己自身の持続における有意味的な体験の構成」の主要テーマ）

（2）どのようにして他我は有意味的な存在として自我に与えられるか？（第3章「他者理解の理論の大要」の主要テーマ）

（3）どのようにして自我は他者の行動をその主観的に思念された意味に
　　従って理解するか？（第4章「社会的世界の構造分析」の主要テーマ）[10]

　これに対するシュッツの見解は，「社会的世界の高度に複雑な意味構成にお
いて見えてくる現象をはっきり捉えることができるのは，論者がそれらの現象
を起源となる一般的な意識生活の根本法則から導き出すことができる場合であ
る」（訳書24頁）として，これを順番に検討している。（1）については，シュッ
ツは時間概念を導入して「有意味な体験」と「意味のない体験」の区別が，
ヴェーバーのように行為（Handeln 英語 action）と行動（Verhalten 英語
behavior）の違いで分けるのではなく，「意味付与的意識体験」であることで行
為も行動も同じであるとする。「意味付与的意識体験」というのは，シュッツ
の言葉では，「経過し生成し去ったある体験に配意しつつ，これを持続の中の
他のあらゆる体験からはっきり区別されたものとして際立たせるような反省的
眼差しが，この体験を有意味的なものとして構成する。発生的に最初の種を播
く『自発的能動性』……への志向の遡及関係が取り結ばれて，そこからそのよ
うな配意において……有意味的な行動は構成される。これに加えて，反省的眼
差しは，投企，つまり経過したであろうと未来完了時制的に想像した行動につ
いての想像体験をも把握する。そのようにしてこの反省的眼差しは，眼差しの
なかで把握した『明確に境界づけられ予め投企された，自発的能動性に基づく
体験』を有意味的な行為として構成するのである」（訳書97頁）とあるように，
時間の問題と反省的構成の問題から（1）の問題圏を解いていく。
　つまり，人はつねに経過する時間のなかで，立ち現れては消える意識を体験
している。そこには一定の整序された意味や目的があるわけではない。それが
自分にとって意味のある体験となるのは，一度意識のなかで持続する流れに反
省的眼差しを投げ，ある形に構成する必要がある。その場合，過去のさまざま
な体験を呼び出してそれをひとつの意味のあるものに構成すること（過去完了
時制的意識作用）と，ありうべき目標を設定するように投企すること（未来完了
時制的意識作用）が区別される。

また（1）が個人の意識の現象学的分析を行うのに対して，（2）については，日常生活の自然的態度の構成として他者を見るという方法の移動がある。それは他者の体験を自己の体験のように把握するのは困難だと考えるからだ。他者の体験はあくまで観察者として，日常性のなかで現れるものを解釈する以外にない。ヴェーバーはこの点，他者の意識体験など問題にしないで理念型的類型把握で間に合うと考えていたとみられる。シュッツは，他者が何を意識内で構成したかを観察者の意味解釈作用（これを「客観的意味理解」と呼ぶ）から理解する場合と，他者がみずから行う意味構成（これを「主観的意味理解」と呼ぶ）をも観察者は解釈の射程に入れて理解する場合とでは，理解といっても形式が異なり，実際に可能なことは観察者も自然的態度のレベルで類型的な解釈を行う，「als ob verstehen かのような」理解になるほかない。

　そこで最大の問題は（3）の，理解社会学の中心にある「どのようにして自我は他者の行動をその主観的に思念された意味に従って理解するのか」，とりわけ他者の動機の意味理解はいかにして可能か，という問いである。シュッツはヴェーバーの「他者の行動の思念された意味」という問題は，「志向的に他者と関連した自我の意識体験」の問題として捉えることが可能だとする。

　たとえば，このような例で考えてみよう。電車の中で目の前に坐る女性に挨拶し話しかけようとしている男性がいるとすると，この社会的行動は彼のなかの「自発的能動性」の投企の形でいまこの男性を動かしていると，ひとまずみてよい。しかし，その場合，シュッツであれば，5つの層を区別するだろう。第1は彼がこの行動を起こす動機，これは観察からはまだわからない。疲れているから席を譲ってくれと頼むのか，好意を感じて親愛を示したいのか，彼女の態度に不愉快を感じて文句をいいたいのか，いくつか可能な動機が想定できる。第2は，この行動に対して彼女がどう反応するのか。第3は，その反応に対して彼はどのような解釈を得て次の行動に移るのか。第4は，ここで今起きている事態について彼と彼女がある程度共有できる意味理解が成立しているか。そして第5は，これを第三者として観察している社会学者が，ここで起きていることにどのような説明を行うか，である[11]。

このような可視的な社会的行動であれば，日常生活世界の自然的態度，つまり誰でもごく日常的に（反省的でなく即時的に）他者の動機や意図を，たやすく推測し反応していると考えて，そこから合理的な説明が可能になる。この例で言えば，この男性が明らかに虚弱な肉体の高齢者で，坐っている女性が健康そうな若い女性であれば，彼の動機は席を譲って欲しいという意思表明だと想像される。その周辺の座席に座っている者のうち彼女が一番若く健康そうに見えたという環境条件もことを左右する。そして彼女が席を立たなければ，高齢者に若者は席を譲るべきだという社会規範が参照されて，周囲の批難の眼差しも彼女に注がれることが予想される。そして彼女はそれを察知し席を立って譲れば，このシークエンスは完了するが，そうならない場合には問題はさらにこの当事者のより立ち入った「動機の意味理解」を要請しなければならない。

　シュッツの提起した現象学的社会学が，近代科学の実証主義や客観主義の方法論的諸前提にたいしてひとつのアンチテーゼであるとするなら，それはまず人間の社会的行為を分析するにあたって，誰もが似たような行動をとり，考えていることも多少の幅はあるにせよ似通っているという「客観性」をもっていて，それを「科学的」に把握することが可能なのだ，という立場に，疑問を呈したことにある。シュッツはフッサール後期の生活世界論を使って，反省的意識による意味と意図の構成を介さない自然的態度を，理解や解釈の手段とする「客観性」の根拠にすることで，ヴェーバー理念型の限界をある意味で示し，同時に観察者自身も含む行為者みずからの意識構成の現象学的凝視を，社会研究から排除することを拒否する，という読みもできるのではないか。そしてシュッツの理論的貢献は認めるとして，それが経験的社会調査の実践にまで到達するには，少々時間がかかった。

　シュッツについて，もっと検討しなければならない問題があるが，ここではエスノメソドロジーとはなんであるのかを考えるのが課題であるから，まずはH. ガーフィンケルへとすすみたい。

第 7 章　自明なことを凝視する先に何が見えるのか　265

2　現象学的社会学からエスノメソドロジーへ　H. ガーフィンケル

　エスノメソドロジーという言葉は，ハロルド・ガーフィンケルに由来すると
される。だが，彼自身が言うように，「エスノメソドロジーとは社会のメンバー
がもつ，日常的な出来事やメンバー自身の組織的な企図をめぐる知識の体系的
な研究だ。この場合，われわれ研究者は，そのような知識が状況に秩序を付与
し，また当の状況の一部にもなっているとみなす。さて，こう言ったところで
ここにいるみんなはエスノメソドロジーという言葉が何か特別な意味をもつと
思いたいだろう。」[12]でもそれはもう言葉が一人歩きしてしまっているので，
人びとがエスノメソドロジーだと考えて，いろいろ行うことすべてに彼は責任
をもてないと言い捨てる。確かに自分たちはエスノメソドロジーをやっている
のだ，と言うだけでそれはエスノメソドロジーになりうる。しかし，それでも，
共通了解がある程度あるはずだろう。「共同主観性」「間主観性」といった面倒
な現象学的な哲学用語はとりあえず措いておいて，ここで改めて「ホッブズ問
題」をもう少し具体化して考えてみよう。

　新大陸のある人跡未踏の場所に別々のルートで 2 つの家族がやって来たと考
えてみよう。初めはお互いに近づかず，その土地の条件を眺め渡すと，利用可
能な土地や資源は限られており，2 家族が共存できる条件には乏しい，と解っ
てくる（資源の希少性と限界性の認識）。そこで，ここに定着して安心して生活
を築いていくためには，もうひとつの家族を排除しなければならないと考える
のは，ホッブズ的な闘争を必然的に招く。彼らは互いに武器を取って戦いを始
める（剥き出しの闘争場面）。しかし闘ってみると犠牲が大きく共倒れで全滅し
ては双方に意味がないと考える。そこでホッブズ的に秩序を樹ち立てるため
に，提案がなされる。たとえば戦士を 1 人ずつ出して決闘をし，負けた方がこ
こを立ち去る，あるいは，ゲーム的な賭けをして負けた方が立ち去るという提
案（交渉と契約の局面）。それでも納得しない場合一方が立ち去るがそのとき娘
を交換して，生まれた子は土地や権利の一部継承を認めるという契約を交わ
す，など現実に文化人類学的な事例を発見することはできるかもしれない。そ

して，そうした社会契約が繰り返されることによって上位の統治権力が現れ，人びとがそこに権限の一部委譲を合意することによって国家共同体的政治秩序が出現するというわけだ。

　元のホッブズによれば，各人は最も「合理的な手段を用いて」自己保存を追求する自然権をもつ。そのさい各人は「能力において平等」であるとされ，この能力の平等性から，目的達成に対する「希望の平等性」が生じる。自らすんで自分の目的を断念する者はいないから，各人が自分の目的の達成のためには，暴力や欺瞞を用いて相手の財産や生命を奪うことも辞さない「万人の万人に対する闘争」という状態が生じるとする。これがホッブズの描く自然状態である。

　この「能力の平等」から「希望の平等」，そして「万人の万人に対する闘争」へと展開する功利主義・個人主義的な前提が，架空の想定であって，現実に起こりうる事態は，完全な無秩序（カオス）から始まるのではなく，すでに何らかの秩序が成立している中で起こっていると考えるべきである。「能力の平等」「希望の平等」というのはあくまで主観的な願望の形象化であってそれが間主観的に構造化されるには，状況認識の共有がなければ「闘争の必然性」も説明できない。

　エスノ的な関心からすれば，このような前秩序的な状況を想定した場合，実はそこにすでに他者と自己の間に状況認識の共有（この土地に２家族の共存はできない）や，交渉のための言語的コミュニケーション（言語や記号による意思のやりとり）が成立していることが重要である。「自然状態においても秩序はすでにある程度存在している」ことの確認。そしてそこから社会秩序の構造化を問題にするパーソンズ的な方向から袂を分かって，ガーフィンケルはその社会秩序がいかにして維持され，また変更されているのかに関心を絞っていく。

　考えてみれば，「いかにして社会秩序は可能か」という問いは，サン＝シモンとコントが，フランス革命とナポレオン戦争後の混乱の中で社会再組織の可能性を問うて以来，一貫して社会学の中心問題であり続けてきた。パーソンズはホッブズが描いた自然状態のうちに功利主義の論理的帰結を見出した。すな

わち，ホッブズの自然状態が示しているのは，合理性を唯一の規範として利己的に自己の目的の達成を追求する人間を前提とする限り，社会秩序は論理的に成立不可能であるにもかかわらず，現実には社会秩序はちゃんと成立し機能しているではないか。パーソンズの説明は合理的機能的な社会システムによって，社会規範は人びとに内面化され，その多様で功利的な欲求や行動が秩序のなかで目的合理的に納まっていく側面に注目して理論化した。

　そこでは社会学者はいわばこの自由で幸福な望ましい社会状態を設計し維持しコントロールする賢いテクニシャンになることができると考える。第二次世界大戦に勝利し，世界で最も豊かで自由な強い国家，アメリカ合衆国の賢い市民を健全で合理的な社会秩序の支配に導くのは，科学的知識によって人びとを教育し指針を与える社会学者の使命だと考える思想。

　しかし，ガーフィンケルの見ようとしていたことは，方法論的個人主義として出発しつつホッブズ問題の別の側面，社会秩序や規範の存在はわれわれに行動や選択の自由を与えているのではなく，いつのまにか当たり前としか意識していない日常生活世界が，なにか重苦しく理不尽な桎梏のようなものに感じられるのはどうしてか，という問題だった。それはまるで動かしがたい現実そのもののように人びとの内面世界を縛っている。だが同時に，それは人間の外に物理的に立ちはだかる壁なのではなくて，一人ひとりが日々行っている日常生活世界の相互作用から生まれている。であるならば，それを凝視し分析していくことで，いかに社会秩序が生成し，変容していくのかも見えてくるはずだと考えた。

　その原点ともいうべき若き H. ガーフィンケルの最初の著作「カラートラブル」(1940 年) は，学術論文ではなく短編小説だった[13]。これは彼自身が体験したワシントン D・C からノース・カロライナのダーラムに向かう長距離バスでの出来事をもとに書かれたもので，同乗した有色人種のカップルとバスの運転手の間に起ったトラブルの一部始終を書いたものだ。運転手は州法をたてに座席の移動を要求しニューヨークから来た女性はこれを拒む。トラブルはどんどんエスカレートしてある結末を迎える。

268

　ガーフィンケルは，1942年にノースカロライナ大学に提出した修士論文で，人種間および人種内殺人を素材に数量的な比較分析をする以前から，人種問題をテーマとしていた。当時はまだ公民権法以前の人種差別が法的にも存在していた。

　　ガーフィンケルが社会学者としての自分に距離を置いているのは，自分が目撃した事件を社会学の言葉でうまく表現できないためである。社会学の学生であるガーフィンケルの頭に浮かんだ言葉は「階級」であった。だが，ガーフィンケルがこの事件の中に見たのは「利害の衝突」ではなく，「知覚の衝突」であった。ガーフィンケルは，のちに彼が「世界の複数性」と呼ぶことになる問題を表現することのできる社会学の言葉をこの時点ではまだ持っていなかった。この事件が短編小説という形で発表されたのはこのためだと考えられる。「カラートラブル」は「世界の複数性」という問題を文学的な形式で表現したものなのである[14]。

　バスの運転手や警官は州法の人種隔離を解釈図式にして，黒人女性の行為を無用のトラブルと咎め，彼女は同じ事態を合衆国憲法に拠って「自由な市民の権利侵害」とみなす。これは法律や階級の問題以前に，同じ出来事を異なったものとして知覚する「世界の複数性」の問題と考えるべきだとするヒントをここからガーフィンケルは見出す。この状況を問題のない常識と見なす運転手と警官，これこそ人権侵害と抗議する女性，そしてそれを第三者として眺めている観察者としての学生ガーフィンケル。ここからある意味エスノメソドロジーは姿を現した。さらに，ハーバードでパーソンズの指導のもとで書いた博士論文『他者の近く―社会秩序に関する一研究』(1952) で「ホッブズ問題」の批判的検討を行っている。

　秩序の成立を問うことは，科学的研究が拠って立つ合理性の規範そのものを疑って見ることにつながる。ガーフィンケルの批判（それはパーソンズ理論の前提への批判でもある）は，日常生活世界で人びとが知覚し理解していることと，それを科学的に研究し特別な道具と方法で分析することで「真実」が見えてくるという「対応説 correspondence theory」を拒否する。対応説とは現実の対象と知覚された対象とは異なると考える，新カント派的な二元論で，一方に観

察される具体的存在としての事象が，他方に科学的合理性によって捉えた対象の概念的再現が対応すると考え，両者の間にさまざまな近似関係を想定する。これが科学の正統化に利用されてしまうのは，科学者が対象の本質を決定しうる特権的な観察者の位置にいるからである。そして，観察される行為者も科学的方法に準拠する限り，「行為者と観察者の共同体」に取り込まれる。そして，無知や誤謬や先入見に囚われた行為者は，逸脱者としてこの共同体から排除される。

　ガーフィンケルが，このような立場に対置するのはシュッツの「同一説congruence theory」，つまり「知覚された対象と具体的対象とは同一（same）である」と考える立場である。これはフッサール現象学の志向性の理論に由来するもので，知覚された対象が現実の対象であり，知覚と独立に現実の対象が存在するわけではない，という考え方になる。同一説の立場に立てば，いまここで知覚されているもの以外に現実はないのであるから，科学者が介在しなければ見えない近似すべき現実というものは存在しないし，対象が「本当は」何であるかを決定しうる特権的な観察者も存在しないことになる。

　しかもここから出てくるユニークな方法論の試みは，社会学の教科書に書いてあるテクニカル・タームを一切使わずに，ごくありふれた日常世界の人びとの相互行為の記述から，それが人びとに道徳的規範や個人の意識構成の深みに達する拘束力を発揮していることの暴露をはじめたことである。それを「エスノメソドロジー」と呼ぼうが，「ネオプラクシオロジー」と呼ぼうが，そんなことはどうでもいい，とガーフィンケルは言った。

　　成員はこの世界を，「歴然たる当たり前の事実」（natural fact of life）として考えている。しかも，彼らにとり，この歴然たる当たり前の事実とは，あらゆる点で生活の道徳的な事実をなしてもいる。つまり，成員にとって，物事はなじみぶかいからということだけで，歴然たる当たり前の事実となっているばかりでなく，それを歴然たる当たり前の事実として受け止めることが，道徳的に正しかったり正しくなかったりすることにもなるので，物事がまさに道徳的な事実になっているのである（Garfinkel, 1967. 北澤・西阪訳　33頁）。

これはパーソンズのみならず，近代科学の実証主義経験主義と体系的な社会理論の構築をすすめたいと考えていたオーソドックスな社会学者たちにとっては，一種の叛乱に感じられたとしてもおかしくない。1960年代末に現象学的社会学に惹かれていった若い世代の社会学者と，社会科学としての社会学を自然科学レベルの有用な知識，政策科学や社会工学にまでもっていきたいと考えた社会学者との思想的対立にまで到った兆候は，次の富永健一の言葉にもうかがわれる。

　　アメリカの現象学的社会学者やエスノメソドロジストたちの多くが，パーソンズに対して強い敵対感情をもち，そのために現象学的社会学とパーソンズ社会学との間に「敵対関係」ばかりを見て，共通する基盤があることを理解する用意がなかったことは，彼らの視野が極めて狭く，イデオロギー的であったためである。このイデオロギー的要素には，1960年代のアメリカ社会学の若い世代に，現象学的社会学に加えてネオ・マルクス主義の流行があったことが，加わっていた。それが加わったことによって，彼らはパーソンズに対する敵対的態度を強めていた。パーソンズに対するこの二重の敵対感情は，日本ではもっと強かった[15]。

　パーソンズを思想的に擁護する富永には，エスノメソドロジストの言い分は不勉強な偏見として否定的な評価をもたらす。理論構築に必要なのは，確実な現状把握とそこに役に立つ社会学の希望溢れる可能性を，少なくとも邪魔しないこと。この戦略はアカデミック科学としての社会学の地位を不動にしたい富永からみれば当然のことで，社会科学とは無縁な現象学など，一種の反動的妄想にすぎない。社会調査論としても，たかだか数十人にインタビューしたぐらいでなにかが分かったなどという社会学者には，いかがわしさしか感じられないだろう。だが，このあとの展開は，そのような不毛な議論とは別の方向を辿ったと思う。

　たとえば，ガーフィンケルがある性転換者のエスノグラフィーにおいてこんなことを述べている。

　　アグネスは，思慮深さや事前の予測や（ゴッフマンが，彼の分析が正しいとして，

第7章　自明なことを凝視する先に何が見えるのか　271

すべての情報提供者に告白させたいと望んでいたやり方での）自己表現の管理を，次のような事柄として扱っていた。すなわち，成員たちはそうした事柄を，(a)信頼しているだけでなく，(b)正常さや理にかなっていることや理解可能性や正当性に関して互いに信頼し，かつたがいに対して信頼されたやり方で扱うことを要求し，(c)互いに対し，思慮深さや事前の予測や自己表現の管理が，日常生活の状況操作の問題において用いられたときにはいつでも，互いへの信頼の証拠が提供されることを要求する。アグネスは，こうした信頼にもとづいて行為することを望んではいた。だが，アグネスにとって，ルーティーンは，特に慢性的に問題をはらむものだったのだ。ルーティーンこそが，実際的環境を，思慮深く，計画的に，かつ効果的に操作するための１つの条件となるものだったのに[16]。

ここではもはやパーソンズ的「客観性」は問題ではないのだが，同時にひとりのアグネスは能動的に周囲の人びとに自分をどのように見るべきかを不断に指示し要求する。

もうひとついかにもエスノメソドロジーの実践として注目される例は，ドロシー・スミスが書いた，ひとりの若い女性が精神病者と見なされていくプロセスを，言葉の構築として読み直していく研究がある。

こうして，いま手もとにあるものをもとにして，Ｋが精神病ではないというこれとは別の報告を構成することができるようになる。しかし私はただある部分についてそれが可能であることだけを示そう。それは記述にあるＫの行動がうまくあてはまるような規則やコンテクストを発見したり，あるいは，Ｋの行動を書き直して適切なものに変えたりする規則やコンテクストを発見する仕事である。もしこれが成功したら，結果として出てくる記述は，個々の項目を１つにまとめあげる体系的な手続きが全く欠落した記述になるだろう。個々の行動は単純にもとのさまざまなコンテクストへともどされる。そして今ここにある報告は解体するだろう。読み手/聞き手は，一体この報告は「何を言おうとしているのか」一目でわかるような規則を，もはやそこから取り出すことはできないのである[17]。

日常生活世界の中で自明な現実として受け取られている出来事が，いくらでも読み替え可能なものであること，そこに常識的に存在しているかに見える規則やコンテクストが，ちょっと注意して見ただけでたちまち怪しげなでっち上

げになりうること。そして，それを具体的に示すことは「客観性」に対する破壊的挑戦なのではなくて，むしろ確実なリアリティとはどういうものかを探求している，と考えてもいい。

　つまり秩序の成立を問題圏とする「ホッブズ問題」を契機として，たとえば，エスノメソドロジーに軸足を置く浜日出夫は「ホッブズ問題」に対置するかたちで新たに「羅生門問題」を提起する[18]。

　浜の提起した「羅生門問題」とは，黒澤明の映画「羅生門」で示された，ある事件についての説明・解釈が，当事者においても科学的合理主義・機能主義が想定するような「唯一の真実」が限りなく怪しくなる事態を指している。ここを追求していくと盲点のように登場するのが世界認識の複数性であり，その先に見えてくる無秩序の可能性である。人間の社会的行為の記録と説明において，実は整合的な首尾一貫した説明が不可能になるようなカオスの深淵が存在し続けていることへの恐怖が強く自覚されている。

　それはエスノメソドロジーの領域での問題に置き換えれば，ガーフィンケルが試みた「違背実験（breaching-exercises）に典型的である。違背実験とは，たとえば，レストランで空席待ちの列に並んで待っている人に向かって，空いている席に案内せよと命令したり，友人との何気ない会話の中で，ふつうなら聞かせなくても当然わかるような言葉の意味を執拗に聞くといった実験のことである。こうした実験は被験者たちを困惑させるのだが，社会的構築に重きを置いて，この実験結果を解釈すれば，人びとの暗黙の前提になっている「客観的社会構造」などは，ちょっとしたことで攪乱されるということになるだろう。

　ガーフィンケルの『エスノメソドロジー研究』では，「道徳的な事実」がどのようにして成立していくのか，そのメカニズムの解明が行われていた。さらに「違背実験」は，人びとが自明のものとしているこの世界を「歴然たる当たり前の事実」として捉えていることを，あえてあからさまに気付かせる作為である。これはあまりに当たり前のことであるために，世界のさまざまな特徴は「見えているが気づかない（seen-but-unnoticed）」背後期待（background expectation）となっている。だからこそ相互行為においてつねにこの背後期待

第7章　自明なことを凝視する先に何が見えるのか　273

を参照することによって，人びとは具体的な状況の意味を他者とともに共通に
理解することができる。

　ここでエスノメソドロジーでは，通常のコミュニケーション理論のように，
行為者間に背後期待が構造化され共有されているから，「共通理解」が可能に
なる，とは考えない。そう言ってしまうと，ヴェーバー的な行為者の「思念さ
れた意味」や主観的解釈の解明が必要になってしまう。エスノメソドロジーで
は，背後期待を通した共通理解はインデックス的表現や行為を相互反映的に
「修復」することによって，そのつど，あらゆる実践的目的にとって適切な「理
解」が達成されているにすぎないと考える。これは「エスノメソドロジー的無
関心」へと発展していく考え方であると考える。違背実験は人になにを気付か
せるのか，という点で山田富秋はこのように言う。

　　　この問題についてガーフィンケルの有名な実験がある。ノートの右に実際の出
　　来事を書き，左側にその内容をできるだけ忠実に説明していくというものである。
　　結果はといえば，内容を説明する作業自体が不可能な課題であり，「できるだけ忠
　　実に」という命令によって，そのつど無限に説明を詳しくすることができるのだっ
　　た。それどころか，「できるだけ忠実に説明せよ」という要求に対して，彼の言っ
　　たことは信用できるとか，私は正直だといった「道徳的な」ことがらに訴える行
　　動がしばしば見られたのである。つまり共通理解は実質的な内容の共有ではなく，
　　成員の活動の道徳性を表示することによって達成されるのである[19]。

ここでエスノメソドロジーの格率ともいうべき特徴を整理して，なにをすれ
ばエスノメソドロジーになるのか，あるいはエスノメソドロジーであるために
は何をしてはいけないか，を列挙してみよう。

（1）観察者（科学者）と被観察者（研究対象）との間に非対称な関係を前提とし
　　　ない。つまり観察者だけが客観的な視点をもって真理を追究するという特権
　　　的な立場をとらずに，観察者もまた日常生活世界の中で自然的態度をとる存
　　　在という場所から出発する。
（2）現象あるいは人間の相互作用としての行為を記述し説明するさいに，先験的
　　　（科学的）な概念・用語・理論を持ちこむことを拒否する。つまり行為者が

その時その場で自明当然と思ってしたり，話したりしていることを，まずは
そのまま記録し，そこからなにが起っているのかを日常言語で理解すること
を目指す。

（3）行為者の「動機」の「意味」の「理解」を，個人の「心（内部）」にすでに
あるものが状況に応じて身体行動として発出すると考えるのではなく，他者
との相互行為場面で生成し変容していくものとして捉える態度を重視する。
とくにそれは，言語行為を手がかりとする戦略が有効だと考える。

（4）これらの研究態度を方法的自覚をもって行うことで，人びとの社会的相互作
用としての行為によって成立している「秩序」とその変容過程を，「秩序の
自明性」と同時に「秩序の構築性」を気付かせることによって，社会的世界
の微細で正確な記述のみならず，その変革をも構想する。

　このような発想は，源はフッサール現象学やシュッツの著作に負うところが
大きいとしても，「エスノメソドロジー」という命名から始まって，その後の
社会学におけるエスノメソドロジーの定着はやはりガーフィンケルの功績とい
うことになるであろう。しかし，ガーフィンケルが切り拓いた道は，さまざま
な変奏を遂げながら，70年代の構造機能主義批判や実証主義社会学への懐疑
の段階から一歩を進めて，やがて会話分析という独自の方法を編み出すことに
なる。

　ガーフィンケルに導かれた「エスノメソドロジー」運動は，さまざまな論者
によって次々に展開していって，1970年代以降は社会学としてなにが「エス
ノメソドロジー」なのか必ずしも明確でなくなり，それでも2つの点で社会学
という領域の中ではある立場として明白に存続していると思われる。それは，
ひとつは社会現象のなかで具体的な個人の相互行為に焦点を絞って，そこで採
集された言語や行動の示す「意味」を解明するという特殊な技法，として広く
応用可能な価値中立的な「分析法としてのエスノメソドロジー」，あくまで合
理的理性的な技法としての「エスノメソドロジー」である。もうひとつは，社
会学あるいは社会科学という，人間の行動や意識を研究する活動が自然科学を
達成モデルとする近代科学の前提を，方法論的に（哲学的にではなく）乗り越
える，あるいは批判する「思想としてのエスノメソドロジー」である。

　あえて言えば，このふたつが個別テーマとしてのさまざまな社会問題へのエ

スノメソドロジストの態度を，認識の領域と実践の領域，行為者の動機や意味解釈の問題と当事者と研究者との間の係わりの問題，日常性の細部に徹底的にこだわるミクロな視点と共同主観的な大量現象の総和的なマクロな視点との分裂を，いずれにせよ突きつけることになる。これに明確な態度を示したのは，「会話分析」を武器とするエスノメソドロジストだと考えるのは筆者だけではあるまい。

3　繊細な現実を記述する　エスノメソドロジーから会話分析へ

　言い訳めいて聞こえるだろうが，筆者は社会学においてエスノメソドロジストとは距離を置く立場にある。それは標準的な社会調査という実証主義的な場所で，研究の出発をしたという半ば偶然的な要因に基づき，現象学にもエスノメソドロジーにも本格的に取り組むことがなかったという事情による。こうして現代社会学の方法論を検討するという課題を自らに課してみると，いくつか浮かんでくるテーマがある。ひとつは，エスノメソドロジーは単なる便利な研究の技法・方法なのか，それとも学問上の独自な主張に基づく立場なのか，あるいは学問という狭い世界を越えて，個別の社会問題にかかわる実践的な活動ないし運動なのか，という問題である。筆者にはこの点，まだ解答は得られていない。

　実際に行われているエスノメソドロジーによる研究を見ると，各種の社会問題，医療・福祉，差別・格差，フェミニズム，犯罪・自殺，家族・小集団など，社会学が扱うあらゆる問題についてエスノメソドロジー的研究，そして会話分析という手法は，広く応用されている。なかでも「会話分析」を主な手法とする研究は，どのようなテーマにとっても一種の便利な分析ツールとして定着しているように思う。「会話分析」は，実際に行われた相互行為の会話という言語的データ（そこには間合いや沈黙や発話の重なりも正確に記録される）と，補足的に画像データとして表情や身振りも加わって，「経験的データ」という意味でも新たな領域を形成している。しかし，これは従来の実証主義的社会調査法とは，出自を異にすることは，われわれのこれまでの考察からもわかるであろ

う。

　ヴィデオキャメラという道具が活用される条件もすすんで，録音・録画は非常に効果的なデータ収集手段になっており，会話分析を行うにはトランスクリプトも誰にでも可能なものとなっている。その記録については標準化されたルールがあり，一定の訓練を経れば誰でも会話分析のデータは作れるようになっている。では，単なる当事者へのインタビューによって記録され文字となったものと，エスノメソドロジーの方法的自覚と技術を元に記述された会話分析とは，何が違うのか？

　ちなみに，インタビュー記録をオーラルな語り，あるいは質問と返答という形を取る会話と考えれば，社会学では生活史をはじめ数多くの記録があり，それらは文字として記録されている。そうしたインタビュー記録と，エスノメソドロジーの会話分析は方法としてどこが違うのだろうか？

　エスノメソドロジーではないひとつの事例として，在日朝鮮・韓国人の戦後史を追っている朴沙羅の論文にあったインタビュー会話を見てみよう。1945年の日本の敗戦時，日本帝国の植民地であった朝鮮半島で解放された人びとのうち，祖国に帰還するのではなく敗れた日本本土にあえて危険を冒して渡航しようとした人びとがいたという事実を確認するために行われた当事者へのインタビューの一部抜粋である。

　　Ｌさんは釜山から漁船で対馬に向かい，対馬から定期船で下関に向かった。
　　Ｌ：やからその，連絡船の時に，みんなこう，チェックしとるわけですね（笑）。ようするにその，密航でくるとかどうかいうことは，わかったらおおごとですからね。
　　・・：そうですね。
　　Ｌ：もう，すぐわかりますからね。
　　・・：あ，わかるんですか。
　　Ｌ：ああ，分かるわ，絶対。
　　・・：どういう風にわかるんですかね。
　　Ｌ：もう服装とかね，ようするに，見たらわかりますわな，だいたいは。
　　・・：そうなんですか。

第7章　自明なことを凝視する先に何が見えるのか　277

　　L：はい。
　・・：え，服装かえたり……。
　　L：服装かえても，まあだから，子どもたちはわかりませんが，大人はわかり
ますわね。顔見ただけでもだいたい，韓国人ちゅうのはわかりますしね。
　・・：あー，そういうもんですか。
　　L：はい[20]。

　このインタビューを会話として正確に記録する意味は，歴史的な事実を記録
し確認するという意味と同時に，当事者がそこで何を考えたかをインタビュ
アーが聞きだすという相互行為の記録でもある。これを会話とみれば，（笑）
を含めて言葉のやりとりと間というものまで記録する必要がある。ただし，エ
スノメソドロジーの会話分析ほど精密な記録ではない。このインタビューで
は，この部分に先行する質問が形成した文脈，おそらく釜山から漁船で脱出し，
対馬に渡る密航の理由を話したと思われる。そしてここで連絡船に乗る際，韓
国人だと見破られないようにチェックをしたと語るけれども，その文脈に反す
るように，隠してもすぐわかってしまうという答えになる。インタビュアーは
この矛盾に少し混乱を感じて，質問を重ねている。日本人ではないとわかると
いいながら，現に下関に到着しているのはなぜか，という疑問はこの後でない
と判明しない。つまり，これは完結しない会話になる。
　エスノメソドロジーの会話分析がとりあげる会話は，このようなインタビュ
アーと回答者という会話上の役割が固定したものよりは，相互行為の交差場面
で完結したものを選んでとりあげる。たとえば，次の「先行連鎖」とよばれる
例である。

01 A：　明日ひま

02 B：　ひまだよ

03 A：　じゃあ映画でも行こうよ

04 B：　いいね[21]

03行目でAがBを映画に誘って，04行目でBはそれを受諾する。この「誘い─受諾」の隣接ペアの前に，01～02行目の誘いが予測可能とするもうひとつの隣接ペアが置かれている。02行目のBの答えが「ひまだよ」であることで，誘いが受諾されることが期待できるが，「明日は忙しい」と答えられたら誘いは控えられる。それでも「夜も用事があるの？」ときけば誘いの中身次第では乗る可能性もある。だから01～02の隣接ペアは完結した独立ペアではなく「誘いに進むための促し」となる先行連鎖と見ることができると分析する。これが典型的な会話分析の手法だとすれば，そこでもし「理論」というものがあるとすれば，この会話によって生成し成立している言語規則だけである。

　会話分析を中心的手法とする西阪仰は，エスノメソドロジーの方法的特徴について以下のような説明を行っている。

　　合理的諸特徴を，私たちは自分たちの活動のなかで，その活動の過程における様々な偶然的な条件に依存しながら，きわめて精巧なやり方で成し遂げる。発話の組み立て方，発話以下の議論は，このエスノメソドロジーのプログラムに従っている。上で論じた「仕掛け」は，行為・活動のための行為者たち自身の「方法」であり，その仕掛けが行為者自身の可能な記述・可能な表現を離れてはありえない限りにおいて，それは行為者たちの自身の「方法論」でもある。それは，社会のあらゆる細部に見いだすことができる。かつてハーヴェイ・サックスは，「社会の中にゴミはない」と言った。つまり，一見どうでもよいような微細な現象（ちょっとした言葉の重なり，ちょっとした間合い，ちょっとした言い間違いなど）が行為・活動の組織化にとって重要な意味をもつことがあるということだ。そのような微細な振舞いを私たちは方法に従って組織立ったやり方で用いながら，行為・活動を組み立てている[22]。

この場合，その方法はそこから経験的な一般化を追及したり，なんらかの仮説を作って検証や反証を行うことを目指す「経験的調査」ではない。このことを説明するのに西阪はE. A. シェグロフの電話の開始の例をあげている。

　　シェグロフの手許にはアメリカでの電話のやりとりが500例もあった。そのうちのほとんどが，受け手が最初に「Hello（もしもし）」と言っており，かけ手のほ

第7章　自明なことを凝視する先に何が見えるのか　279

うが最初に「Hello」と言ったのは，たった1つの例しかなかった。もし経験的一般化を目指すのであれば，500例中1個の逸脱例などさっさと無視して，「受け手が最初に話す」とでものべておけばよいことになろう。しかしながら，シェグロフが実際にやったことは，この1つの逸脱例に議論を集中して，その逸脱例がいかに秩序だったしかたで「逸脱」的であるかを，示していくことだった。その例とは，次のようなものだ（原英語）。

（1）
《受話器を取る音。そのあと1秒間の沈黙》
かけ手　もしもし
受け手　アメリカ赤十字です
かけ手　もしもし，警察ですが，……

　問題は，受話器を取る音につづく約1秒間の沈黙である。この沈黙は，じつはたんに事実として音声がないというだけではない。それは「返答がない」こととして観察可能である。いいかえれば，あるべきものがないのだ。そして，そこに「返答」があるべきなのは，それに先立って，返答するべき何かがあるからにほかならない。つまり，電話の呼び鈴は，ある種の「呼びかけ」なのである。
　（中略）
　このシェグロフの分析の含意は重要である。たんに，1つの逸脱例は，他の499例と矛盾しないかたちで説明できるだけではない。むしろ，逸脱例をみることによってこそ，他の事例で何が行われているのかも，よく見えてくる。つまり，シェグロフは，けっして経験的（行動）パターンをみつけようとしていたのではなく，あくまでも，わたしたちが何をどうやっているのかを，すなわち，わたしたちの「やり方の知識」を解明しようとしていたのである。シェグロフは，ある意味で，「呼びかけ」や「返答」にかんする，わたしたちの「自然の直観」を手がかりにしながら，あるいはこの直観について，論じている。
　にもかかわらず，シェグロフが右のような分析をなしえたのは，たんに想像による事例（だけ）ではなく，実際に起きた会話の録音をもちいているからにほかならない。
　（中略）
　このようにいっても，経験的であること（つまり，実際に起きたことの録音・録画をもちいること）は，やはり便宜的にすぎないのかもしれない。しかし，たとえ便宜的にすぎないとしても，重要であることに変わりないと思う[23]。

　エスノメソドロジーの試みの中で，なにが正統な流れかなどというのは問う

ほどの意味がないとしても，実際に行われた会話，それもとても短い時間の全
会話に，どこまで集中して分析ができるかという挑戦は，確かに社会研究の技
法としての先鋭な威力を発揮する。そして，さまざまな相互行為のうちで言語，
とくに自然言語による会話を取り出してそこを凝視するという方法は，シュッ
ツやガーフィンケルとは少し角度を変えた哲学的立場も必要になってくるのか
もしれない。それが L. ヴィトゲンシュタインの後期の『哲学探究』における
言語ゲーム論につながってくる。

　第1に，決して私たちがそれを知らないわけではない。第2に，私たちは自分
でそれを，その時々の実際上の目的に応じて十分なやり方で表現することができ
る。第3に，それはいかなる意味においても，命題の集合のようなものとして与
えられてはいない。もう一度断片（0-1）の 10-11 行目のやりとりを思い出してみ
よう。

(0-1a)〔TB〕
10　C:→　.hh（0.8）薬は 飲んだかい？
11　A:　　　ううん:，のんでないけど　もう大丈夫,

　11 行目でAがこのように語ったことを，いまA自身がおぼえているとは考えに
くい。もしいまAに，かれがこんなふうに，最初に質問に答えたあとで，「もうた
ぶん大丈夫」と言って（Cの発話により示された）アドバイスに答えていたと言
うならば，かれは自分がそんなふうにしていたことを知って驚くかもしれない。
しかし，質問に答えたあとでアドバイスを拒絶したのは，Aが，このCとの会話
のなかで，まさにやっていたことにほかならない。少なくとも，私が記述もしく
は表現を与えていこうとしているのは，本人たちがやっていることであり，その
やり方である。本人たちは自分のやっていること，そのやり方を決して知らない
わけではない（たとえ，知っているとも言えないとしても）。かれらは，（たとえ
ば必要に応じて相手に説明するために）自分でそれに（しかるべき）記述もしく
は表現を与えることもできたはずだ。このような可能な記述・表現を求めながら，
それを整理して「見通しの良い記述」を与えること，これが以下の諸章で試みよ
うとすることである[24]。

　会話分析を武器とするエスノメソドロジーにとって，参照すべきは言語であ
り，いまやシュッツでもガーフィンケルでもなく，ヴィトゲンシュタインであ

第7章　自明なことを凝視する先に何が見えるのか　281

る，ということになろうか。

　　何か有意味なことを言ったり，あるいは他の人が言うことや何かで読んだこと
　を理解したりするのに，いかなる論理的もしくは倫理的な道具立ても，必要では
　ない。またじっさい，ふつうわたしたちは，そのような道具立てを使っていない。
　ことばだけで十分なのだ。ある部屋の記述を理解するのに，ある部屋のイメージ
　を思い浮かべる必要はない。「痛み」や「黄色」〔ということば〕が何を意味するか
　理解するのに，痛みや黄色のサンプルをもっている必要などない。ある表現を理
　解するのに，別の表現に翻訳する必要もなければ，そこにどんな規則があるのか
　推測したりすることも，またそれがどんな規則か解釈したり，それをわざわざ適
　用してみたりする必要もない。わたしたちは，言語を，あるがままに理解するだ
　けである[25]。

後期ヴィトゲンシュタインの思想からすれば，彼は自然言語の操作を，いわ
ば「自己充足」するものと考える立場をとっている。

　エスノメソドロジストではない筆者が，シュッツ，ガーフィンケルそしてエ
スノメソドロジーを称する研究文献を少しばかり読んでみて，最初の問いに帰
るとき，中途半端な実証主義，質問紙と数量データと統計分析で社会調査をこ
なすことに大きな疑問と批判を感じた彼らに共有できるものを抱く反面，現象
学的社会学の方法が相互作用する個人だけにあり，それもエスノメソドロジー
の場合，数分の会話の音声，身振り，表情からどれだけのものを読み取ること
ができるかの勝負になっていることに，ある種の戸惑いも感じる。

　ここで参考までに，D. フランシスとS. ヘスターの初学者向けの教科書
『エスノメソドロジーへの招待』にある，「主流の社会学」から浴びせられるエ
スノメソドロジーへの3つの難点をあげてみる。それは次のようなことであ
る。

　（1）わかりにくさ：エスノメソドロジーという語を含め，ガーフィンケルが提示
　　　したアカウンタビリティ，インデキシカリティ（文脈依存性），リフレクシ
　　　ビリティ（相互反映性）といった用語や概念がわかりにくく，主流の社会学
　　　からは風変わりなものと見られるという批判。
　（2）不完全さ：エスノメソドロジーは人びとの活動に研究の焦点を合わせるが，

社会構造を無視している。つまり「ミクロな」相互行為だけを記述し,「マクロな」社会構造を見ようとしていない,という批判。
（3）素朴な経験主義：エスノメソドロジーの研究が重視する,相互作用の活動を生起している状態のまま記述するだけという方法上の姿勢は,理論を必要としないという素朴な経験主義であるという批判。

　これらは旧来の実証主義や主観・客観二元論に立つ「主流の社会学」から,エスノメソドロジーがまったく異端と見られた時代を反映しているが,エスノメソドロジストは当然力を込めて反論している。筆者からみても,現在の社会学の水準からすれば,エスノメソドロジーへの理解が進み,この3つの難点はおおかた克服されているとみてもよいのではないか。
　エスノメソドロジー派内部での議論はいろいろあるのであろうが,筆者は外部の者としてそこの違いまではわからないし,立ち入る気もない。ただ,こうしてシュッツ以降の現象学的社会学の歩みを自分なりに考えてきて,当面こういうことなのではないか,という点を最後に記しておきたい。それは,ガーフィンケルの「カラートラブル」ではないが,日常性の経験に即して記述し考えるというエスノメソドロジーの態度のリアルとフィクションの同一性という問題である。エスノメソドロジーからすれば,一方で経験的社会調査の大前提,まずは目の前で起こっていることを正確によく見るということ,他方でいくら対象を凝視してもそこから見えてくるものは,見ているこちらの視点や視野によって変っていくという問題である。ここでは,そのことをひとつの例で考えてみる。
　素材はあるTVドラマである。これは角田光代の小説をもとにした「紙の月」という5回連続ドラマ作品だが,大筋はこういう話である。主人公は多忙な商社員の夫をもつ40歳前後の主婦で,金銭的に不自由はないのだが子どもがいないので銀行員のパート社員になったという設定である。彼女は有能で裕福な顧客を訪問しては預金を獲得する。夫は妻が退屈しのぎで仕事をするのを喜んで承認し,彼女は資格を取ってさらに仕事に励む。ある日,高額な化粧品を購入する際に,顧客から預かった現金を一時借用したことをきっかけに,人

第7章　自明なことを凝視する先に何が見えるのか　283

の金をこっそり手に入れる経験を身につけてしまう。そして，偶然出会った若い男子学生が好意を寄せてくるなかで，彼が金銭に困っていることを聞き，大金を与える。次第に彼との関係を深めるなかで，自分が裕福でいくらでもお金を使える境遇にあることを示すために，銀行預金者の巨額の預金を横領することをやめられなくなる。ドラマは，彼女を信頼する高齢の顧客や，金銭に振り回されることで精神の危機に晒される彼女の高校の同級生などをちりばめながら，この1億円横領事件の犯罪者となる主人公の行動と心の動きを描いていく。これは作者が実際にあったいくつかの事件を参考にしたとはいうものの，ノンフィクションの記録文学ではなく，むしろそうした実録文学に対して，別の視点を対置することを意図した創作だと明言している。

　フィクションとしての物語は，作者がさまざまな経験的観察からひとつの有意味なストーリーを整序して，読者あるいは視聴者にある種の統一的感慨を与えるように構成するものである。それはそのような作者の意図による構成であるかぎり，現実そのものとは違うのだが，では現実そのものとはなんであるのか？　顧客の前で優しく賢く合理的に振舞う銀行の外務員も現実であるし，若い愛人の前で裕福な庇護者であり愛に溺れる女を味わうのも現実であるし，何も知らない夫の前でもはや共有できる感情のないことを自覚するのも現実であり，預金証書を偽造し露見を恐れてさらに犯罪を重ねるのも現実である。われわれはそれをかなり正確にリアルなものとして理解できる。そして最後にすべてを棄てて，バンコクとおぼしき海外に逃亡して自分の行動を反芻する主人公の心境も，多くの観客は到底共感はできないとしても理解は可能だろう。それは，倫理的道徳的な社会規範の自明性を意識しつつ，それとは次元の異なるリアリティにも響いてくるものを感じるだろうからだ。

　現象学的社会学があえて無謀にも，非情な社会科学に持ちこもうとしたのは，このような日常生活世界にあふれている多様で複雑なややこしいリアリティを，実はわれわれは素直に凝視すれば誰でも理解しているではないか，ちゃんと理解できるではないか，ということなのではないか。そして，ここにこだわっていくと，世界の見え方自身が少しだけ変わってくる。この「紙の月」

でいえば，このような事件に対して，まず世間の与える評価は，「子のないア
ラフォー主婦の心の闇」，「若い愛人に溺れて貢ぐ愚かな中年女の犯罪」，「まじ
めなお嬢様育ちの美人 OL の転落」といった判で押したようなステレオタイプ
の言葉の嵐である。われわれの社会を秩序として構成している言説の大半は，
こうした紋切り型の通俗社会心理学的説明で維持されている。それは「主流派
の社会学」がやっている専門用語としての，社会現象を説明する概念や用語よ
りは通俗的だろうが，基本的な認識態度は共通している。

　エスノメソドロジーの知的挑戦は，このような浅薄な言語の暴力に対して，
当事者が今ここで感じたり話したり行っていることは，そういう上からの概念
や型通りの道徳的枠組みをいかに解体し，人がそこで生成し創生している何か
を取りだすことにあるのではないかと思う。会話分析の試みは，どこまで社会
学的方法として有効か筆者には今のところ判断できないが，仮に「紙の月」か
ら会話と独白を拾ってみるとこうなる。

（1）2人が逢う居酒屋のシーン
01　光太：「子どもとかは…いや，ごめん，いろいろ聞いて…」
02　梨花：「いないの，ほんとは欲しかったんだけど…。でも，どうかな・最近・
　わからなくなってきた。」
03　光太：「え？」
04　梨花：「ほんとに子どもが欲しかったのか…ううん・欲しかったんだけど…
　　でも，もしかしたら…子育てをすることで，何かになれるって…思ってたのか
　もしれない」
05　光太：「何かに？」
06　梨花：「この世界で必要とされる・何か…」
07　光太：「必要とされてないと思ってるの。もしかしてだけど・梨花さん，自分
　が嫌いなの？　前にも言ってたよね，自分はダメな人間だって…」
08　梨花：「変わらなきゃとは思ってる」
09　光太：「どうして？」
10　梨花：「どうしてって，こんな・何のとりえもないし，いてもいなくてもおん
　なじような…」
11　光太：「変わらなくてもいいよ。梨花さんは…梨花さんは，梨花さんでいい。
　そのままの梨花さんでいてほしい。俺じゃ…だめかな？　俺だったら，梨花さん

にそんなふうに絶対思わせない。俺には梨花さんが必要だから…」

　この会話は，やや長くて会話分析としては少々複雑になるが，01行目の「子どもとかは…」という問いかけに始まり，02行目での隣接ペアはむしろ梨花が，光太の問いへの答え以上の発展形態を展開する形ですすむ。04〜05行目で間を置いた梨花の発言は，「子ども」という問いへの直接の答えではなく自分の存在の意味の方向に移行して，自問自答のようなリフレクシヴな色合いを深める。06〜07行目では，梨花の自己認識の否定的ニュアンスと，それに反撥して肯定的な自己呈示がしたいと感じた光太が現れる。そして最後の11行目で，光太は反転してここまでの梨花の懐疑的な自己呈示を否定して，積極的な誘いを一気に行ってしまう。このプロセスにおいて生成されている相互行為の質は，シナリオを描いた脚本家の創作になるものだから，現実に交わされた会話よりやや整序されているかもしれない。しかし，これを見る者はそのリアリティを無理なく理解できると思うだろう。

　このあと，TVのドラマ映像にかぶせて2人が結ばれた翌朝の梨花の独白が流れる。

　　私は自由だ。唐突に…そう感じた。心の底から指の先まで充たされたあの日。私が感じていたのは，罪悪感ではなく，大きな解放感と，そして・それよりも大きな万能感だった。もしかしたら私は，やろうと思ったことを何でもやれるのかもしれない。行こうと思った場所に，どこへでも行けるのかもしれない。後に何度思い返して見ても，私の中の何かを変えてしまったのは，この得体のしれない私の中の万能感であったような気がしてならなかった。

おわりに

　エスノメソドロジーについて，やや斜めの角度から見てきた本章のまとめとして，この例から会話分析の方法としての独自性と有効性への，何か足りない点があるとすれば何か，という問題を示唆しておきたい。それは，「語ること」

と「書くこと」の違いになるかと思う。会話分析は「語ること」あるいは「話された言葉」のやりとりに焦点を絞るという戦略で，社会学という学問の方法を現象学的また言語学的な方向に転回させようとした。それは単にどんな研究対象にも応用可能な「技法としてのエスノメソドロジー」へと洗練され発展していったのだが，同時に書斎の思弁ではなく経験的社会調査あるいは実践的ムーヴメントを近代科学への根底的批判として，調査研究を「思想としてのエスノメソドロジー」にまで樹ち立て鍛えようという，ガーフィンケル以来の精神を継承していたのかもしれないと思う。

　もし筆者がエスノメソドロジストにはなれない理由を表明しろと言われたら，少々苦味を噛みしめながらこう言うだろう。ある日あるときある場所で「話された言葉」を，社会学のデータとして精密に扱うことの意義は理解できる。社会的行為の動機の意味理解，という厄介な問題について，エスノメソドロジーはひとつの方法論的な答えを与えている。でも，「話された言葉」から読み解く秩序あるいは秩序の生成とは，いまここの出来事の分析であって，それとは少し別の現実を捉える方法もあるはずである。

　「紙の月」の例で言えば，2人の相互作用としての切り取られた「私的会話」に対して，構築された声にならない「独白」という表現があり得る。そこでは自分の行為について，金銭を横領する規範侵犯の「罪悪感」よりも，夫を裏切る不倫という「倫理観」よりも，それまでの自分が囚われていた精神の拘束からの「解放感」を実感し，さらに自分には何でもできるのだという「万能感」が語られる。しかしこれは「独白」という形以外にはありえず，もし相互行為としての「会話」において語られたときは，たちまち深刻な離齬や制裁を呼び起こす。それは作家によるある斉合的な一貫的な構築が行われた作品なのであり，だからこの「独白」は，アートとしての創作として作為的に語られなければならない。もしこうした当事者の「独白」が社会学的に扱えるデータになるのだとすれば，それは実際に話された会話ではなく，「書かれた言葉」文字によって書き残された「独白」しかないだろう。社会学には書き残された「独白」を，ドキュメントや生活誌，あるいは聴き取りを書き残すライフ・ヒストリー

第 7 章　自明なことを凝視する先に何が見えるのか　287

という一連の研究があることは，これまでも触れてきた[26]。それらとエスノメ
ソドロジーには，親近性と方法的な共通性があるのだが，同時に基本的に立場
を異にする面がある。

　われわれはある静かな場所で，誰にも邪魔されずに自分の過去や未来につい
て想いを馳せる時間をもったとき，何か自分にとって意味のある命題を考え，
それを秘かなつぶやき，「独白」として言葉にするだろう。しかし，多くの場
合それは書き残されたり具体的な記録に残ることなく，時間の経過とともに消
えてゆく。それはあくまで目の前の他者との会話のような相互作用の場面で行
われたことではなく，反省的空想的な特殊な時間の中での私的に構築された出
来事なのだ。だからこれをエスノメソドロジーは，観察可能なデータではない
ので禁欲的に排除する。それはそれで構わないが，単なる技法としてのエスノ
メソドロジーだけでは，運動としての社会学にとって物足りないと思うのは筆
者だけであろうか。

注

1 ）科学論としての「新カント派」と呼ばれるものは，19 世紀末から第一次世界大
　　戦の時期にかけてドイツを中心として，カントの哲学を徹底・復興させると唱
　　えて，隆盛だった唯物論や実証主義に対抗しようとした。論者には，マールブ
　　ルク学派のコーエン，ナトルプ，カッシーラー，西南ドイツ学派（バーデン学派）
　　のヴィンデルバント，リッケルト，ラスクなどが著名。ヴェーバー社会科学方
　　法論との関連では，とくに自然科学と文化科学の区別を唱えたリッケルトが関
　　係深い。リッケルトは自然科学が「普遍化的方法」をとり，歴史的文化科学が「個
　　性化的方法」をとると言った。
2 ）Hesse, M., *Revolutions and reconstructions in the Philosophy of Science*,
　　Bloomington, 1980, p.170. 野家啓一『科学の解釈学』講談社学術文庫，2013 年，
　　96 頁。
3 ）アラン・ソーカル／ジャン・ブリクモン『「知」の欺瞞』田崎晴明ほか訳，岩波
　　書店，2000 年。
4 ）野家啓一『科学の解釈学』講談社学術文庫，2013 年，96-97 頁。
5 ）野家は補助線としてハーバーマスの「認識関心」に言及している。「われわれは
　　自然科学と人間科学との二元的区別を固定化するのではなく，むしろ両者を統
　　一的な視座から捉え直すべきことを主張してきたが，それに対して J・ハーバー

マスは，両者の科学の基本的相違を『認識関心』の異なりという特徴に求めている。彼によれば，経験的・分析的科学（自然科学）を先導しているのは『技術的認識関心』であり，そこで求められているのは対象の技術的操作とそれを支える予測可能な知識である。他方，歴史的・解釈学的科学（人間科学）は『実践的認識関心』によって導かれており，その目標は『行動を導く可能な理解をわかちあう間主観性を維持し拡大すること』にあるとされる。確かに，自然科学と人間科学との区別をこれまでのように認識対象や方法論の相違に置くのではなく，それぞれの科学を主導する『認識関心』，すなわち『人類の可能的な再生産と自己構成のための特定の基本的条件』の違いに求めたことは大いに評価すべき事柄であろう。しかし，ハーバーマスがこの認識関心の相違を学問領域の二元性として位置づけるとき，われわれはそれにいささか留保をつけざるをえない。それは先の『科学的方法の二元論』の変奏にすぎないからである。」野家啓一『科学の解釈学』95-99 頁。

6) Schütz, A., *Der Sinnhafte Aufbau der Sozialen Welt: Einleitung in die Verstehende Soziologie*, Julius Springer, 1932.『社会的世界の意味構成—ヴェーバー社会学の現象学的分析』佐藤嘉一訳，木鐸社，1982 年。なお，邦題が Sinnhafte Aufbau を意味構成 Konstitution des Sinns と訳すことで意味を帯びた構築物と，構築作業そのものの混同がやや気になる。

7)「ニュースクール」は 1918 年にコロンビア大学の教育・研究体制に対するオルタナティヴとして，成人向け生涯教育校として作られ，それが 30 年代のナチス迫害から逃れてきたユダヤ系や社会主義者の社会科学者を受け入れる大学として 1935 年に再組織された学校。この点は，那須壽『現象学的社会学への道—開かれた地平を索めて—』恒星社厚生閣，1997 年，150-151 頁参照。

8) 盛山和夫『社会学の方法的立場—客観性とは何か』東京大学出版会，2013 年，112-113 頁。

9) 盛山和夫，同書，2013 年，114-115 頁。盛山は，廣松のこの「ないものねだり」を知りながらのこだわりを，「埋蔵金が見つからなかったことを知った上で，なおかつ埋蔵金探しのドキュメンタリー番組を放送し，視聴者に最後まで見続けてもらうため，『もしかすると見つかったのかも知れない』という期待を抱かせる工夫と同じ」と酷評する。

10) A. シュッツは『社会的世界の意味構成』第 1 章で，この研究の意図を「理解社会学に従来欠落している哲学的基盤を与え，現代哲学の確かな成果によって，この理解社会学の根本的な見地に梃子入れすること」（邦訳 59 頁）と書く。この表現がシュッツの哲学的な研究意図と誤解される部分でもある。また佐藤嘉一はこの 3 点の他に，⑷として理解社会学の方法の問題を付け加えている（訳者解説）。

11) 廣松渉『現象学的社会学の祖型　A. シュッツ研究ノート』青土社，1991 年。廣

松はこの5層についてシュッツの行文を整理して以下のように要約している。「(1)他者との関係に先立って行為それ自体が内具している意味，これが第1層。(2)行為の Worauf-zu の他我性，これが第2層，(3)他者の行動への有意味的定位 sinnhaft orientiert sein an dem Verhalten des Anderen これが第3層。(4)低位3層の意味構造が当事者自身に理解されている Verhalten こと，これが第4層。(5)如上の当事者にとっての意味を，帰するところは第4層を，学理的観察者が開明的に理解する意味内容，これが第5層。」廣松同書，26頁。

12) Garfinkel, H., *The Origin of the term, Ethnomethodology*, 1968.「エスノメソドロジーの命名の由来」秋吉美都訳，山田富秋・好井裕明・山崎敬編訳『エスノメソドロジー　社会学的思考の解体』せりか書房，1987年，19頁。

13) Garfinkel, H., *Color Trouble*, 1940.「カラートラブル」秋吉美都訳，山田富秋・好井裕明編訳『エスノメソドロジーの想像力』せりか書房，1998年。

14) 浜日出夫「エスノメソドロジーの原風景―ガーフィンケルの短編小説『カラートラブル』」山田富秋・好井裕明編，前掲書，34頁。

15) 富永健一『思想としての社会学』第8章「現象学的社会学の思想」新曜社，2008年，652頁。

16) H. ガーフィンケル「アグネス，彼女はいかにして女になり続けたか」山田富秋・好井裕明編，前掲書，305-306頁。

17) ドロシー・E. スミス「K は精神病――事実報告のアナトミー」山田富秋・好井裕明編訳，前掲注13)，160頁。

18) 浜日出夫「羅生門問題」富永健一編『理論社会学の可能性　客観主義から主観主義まで』新曜社，2006年，271-289頁。盛山和夫「秩序問題の問いの構造」盛山和夫・海野道郎編『秩序問題と社会的ジレンマ』ハーベスト社，1991年。

19) 山田富秋「エスノメソドロジーの現在」山田富秋・好井裕明編　前掲書，1998年，77-79頁。

20) 朴沙羅「おまえは誰だ！」(『社会学評論』254 第64巻第2号）2013年 282-283頁。

21) 西阪仰『分散する身体　エスノメソドロジー的相互作用分析の展開』勁草書房，2008年，42頁。

22) 西阪仰「概念分析とエスノメソドロジー」山田富秋・好井裕明編，前掲書，1998年，211-213頁。

23) 西阪仰『分散する身体　エスノメソドロジー的相互作用分析の展開』勁草書房，2008年，29-30頁。

24) 西阪仰，同上書，29-30頁。

25) Hunter, J. F. M., *Forms of Life in Wittgenstein's Philosophical Investigations*, Klemke, E. D., ed., *Esseys on Wittgenstein*, Urbana : University of Illinois Press, 1971, p.283.

26）水谷史男「私的に書かれた「語り」を読むこと―社会調査のデータとしての日記と手紙について」明治学院大学『社会学・社会福祉学研究』第143号，2014年。

第8章

「数字」と「言葉」

　私たちは，「啓蒙」のような，人間がものを考える時の企てを，社会学がよくやるように，それぞれの時代に関連づけます。啓蒙の時代は，伝統や偏見といったすべての拘束から解き放って，理性により人間の諸関係を新たに構成する努力がなされたと私たちは理解していますね。つまりその営みは，18世紀にその頂点に達したのち，その後は急速に価値を失っていったことも。私たちは，19世紀と20世紀には社会学をそこに充当します。社会学は，その実証的科学性を誇り，普遍的・人間的理性の変わらぬ法則にではなく，検証可能な事実や社会的行為の条件に拠りどころを求めたのです。そのために社会学は，啓蒙的楽天主義の退潮のあとで，自らを懐疑的学問だと主張するかもしれません。その懐疑的学問は，自己の研究の未来に対して，その研究が十分に責任を取れないような方法論的規則に従って研究を進めることになりました。

(ニコラス・ルーマン『社会学的啓蒙』訳は筆者)

はじめに

　本書でいくたびか繰り返してきたように，社会学は，日々生起し変化している複雑多様な社会現象を対象として，一定の視点から問題を設定し，その実態を把握し，その生成メカニズムや因果関係を説明するために，さまざまな命題や仮説を検証する社会調査を行う，とされている。こうした研究活動の方法的態度には，社会学の創始者とされるコントが唱えた「実証主義」がある。実証主義は，人間の作る社会について古くから思惟をめぐらしてきた「人文学的伝

統」，神学や哲学や，倫理学や社会思想やらと呼ばれていた学問から距離を置き，西欧で 17 世紀に数多くの発見をもたらした自然科学の成果に触発されて，続く 18 世紀に華々しく新しい知的革新を謳って登場した「啓蒙 enlightenment, Aufkärung」の流れを受け継ぐ思想と，いちおう考えてよい。

「啓蒙」の思想家たちは，人間の理性の光によって過去の伝統や神話に縛られた世界の暗闇（蒙）を照らし開（啓）くことを，人類の進歩として高らかに語ったが，そこにはいくつかの異なる潮流が含まれていた。実証主義のひとつの源流である経験主義は，ロック，スミスなどのイギリスで発展して産業化・資本主義化を導く思想となり，もうひとつの合理主義は，モンテスキュー，ルソーなどフランスで展開され，フランス大革命のような社会変動を用意したけれども，19 世紀初めの革命と戦乱，ナポレオンの栄光と没落を目にして，「啓蒙」の輝きはすっかり色褪せてしまった。啓蒙主義からは人権や平等や自由といった輝かしい理念は生まれたけれども，来るべき社会がどのようなものになるのか，それ以前に今ある眼前の社会で起きていることを，どう捉えればよいのか。頭と言葉でユートピアを語るのではなく，先行する自然科学者が開発したやり方，つまり実験や観察によって正確で確実な知識を蓄積し，それを「実証的精神」で解明し法則を発見する，この方法を人間が作っている「社会」を対象に行うことこそ必要である，とサン＝シモンを引き継いだコントは主張したわけである。

そうやって社会学なるものが出発したとすれば，社会学の研究は自然科学のように，社会現象を距離を置いて客観的に測定し，できればあいまいな概念に満ちた形容詞的言葉ではなく，測定器で測った数値として記録し分析するのが望ましいことになる。コントはそのような道具や作業にとりかかるつもりであったろうが，その前に彼の寿命が尽きた。しかし，この方向は社会学という名前とともに継承され，統計を駆使したデュルケームを筆頭に，20 世紀になると「実証主義的方法」は一段と精緻なものになって，やがてアメリカで数量的な大量データを積み上げる社会調査法を普及させた。

しかし一方で，社会学の内部でも，自然科学と同じ方法で社会を研究できる

第 8 章 「数字」と「言葉」 293

と考える「実証主義」への懐疑的立場を表明する社会学者は少なからずいた。富永健一は，19 世紀以来のこの方法論上の対立を整理して「実証主義対理念主義」(Positivism vs. Idealism) と呼んだが，これは現在まで社会学内部に大きな 2 つの異なる立場として存在しているとみる[1]。富永のあげる「理念主義」には，ドイツのディルタイなどの歴史学派，フッサールに由来する現象学，フランクフルト学派などのマルクス主義と批判理論，そして M. ヴェーバーの行為理論までの潮流を含む。また，「実証主義」の 20 世紀の社会科学での展開は，論理実証主義に補強されて経済学，政治学などと並行しつつ社会学内部では，均衡理論，システム理論，機能主義などが総合される形でパーソンズに集約される理論と，数量分析に重きを置く社会調査法の進歩をあげる。

　本書では，このような見取り図を頭において，社会学における方法論を，「実証主義」と「理念主義」をそもそも相容れないものとして振り分けるのではなく，社会現象を捉える際に用いられる道具としての数字と言葉という角度からその有効性を考えてきた。

1　再び量と質，数字と言葉

　第 1 章でみたように，「量的な調査」で得られたデータが描き出すのは，大量現象としての人間集団の全体像の縮図であって，まずは構成比率とか分布とかの数値によって示される。その設計の段階で指標や尺度はあらかじめ一定の仮説や理論を想定している場合が多く，データ分析は変数間の相関をみたり条件を操作したりしてその仮説を検証することに意味があるのだが，個々の回答者（標本）の中身は問わない（質問に組み込んだ属性要因はもちろん変数として考慮する）。

　これに対して，いわゆる「質的な調査」の方は，あらかじめいくつか質問項目は用意してある場合も，回答者や記述の中身は通常日常言語としての言葉であり，それをまずはそのまま音声や文字として記録したものがデータになる。そこからは複数の人間集団の全体像や要素間の厳密な比較が可能となる情報は区別できにくい。なによりも「量的な調査」が十分な n，つまり大量母集団か

ら選ばれた統計的に意味のある多数の標本に同じ質問をすることを必要とするのに対して，いわゆる「質的な調査」は，調査対象の「数で勝負」することを初めから捨てている。

　問題がごく一部の少数者だけが当事者であるならば，アプローチと合意（ラポール）さえできればその大半を調査することも不可能ではないだろうが，より多くの人びとが抱える問題を「質的な調査」で広範に捉えることは，現実的に困難であろう。インタビュー回答者を増やすことに努力を傾けるより，少数でもその得られた語りのデータ情報からどれだけ（数量統計的ではない）意味のある発見を引き出せるか，「言葉の勝負」になる。これはある意味ジレンマを内包するが，そこを技法的になんとかクリアしようとするのが，語られた言葉だけに注意を集中する「グラウンデッド・セオリー」や「エスノメソドロジー」といった言語分析の試みだろう。数字が量の勝負であり，言葉は質の勝負だといわれれば，なんとなくわかったような気がしないでもない。

　しかし，この量と質という概念をよく考えてみるとなかなか厄介なもので，たとえばこういう議論がある。

　簡単な例で考えてみる。水を徐々に熱していくと，正常気圧のもとではある温度までは液体だが，そこを超えると水蒸気となって蒸発することは，小学生でも実験で確かめることができる。これをビーカー内の一定量の水の温度や重量・体積という数量的に測定できる指標で表わされていた水が，温度計や秤では測定できない気体になってしまうので，量的規定から質的規定に変わったと考えることもできそうである。量の変化が質の変化に転化すると言ってよいだろうか。沸騰点に達しない間も，水の蒸発は始まっているし，重量や体積はつねに変化している。また，鉄は熱していくと赤くなりさらに高温では白熱し，そしてどろっと溶けはじめる。あるいは2度の冷たい水はバターを溶かさないが90度の湯水は溶かすという現象を，温度という量の連続的な変化ではなくその機能や形態の質の相違と考えてもいいかもしれない。

　これに関して大森荘蔵は，こういう説明をしている。

水蒸気と水（液体）との相違は質的相違であること，沸騰点以下の水の温度の差は量的差異であることを仮定する。すると量質転換の事例としての水の沸騰は次のことを意味する。即ち水を熱して行く場合，我々は気体と液体という質，及び水の温度という量的規定の2つに着目する。その場合他の諸性質，諸関係を無視する。そうしてこの着目した量的規定と質的規定の間に量質転換という過程が見られるというのである。この限りに於いては，この命題は確かに正しい。勿論水の沸騰というような簡単な事例からもっと複雑な現象に移る時には着目すべきものは2つには限らず，数多いものであろう。然し要点は量質転換の過程に入り込む，量的，質的規定が予め着目されている必要があるということである。しかも何々が質的規定であり，これこれが量的規定であると定めておかねばならない。従って勿論の事であるが，或る特定の現象（自然的，社会的何れにせよ）に含まれる任意の質的規定と任意の量的規定との間に量質転換が起こるということは絶対に言えない。更に，或る現象の中の1つ又は一群の量的規定とされた規定を考え，その量的規定を一定の方向に増減させて行けば，どこかで何らかの質的変化が必ず起こるという事は意味がない。この場合，いくら量的増減をして行っても何等質的変化が起こらなくとも，この命題は否定された事にはならない。何となれば，更に増減を続ければ，いつか何らかの質的変化が起るかもしれぬ可能性を否定できないからである。世界はいつか必ず亡びる，いつか必ず太陽は登らない，という事はどんな経験的事実をもってしても否定することができないのと同じである。このように時間の区切りのない「いつか」を以てした主張は経験的に否定する機会が論理的にないわけであるから，どんな事でも（それ自身に矛盾を含まぬ限り）主張でき，それ故経験的意味をもたぬと考えてよい。（経験に関する普遍命題の完全検証不可能性を裏返したものである。）それ故先の命題は，大よそにでもかくかくの量的規定をかくかくの程度に迄増減した場合にという事を指定し，更に質的規定の範囲を指定せねば無意味である。そのような指定をせねばならぬという事は，とりも直さずそのような指定を個々の現象についてするか，または一般的な指定の仕方を示さねばならぬ事を意味する。このどちらかをしない限り量質転換はその成立する範囲が定まらない[2]。

これに続く部分で，大森は一般にある概念が持つ意味には大きく分けて二種類の傾向があり，ひとつは積木細工の一部をなす積木のように，文脈に影響されることなく固定した概念を保持するもの，つまり名詞的概念である。犬とか机とかは意味は固定している。これに対し，その概念が使用に際して文脈によって意味が揺れ動くようなもの，たとえばAという人の性格，といったものは固定した普遍のものはあり得ず，その人を取り巻く人間関係や状況や時間

といった文脈でいくらでも揺れ動く。こちらの性格概念は，さまざまな状況の
なかでその人が示す反応の総体に「優しい」とか「怒りっぽい」とか形容詞的
名称を与えているわけである。言語論的にはさらに細かく分類もできるだろう
が，ここでは，これを「量的な調査」と「質的な調査」の相違点に絡めて考え
てみると，ひとまず前者が数量データに対応し，後者が言語的データに対応す
るだろう。

　数量的な調査が測定するのは，ひとつの尺度で正確に定義された変数，つま
り固定した概念を変数として測定できるものである。心理学がやるように，人
の性格を複数の要素に分割しておいて，その各要素を指標化して測定し（でき
るだけ間隔尺度以上の数量データにして），それを多変量解析にかければ，その
人の性格がマトリックス上のどこかに示される，というような戦略をとる。一
方，数量的でない調査，つまり数字を使わない「質的な」調査データの場合は，
このような操作はそもそも不可能であるから，取るべき方策は，その人物の言
葉や映像から得たデータを無理やりにでも数量化して分析可能な形にまで加工
するか（「内容分析」法はこれに近い），言葉や映像はそのまま保存してその文脈
や状況についてどこまで読み解けるかを試すしかない。

　社会調査でもし量質の概念転換がありうるとしたら，どんな場合だろう。数
量的調査は質問紙に並べられた測定項目は数値として把握されるが，それ以外
の要因は無視されている。社会現象は2つか3つの要素に限定して他を捨象し
たような実験室での測定はやったとしても当たり前の結果しか得られないから
社会学的にはさして意味はない。ある現象を多面的に捉える必要があるが，質
問をむやみに増やすには限度がある。そして，ひとつの量的指標を操作的に増
大させていくことで，研究対象（それは人間の行動や意識だが）に質的変化が起
こるとすれば，たとえばエスノメソドロジーの違背実験のように，わざと無意
味な質問を繰り出して回答者に戸惑いや怒りを惹起するといったことが考えら
れる。しかし，それは状況や文脈をあぶり出すための作為的な実験であって，
固定した二変数の連続的変容のなかで起こる変化とはいえない。

　いずれにしても，通常の数量的調査が使用する正確に定義された概念に対応

しない，日常言語の言葉に含まれる個々の概念や特性を取り出して，あえて正確に定義しようとしても失敗する。大森はむしろ，そのあいまいさを認めてしまう方がよいと考える。

　この種の概念が働く様々な状況，文脈は非常に広い場合が多い。或る状況，或る文脈におけるこの概念の働きは非常に明確で実際的にその理解は十分なものであったとしても，他の場合には必ずしもそうとはいえない。概念は絶えず新しい状況に面して，類比により，他の概念との関連により，拡張されたり誇張されたりして変容を受けて行く。この過程に於て，初めの間使用されていた状況や文脈では明確であったものが，屡々曖昧になったり多義になったり空虚に使われたりしてくる。ヴィッツゲンシュタインは之を言葉がお祭りをするとか，言葉の日曜日とかと呼んでいる。そのような場合は当然この概念の祝祭日的振る舞いを真面目な月曜日に戻すことが必要になる。(中略)
　然し，量質概念が或る場合に信頼できない挙動を示すからといって，すべての場合にその不信を拡大するのは間違っていることは当然の事である。日常生活，又科学に於て量質概念は充分明確であり，我々は絶えずこの概念によって多くの事を言い表し，情報を伝え，又受け取っている。そしてその場合，誤解や誤伝の起る場合は非常に稀である。これを示すには何も例を挙げる迄もない。この範囲に於ては量質概念は何も分析する必要はなく，せいぜいの所言い直しや補足的説明で事は済むのである。危険の生じるのはいわばこのような固い地盤の上ではなく，その概念が非常に一般的な又抽象的な枠で働く時である。この危険を避けるには，唯個々の場合について，細心な注意を払う以外に方法はないように思える[3]。

フッサール的「生活世界」での相互行為場面においては，自然言語はそのままの形で充分機能し支障はないから，むしろそこに人工的な概念を持ち込むことによっていらざる混乱や言葉の物神化に注意をした方がよいということになるのかもしれない[4]。

2　方法の問題　数字・数学・数理

　社会科学というものを自然科学と同じ方法論で，つまり物理学に典型的な実験や観察から得られた観測データをもとに，自然現象を論理整合的な因果関係や関数関係として仮説や理論を経験的に検証するという方法で研究することが

可能であり，望ましいと考えるのが実証主義の立場だとすることには，今日いくつか留保がつけられる。自然科学といっても物理学のような機械論的な数理を現象の説明に適用できる分野と，生命現象のような幅や揺れをもった研究分野では，実験や観察といっても質と量に違いがあるという指摘はそれなりに認められる。動物の行動も，人間ほど複雑ではないにせよ個体差や環境の影響で変異があるから，そこを考慮しない理論では硬直してしまって問題がある。

　しかし，そういう問題よりも，実証主義を批判してきた伝統的な反実証主義，富永健一の言う「理念主義」が問題にしてきた力点は，そもそも人間が関与する社会現象は，自然現象とは質的に違うものであって，物理現象や化学変化のように条件をコントロールして，しかるべき結果が導かれ予測が可能であるようなものではありえないという立場である。そこからは，社会の研究には自然科学とは別の方法が必要になるという結論が導かれる。そうした立場からの実証主義批判は，同時に数量統計的方法に対しては否定的に傾いて，調査による経験的研究を重視する場合でも数字ではなく「個性記述的」な言葉の表現を重視する。

　逆に言えば，実証主義の方法を貫いて社会現象を研究することに成功した社会科学とはどんなものか，と問えば，経済学と心理学があげられると富永なら答えるだろう。経済学はワルラスの均衡理論以後，ミクロ経済学の数学的分析理論によって完璧とも言えそうな達成を見た。経済現象の研究は，この理論に数量的データを投入すればよい。しかし，それは人間の経済的行為のうちに効用 utility という人工的な概念をもちこむことで成立することができた。社会学からみるとこの効用という架空の概念を，そのまま受け容れるのは難しい。それは単に測定された数値をみれば確かめられるとはいえない。使用される概念およびそれを組み立てる論理を精査する必要がある。

　ミクロ経済学の基本的な３つの道具立てのうち，価格と数量は客観的に測定され表示されうる明確な概念である。ところがこれに対して効用というのは人間の主観的な心の状態であり，これを客観的に測定して数値であらわすということは

第8章 「数字」と「言葉」 299

いったい可能か，ということはそれ自体大きな問題である。心理学と社会学には，1930年代以来開発されてきた質問紙法による「態度」の尺度化という手法があって，たとえば生活満足度の尺度化といった作業がじっさいに行われて来ている。だからこれを消費者行動に適用して，経済的な効用の測定を試みることも，もちろん考えられてよいであろう。ただしその場合，満足というのは本来的に相対的なもので，異なる個人間の比較に関してはもとより，同一個人であっても境遇を異にする過去と現在とでは，比較を成し得る絶対的な基準を欠く。だから心理学や社会学の尺度化法では，態度尺度は順序尺度（Ordinary scale）であって間隔尺度（interval scale）ではない。

（中略）すなわち，効用というのはAよりもBが望ましいといった相対比較（経済学者はこれを選好 preference という）をあらわす序数であるにとどまり，AよりもBが何倍望ましいかという情報を含んだ数，すなわち基数として考えることはできないというところに結論が落ち着いたのである。だからたとえば縦軸に効用をとり横軸に数量をとって曲線を引くというような操作も，じつは恣意的なやり方であって厳密には許されないことである，といわねばならない[5]。

効用というのは普通の日本語で言えば，人が味わう幸福とか満足とかを意味するだろうが，それを量的に測定し数字にできなければこうした経済学は成立しない。それはあくまで実証主義的な分析を可能にするための仮構なのだけれども，反実証主義者の立場からすれば皮相な虚構でしかない。ここで問題になるのは，実証主義といっても単純な経験主義，とにかく実験や観察をしてそこから出てきたデータから意味ある認識を導くというJ. S. ミル的な帰納論理と，純粋にア・プリオリな数学的・論理的演算から出てくる演繹的命題を経験的データに結びつけてテストしようとする立場ではかなり異なるということである。

論理学は記号の一形態としての言語に頼ってきたが，これを変数・函数・和・積など数学の記号体系に用いられてきた概念をもちこんで，高度に形式化する演繹的推理を展開したのが1910年代にウィーンで始まった論理実証主義である。これを，イギリスでさらに彫琢したのがB. ラッセルであり，彼は，経験的事実に照らしてその真偽が問われる命題と純粋にア・プリオリかつ形式的に数学的ないし論理学的演算の規則に照らしてその真偽が問われる命題を区別して，前者を「原子命題」(atomic proposition)，後者を「分子命題」(molecular proprosition）と呼んで区別した[6]。原子命題が個別の経験的事実から導かれ，あるいは経験的事実と照合することで真偽を判定され，論理的には相互に独立であるのに対し，分子命題は経験的事実から出発したにせよ数学や論理学といった推論によって条件を特定されなければ真偽は判定されない。「もし…ならば」や「もし…でないならば」といった複数の命題を論理的に結合して得られる推論が必要だと考える。そうなると観察や実験（そして社会科学の場合なら統計や調査）の結果から原子命題は検証されるが，分子命題は数学や論理学の助けが必要になってくる。

　たとえばジョン・スチュアート・ミルの帰納法論理学の主題であった因果関係の推理という問題をもう一度考えよう。「このバラは育ちが悪い」という原子命題の定立は，そのバラを観察することによってなされ得る。社会科学的な原子命題もまた，社会的事実についての観察によってなされ得る。もっとも，前者の場合には，おなじように観察といってもその観察の手続きが通常なかなかたいへんで，たとえば「現在の日本では公務員世帯の貯蓄率はそれ以外の世帯の平均貯蓄率よりも低い」とか「昭和50年の日本全国の世代間職業粗移動率は農村部よりも都市部の方が高い」といった調査報告文もそれぞれ原子命題であるが，この命題の定立には膨大な金と手間をかけた調査データの収集と分析がなければならない。しかしそのような手数の差はあっても，これらの命題は対象を単純に観察しさえすれば定立できるという点では，共通している。
　これに対して，因果推論に関する命題ということになると，単純観察だけでは決してそのような命題を立てることはできない。たとえば，「このバラの育ちが悪いのは肥料がたりないからだ」という分子命題を考えてみよう。バラの育ちのよしあしは，肥料によっても異なるであろうが，同時に日照や水ハケや病虫害等々によっても異なるであろう。その中から肥料という要因が育ちの悪い原因であると特定することができるためには，そのような推論の根拠となる実験的データと，それらのデータを結論の導出にむすびつける論理とが必要になってくる。
　（中略）
　たとえば，「公務員世帯の貯蓄率が低いのは，公務員の公的年金給付の期待水準が高いからだ」という分子命題を考えてみよう。貯蓄率を左右する要因として公的年金給付の期待水準はたしかに重要である（老後が安心なら人は無理してまで貯蓄しない）と考えられるが，貯蓄率に影響を与える要因はそのほかにも数多く考えられ，所得・実物資産・住宅事情，定年の有無・定年後の再就職の機会等々の諸要因についての検討がなされないと，公的年金給付だけを原因とするわけに

第 8 章 「数字」と「言葉」 301

いかない。この問題を解くためには，個々の説明変数の一単位あたりの変化が被
説明変数である貯蓄率に及ぼす効果の度合いを分析する手法が必要である。たと
えば重回帰分析や分散分析の使用はこの目的に適したものであろう[7]。

　このような論理実証主義によって，古典的な実証主義のもつ難点を克服して
科学理論としての有効性を高める立場は，1950 年代には K. ポパーの反証可能
性テーゼにまで展開した。ポパーは，自然科学と社会科学の一元論の立場から，
科学の装いをまとった検証不可能な歴史法則を唱える歴史主義を，単なる形而
上学に等しいと否定した[8]。この方法論をめぐる対立は，やがて 1961 年にド
イツ社会学会の研究集会で行われたポパーとアドルノの「社会科学の論理」を
めぐる報告と討論によって広く知られ，さらに論理実証主義とこれに対するフ
ランクフルト学派のそれぞれの次世代，H. アルバートと J. ハバーマスらが引
き継いだ「ドイツ社会学における実証主義論争」の対決として繰り返し議論が
続いたことは有名である[9]。

　両者の議論は結局かみあわなかったものの，社会科学における「実証主義」
と「理念主義」の主要な論点の相違を明確に提示したものとして知られている。
それからすでに半世紀以上が経過した現在，社会学というディシプリンのなか
で方法論の変革は起こったのだろうか？　少なくとも 1960 年代の数量的社会
調査の隆盛期に「実証主義」の側ではコンピュータの普及に伴って，多変量解
析などの手法の進展と教育が進み，同時にこれと並行していわゆる「言語論的
転回」の潮流もシンボリック・インタラクショニズム，エスノメソドロジーの
会話分析，生活史研究，解釈学やオーラル・ヒストリー研究など，さまざまな
試みが社会学の一分野として定着してきたとみられる。しかし，実証主義の立
場に立つ数量的社会調査の側は，標本調査の信頼性や代表性を脅かす回収率の
低下や調査への回答者の拒否のような現実的困難が強まり，理念主義の側でも
経験的社会調査をいかにして行うかという点で，少数の事例への聴き取りイン
タビューの言葉を集めて言説分析を行う以外に有効な方法は見いだせないよう
な場所に沈潜している。

3 言葉の分析 数字で言葉を分析する 言葉で言葉を分析する

　社会現象を研究するために，精選され厳密に定義された概念を用意し，測定の道具を工夫して量的な数字（数値データ）を集め，これを理論や仮説と照合して一定の知見を導くという方法は，実証主義の立場からは当然とるべきオーソドックスな手順である。しかし，それはいくつか原理的な欠点をもっているとみて，これに疑問を抱く研究者は，数字ではなく人の語る言葉，あるいは書き残した文章をそのまま採集して，そこからしかるべき仮説の裏付けをひき出そうとする。すでにみたように，数字がものをいうのは対象の「量的」な捉え方であり，「質的」な特性は文脈に依存した言葉によって行為の意味や，目的，それがもつ特性を捉えようとする。しかし，19世紀的な社会科学があみ出した諸概念では，フッサールの現象学が標的にしたように，いくら精級な測定用具を用意し，大量現象としての人間の行動や意識を調査したとしても，それは人工的作為的な専門知を積み上げるばかりで，自然科学が達成したような実践的な応用技術として「役に立つ」未来予測も有効な処方箋も提供することには最終的に到達しない。

　そこで，ひとまず素朴な「実証主義」の方法論をカッコに入れて，言葉が示すものをそのままデータとして活用する新たな方法はないものだろうかと，20世紀の「理念主義」は，数量化ではなく言語分析に向かう。だが，記号論理の言語学や構造主義的方法は，むしろ話されている言葉を経験的に採集することになるから，言語「実証主義」に近いものになる。「理念主義」に立つ社会学者にとっては，人間の相互行為における動機や意味をどう説明するかが問題になるから，そこで「行為の主観的意味理解」あるいは「動機の意味理解」などは果たして可能かという原理的な問題が提起されることになる。他者が心のうちで何を考えているかは，いくらじっと観察してみても水や植物の観察とはわけが違い，温度計やリトマス試験紙のような手段があるわけもない。この問題は「実証主義」では測定不可能である以上ブラックボックスとして触れないか，代替的な方法，つまり性格類型論程度の「質的」分類にあてはめて終わりにす

るしかない。

　経済学の「効用」概念や，心理学の「欲求」概念は，それらが「量的」に測定可能なものとして設定される。それは操作可能な一要素，変数としてあらかじめ定義されている。しかし社会学の「動機」とか「価値」とかいう概念は，そもそも「量的」測定は不可能なものとして考えられており，行為者Ａがある動機ｘからある状況のなかである行為Ｂを実行したという結果としての事実だけが観察可能だと考える。したがって分析は行為Ｂから推測して行為者Ａの動機ｘを特定しようとする。しかしそれはいくつかの類型に収まるほど単純ではなく，多くの条件の制約のなかでなおかつ複雑な現われかたをする。

　たとえば，中学生男子Ａ君が学校の屋上から飛び降りて亡くなってしまったという場合，それは具体的な事件であるから事実経過は調べればかなり明らかにはなるだろう。しかし，彼がほんとうは何を考えていたか？　どうして飛び降りようと思ったのか，はもはや確かめようもないのだ。

　「動機の意味理解」という問題は，他者の心のなかで起きていることを人は知ることができるのか，という厄介な問題を「量的」にではなく「質的」に，数字ではなく言葉から解を導こうとする試みだった。これをめぐってヴェーバーやシュッツは，さまざまに考察を行った。それらの「理念主義」について，富永健一は以下のような総括を述べている。

　　シュッツの結論はこうである。すなわち，自我が他者の目的動機（Um-zu-Motiv）を想像の中で自分自身の目的動機にしてしまい，その目的動機に指向した自分自身の行為の模擬履行を，他者の行為を体験するための解釈図式（Deutungsschema）として使う，ということによって自我は他者を理解するのであると。あるいは，つぎのようにいってもよい。他者の主観はどこまでも他者の主観であって，けっして自分の主観になりえないのではあるが，経験の共有によって他者の主観に自分の主観をいわば重ねあわせ，想像上で自分がおなじ目的をもった行為をする場合を想定すれば，それはあたかも自分自身の過去の行為を想起によって再生する場合とおなじく，他者の行為を自己解釈の対象にしてしまうことができる，と。シュッツはこの説明を感情移入による説明とは違うとする。そのポイントは，他者理解を自己理解の一種のように読みかえることによって，本来自己理解の説明

に対して適合的であるが他者理解の説明に対しては適合的でない現象学的意識分析を，他者理解に拡張適用できるように工夫した点にある，ということができるであろう。そのさい，現象学の視野を社会的事実の説明原理（と拡大するうえでの大きな障害になっていたあの現象学的還元による超越論的領域）にとどまることにこだわらず，ひとたび内的時間意識の分析図式を確立したあとは，そのせまい枠から抜け出て，社会的世界についての考察は自然的態度の領域でなされるべきものとしたところに，フッサールをこえたシュッツの成功の源泉があったといってよいであろう。（中略）

　私は，現象学的社会学というのは要するに，自我意識の拡大によって我と汝が意識の上で融合していく現象を説明しようとする，社会意識論の1つの形態であると思う。それは1920年代におけるシェーラー以来半世紀をこえる実績をすでに有しており，近年の運動の昂揚を別としても社会学史の上に一定の位置をもつものである。ただそれは要するに社会意識論であるから，そういうものとして構造—機能理論や計量的な社会構造分析を側面から補完する役目を果たしうるとしても，それらにとって代わるものではないであろう[10]。

　このような富永の，現象学的社会学が「社会意識論」として一括できるとする見解，そして実証主義の伝統を踏まえた構造—機能理論や社会システム論を社会調査に適用した計量的な構造分析こそが，あくまで社会学の王道であり，数字ではなく言語による主観的意識にこだわる「理念主義」の試みができることはせいぜい「側面から補完する」ことにとどまる，という見解には，19世紀以来の近代科学の方法論への強い信頼を感じるとともに，共同主観性や動機の理解可能性というような「哲学的」問題設定への冷視（あるいは蔑視）を筆者は垣間見る。

　これに対して「理念主義」の側からは，単なる数量統計的方法への対案としての言語記録，たとえば生活史のごとき個人のオーラル・ヒストリーを書き連ねることで，独自の「リアリティ」を主張する研究が対置される。これは単に「社会意識論」の枠内に収まるものだろうか？

　いまそれを，ひとつの事例，日系ペルー人のエスニシティ変容をテーマとする有末賢の生活史研究の一部を参照してみよう。

　Rさんは子供たちも大きくなり，夫の病気も落ち着いている状態だった1981年

に，最初は「気晴らし」というつもりで友達に誘われてニューヨークに遊びに行ったことがあった。そして，そこで「働き口」を見つけて何とビザが切れたまま4年間も，ベビーシッターの仕事をしていたのである。それも，友達からの紹介で，アメリカ人と結婚した日本人女性が縫製工場の仕事が忙しく，生まれて間もない赤ちゃんをRさんが「乳母」のような形で育てていたということである。そして，ベビーシッターの仕事を始めて6カ月が経った頃，日曜日の夜，ニューヨークの電車の駅で黒人に首を絞められて財布や家の鍵などを強奪され，そのうえ，電車が走ってくる直前に線路に落とされもう少しで死ぬところだったという恐ろしい体験までしている。その時には，さすがにペルーに一旦は帰るが，その4か月後には，どうしてもRさんでなければ子供がなつかない」と泣いて頼まれて，再度アメリカに渡って，それから3年以上もベビーシッターをしたのである。

　この話からも，Rさんが「伝統的な女役割」に忠実な，生涯を家事，育児に傾注してきたような印象を受ける。幼少期の父母との死別などから，「家族を大事にする」という考え方が自然と身に沁み込んできたのかもしれない。しかし，Rさんは夫のことを，よく冗談口調で「ウチの馬鹿おやじ」と言ったりする。その夫T氏が亡くなったのは，1989年であり，日本に来る前の年ということになる。実の兄も，Rさんがニューヨークに行っている時に亡くなっており，そういう意味では「先行世代が亡くなった後は，子供や孫たちに囲まれながら暮らす」という日本人の伝統的な家族観を実践しているだけなのかもかもしれない。そのことがグローバルな移動や「出稼ぎ」と結び付いたのは，Rさんの側の要因ではなくて，単なる偶然であったのだろう。「意図せざる結果」としての長期的な滞在という現象はRさんの事例ばかりではなくて，Rさんの子供たち，孫たちのほうにも言える[11]。

　現実の相互行為で話された言葉そのものに，分析の焦点を限定する禁欲的なェスノメソドロジーの方法に比べて，生活史の記録は語られた発言そのものを忠実に記録するだけでなく，特定個人の生きてきた時間軸に沿って事跡を追跡しようとする指向があるために，「ライフ・ストーリー」としてもやや恣意的な物語性に親近していく。このペルーから日本にやってきた女性の生活史の場合もそれを追うことで，有末はそこここに「伝統的な女役割」とか「日本人の価値観」といった概念を持ち込んで整合的な説明を行おうとする。しかし，それは当事者個人の意図した自己表明ではなく，結局は研究者の側で一定の文脈に沿った解釈にとどまる。それは数量統計数値に置き換えた無味乾燥な「データ」ではないのだけれど，いかようにも解釈される余地をぬぐい切れな

い。しかも，それを採集する研究者は，動機の意味理解の不可能性を意識しつつも，自分こそはこの人の人生の真実を感知しているのだと思い込もうとする。その根拠は，冷徹な実証主義・科学主義者からみれば，少々愚かなセンチメントに偏った思い込みだが，これを切って捨てるにはもう少し工夫がいると思う。

まったく違った観点だが，脳科学者茂木健一郎は，自然科学の「物理主義」では当然とされる数学的言語に対して，人文的分野がとる自然言語による記述や分析がもつ意味を，次のような「心脳問題」として論じている。

　脳科学を含む自然科学の根底には，「物理主義」というイデオロギーがある。すなわち，自然言語を生み出している，私たちのほうを含めて全ての物質系は，究極的には物理法則によって記述されるという考え方である。
　17世紀から18世紀にかけてのニュートン力学に始まり，今世紀の相対性理論，そして量子力学という2つの革命を経て，物理学は，ミクロな素粒子から宇宙の構造まで，森羅万象を記述する自然法則の基礎としての地位を確立した。情報化科学，複雑系の科学などの新しい視点の登場を経た今日でも，イデオロギーとしての「物理主義」は否定されてはいない。むしろ，コンピュータ・シミュレーションの発達により，構成要素の間の相互作用に基づいてシステムの複雑な振る舞いがあらわれるという意味での物理主義は，ますます広い対象においてその実効性が示されつつあると言えるだろう。
　自然言語を生み出している私たちの脳もまた，物理法則に従う存在である。このことを認めた時，自然言語の本質を理解する上で，また，科学的文化と人文的文化の関係を考える上で，重要な論点が浮かび上がってくる。すなわち，果たして，自然言語は，物理学のメルクマールである数学的言語に還元されるのかということである。
　現在，脳科学，コンピュータ科学，さらには自然言語処理の研究に携わる研究者の多くは，暗示的に，時には明示的に，自然言語は数学的言語に究極的には還元されると仮定している。特に，問題を自然言語処理能力を機能的に再現する（すなわち，「チューリング・テストに合格する」）という視点に限れば，自然言語が，数学的言語に還元されるという結論は，ほとんど避けがたいものであるように思われる。なぜならば，どのような複雑なシステムであれ，法則性をもって時間発展する以上，それが数学的言語によって記述されるということが，まさに自然科学が示してきたことだからである。
　もちろん，自然言語の意味を考えたとき，特に，ヴィトゲンシュタインやクリ

プキが問題にしたような，意味論の深遠について真撃に考えた時，自然言語が，数学的言語に還元されるという立場は，あまりにもナイーヴなものであるように感じられる。

意味論については，後に脳科学に関連して再び触れることにして，私がここで検討したいのは，次のような一連の可能性群である。すなわち，まず第1に，自然言語は数学的言語に還元されないかもしれないという可能性である。さらには，数学的言語も，意味論を考える時には，それが拠って立つ基盤は自然言語と共通であり，また，世界は，従来考えられてきたように，いわゆる「数学的言語」に従うのではなく，自然言語を含むより広い基盤の上に立つ，ある種の「言語的世界」に従うのかもしれないという可能性である。

私が，このような可能性を真剣に考慮しなければならないと考えるのは，脳科学の現場で，人類は今，従来の物理主義のパラダイムではどうしても解明できないように思われる難間に直面しつつあるからである。私は脳科学がこの難間を真に乗り越えるためには，物理主義のパラダイム，特に，世界の時間発展が数学的言語によって記述されるというパラダイムを，何らかの形で乗り越えなければならないと考える。

脳科学が直面している難間とは，物質である脳に，いかにして私たちの心が宿るかという，いわゆる心脳問題である。

脳を物質として研究している限り，方法論上の問題に遭遇することはない。たとえば記憶は，ニューロンの間のシノプスの伝達効率の変化として表現される。この変化に関与する膜電位変化，神経伝達物質，受容体，細胞内の生化学ネットワーク，さらには遺伝子制御のメカニズムがどれほど複雑でも，それらは究極的には物理的法則に従う複雑な物質系の性質として，何の方法論上の問題も引き起こさない。

脳科学が，深刻な方法論上の問題に直面するのは，脳の中の物質的過程に随伴する奇妙な現象，すなわち，私たちの心の属性を説明しようとする時である。従来，自然科学は，私たちの心のような現象が付随しない（と私たちが思い込んでいる）物質系を扱ってきた。しかし，対象が脳になったとたん，私たちは，脳が私たちの心を生み出す臓器であるという事実に直面する。心と脳の関係，すなわち，心脳問題が脳科学にとって深刻な問題になってくるのである。

今日，心脳問題には，大きく3つの難問題（hard problem, Chalmeers 1997）が存在していると考えられている。すなわち，クオリア（qualia），志向性（intentionality），そして主観性（subjectivity）の問題である。

クオリアとは，私たちの感覚の持つ鮮明な性質のことである。赤い色，サックスの音色，砂糖の甘さ，氷の冷たさ，林檎の香りなど，私たちの感覚はさまざまなクオリアからできている。コンピュータの中の情報表現は，1つ1つは個性を持たないビットから構成されているのに対して，私たちの心の中のクオリアは，

1つ1つが鮮烈な個性をもっている。もちろん，クオリアを生み出しているもともとの物理的過程は，コンピュータの中のビットと同じように，個性のないニューロンの活動膜電位に他ならない。ニューロンの活動という物理的現象から，どのようにして，私たちの心の中のユニークなクオリアが生まれてくるのか，この問題は，心脳問題の核心のひとつである。

次に志向性は，ブレンターノやフッサールによって問題にされてきた，心のユニークな属性である。志向性とは「〜に向けられている」という，私たちの心の基本的な性質である。たとえば，私が赤い色を見ている時，その視覚的経験の性質は，赤のクオリアと，その赤のクオリアに向けられている私たちの心のあり方に分解することができる。視覚を支える神経機構に関する最近の知見によれば，クオリアは後頭葉にある低次視覚野から側頭葉の高次視覚野へのニューロンの活動のクラスターに随伴すると考えられる。一方，志向性は，前頭前野や高次視覚野から低次視覚野へ向かうニューロンの活動のクラスターに随伴すると考えられる。そして，私たちが赤い色を見るためには，上のようにして表現されたクオリアと志向性の間に，マッチングが成立する必要があると考えられる。

もちろん，クオリアや志向性を生み出す神経メカニズムがある程度分かってきたと言っても，クオリアや志向性の問題が依然として極めて困難な問題であることには変わりがない。そもそも，物質に過ぎない脳に，いかにしてクオリアや志向性といった私たちの心的表象が随伴するのか，この問題の根本的解決の糸口は，まだ見えていない。

主観性（「私」）の問題は，ある意味では心脳問題で最も難しい問題であるといえる。特に，いかにして，他のどの「私」でもない，まさにこの自分としての〈私〉が成立するのかという問題は，経験科学としての脳科学をいくら進めていっても，何らかの方法論上のブレイクスルーがない限り，おそらくは永遠に解けない問題である。主観性の起源を解明することは，ある意味では人類にとって究極の問いであるということができるだろう。

もちろん，クオリアを感じるのも，志向性を持つのも，「私」の心である。従って，クオリア，志向性，主観性という心脳問題の三大難問はお互いに関連しあっている。

そして，これらの心脳問題の難問の背後に，言語の問題が見え隠れしているのである[12]。

茂木のような，自然科学の数学的言語によって脳のメカニズムを解明しようという立場では，語られた自然言語をそのまま「心」の理解として解釈する方法は，どう工夫しても入り込む余地はない。しかし，言葉で言葉を分析する，数学的言語を排除して，言葉だけで分析できると考える立場が，社会学におけ

第8章 「数字」と「言葉」 309

る「理念主義」の伝統だといってよいのだろうか。それはむしろ，ルーマンの言う人間の社会的行為における「複雑性の縮減」によって，方法論上のブレイクスルーをもたらす可能性を考えるほうが，生産的なのかもしれない。

ルーマンのシステム論に出てくる「複雑性」(Komplexität) という概念は，よく知られているように，アシュビーの多様度（variety）の概念に由来する[13]。ルーマンはそこからシステムの境界内では複雑性がシステムの境界外よりも縮減されているとし，システムの境界をこの複雑性の落差に求める。アシュビーが多様度というのは，ひとつの集合の中に含まれた諸要素の属性における多様さの度合いである。

たとえば，もしある学校で男子の入学しか認めていないとすると，その学校における性別の多様度は 1 であって，外部環境の多様度よりも小さい。情報理論の文脈では多様度を 2 を底とする対数によってあらわしてこれを「ビット」と呼ぶので，右の例では環境の多様度は $\log_2 2 = 1$ ビット，学校というシステム内の多様度は $\log_2 1 = 0$ ビットということになる。ルーマンによれば，この学校は，性別に関して 1 ビット分だけ環境よりも複雑性を「縮減」しているとする。同様にして，ある団体成員のあることがらについての専門知識の水準が一様に高くて，その分散が一般社会におけるそれよりも小さいならば，その団体は当該専門知識の水準において環境よりも複雑性を縮減していることになる[14]。ルーマンの社会システム論からすれば，複雑性の縮減という考え方は，社会学理論上の一般性という目的に適合させるための概念化である。

情報理論も社会システム論も，富永の言う「実証主義」的立場の発展上に位置づけられるとすると，「理念主義」の流れを汲む現象学的社会学からすれば，この「複雑性」を数学的言語ではなく自然言語から読み解こうとすることになる。それは生活史が試みているような個人の生涯の語りに，整合的な「ライフ・ストーリー」を重ねることで達成されるのだろうか。

おわりに

筆者はこの十数年，社会学の方法論という場で，「実証主義」的な数理・数

量化を社会現象に適用する立場と,「理念主義」的な言語分析を手がかりとする立場の諸研究を比較するというささやかな（あるいは無謀な）試みを続けてきた。現代社会の個別領域の問題を, 社会調査という形で追求することの意味は, どのような方法論的立場に立つにせよ, 経験的研究には重要であることはいうまでもない。しかし, 同じ社会学というディシプリンを立てながら, この両者の間には, そもそもまったく異なる学問観・社会観があって, それが個々の研究においても交流不可能なほど大きな懸隔が開くばかりであるように思ってきた。それは単に「量的調査法」と「質的調査法」のメリットとデメリットといった問題に終わるものではなく, 社会科学そのものの基本問題のひとつであると思う。

筆者自身の方法論的立場はどこにあるかときかれても, 自らの研究課題にプラクティカルに適合する方法を, その都度使ってきたと言うしかない。しかし, 多くの研究者は自分と自分が共有できる仲間の仕事には通じていても, 視点や方法を異にする研究には目を注ぐ暇がない。社会学会が大所帯になるにつれ, 方法論を異にする研究者の仕事には,「社会学」といっても関心は持たないことになる。

本書において, 筆者はできるだけ, 自分とは異なる方法で問題に挑む研究に目を配ろうと努めてきた。しかし, 21世紀の新たな事態を捉えるための方法論上の溝は埋まらず, むしろ分離しつつある現状をなぞってしまった。多くの重要な新しい知見や論点を見落としているであろうと思うが, もう紙幅がなく, 筆者の非力では明確な展望は見渡せない。しかし, それはどちらが優れているとか, どちらが王道であるとかといった問題ではなく, 解かれるべき問題として存在し続けるであろう。

注

1）富永健一『現代の社会科学者　現代社会科学における実証主義と理念主義』講談社学術文庫, 1993年。

2）大森荘蔵「質と量について」『大森荘蔵著作集』第1巻, 岩波書店, 1998年,

第 8 章 「数字」と「言葉」 311

147-148 頁。

3）大森荘蔵，同上書，1998 年，150-151 頁。

4）この大森の文章は 1956 年に書かれているので，当然『青色本』『哲学探究』における
ヴィトゲンシュタインの言語ゲーム論を参照しているのだが，ガーフィン
ケル以後のエスノメソドロジーについてはまだその姿はない。

5）富永健一，前掲書，237-238 頁。

6）ラッセルによるヴィトゲンシュタイン『論理哲学論考』の序文。

7）富永健一，前掲書，1993 年，145-147 頁。

8）カール・ポパー『歴史主義の貧困』久野収・市井三郎訳，中央公論新社，1965 年。

9）この時の両者の主張は，Theodor W. Adorno, Hans Albert, Ralf Dahrendorf,
Jügen Habermas, Harald Pilot, Karl R. Popper, *Der Positivismusstreit in
deutschen Soziologie, hesg,* Von Heinz Maus und Freidrich Fürstenberg,
Lunchterhand Verlag, Neuwied und Berlin, 1969.『社会科学の論理』城塚登・
浜井修訳，河出書房新社，1979 年として刊行されている。

10）富永健一，前掲書，1993 年，440-442 頁。

11）有末賢『生活史宣言　ライフヒストリーの社会学』慶應義塾大学出版会，2012
年，271-272 頁。

12）茂木健一郎「言語の物理的基盤──表象の精密化学に向けて」1999 年，12 頁，
12 月号。大修館書店月刊『言語』編集部『言語コレクション』第 3 巻，大修館
書店，2012 年，74-77 頁。

13）アシュビー（*William Ross Ashby,* 1903-1972 年）は，医学者，精神科医で，複
雑系の研究の先駆者としてサイモン，ウィーナーなど・サイバネティクス・一
般システム理論に大きな影響力を与えた。

14）この部分は，富永健一『現代の社会学者　現代社会科学における実証主義と理
念主義』（講談社学術文庫，1993 年）を参照している。

あとがき

　本書は，「社会学方法論の研究」として 1996 年から，『明治学院論叢』に断続的に掲載してきた巻末の論文を一冊の書物にまとめたものである。序章とした論文は大幅に書き換えているが，それ以外はほぼ原論文を語句や年次の訂正以外は，そのまま使っている。部分的にはそれぞれの時点で引用文献や個別の論点には時差があるので，あえて統一はしていない。社会調査に関する講義を30 年以上大学で担当してきた筆者には，10 年目くらいから単なる調査技法の解説に終始していることに教育の面でもマンネリズムを感じ，社会調査実習という形で学生と一緒に各地で調査をする活動についても，自身の研究活動についても，なにかこれでよいのだろうかと疑問を感じていた。

　そこで，本書に収めた論文を書き始めたときは，このように社会学でも立場を異にするさまざまな研究や方法論に考察を拡げるとは思っていなかったし，ましてじゅうぶんな準備もなく哲学や言語学や精神分析などという門外漢の領域にまで踏み込むのは，あまりに無謀だとは思っていた。しかし，結果的にそこまで行ってしまったことで，狭く閉じようとする個別領域の個別テーマを追うことからは得られないなにかを得ることができたような気はしている。おそらく先行研究に関する誤った理解や不確かな思い込みが紛れ込んでいるかもしれない。読者諸氏の指摘，ご批判が頂けるならば幸いである。

　これは筆者にとっては大学の定年退職を控えて，おそらく学術書としては最後の単著になる。このような形で一冊にまとめて出版されるにいたったことは，予想外の幸運ともいえる。出版をお引き受けいただいた学文社，田中社長には厚く御礼申し上げる。

　2018 年 1 月

著　　者

参考文献

第1章

大森荘蔵「質と量について」(初出：植田清次編『言語・意味・価値』早稲田大学出版部，1956年5月)『大森荘蔵著作集第1巻　前期論文集Ⅰ』所収，岩波書店，1998年。

出口泰靖「『呆けゆくこと』体験をめぐるフィールドワーク，そしてエスノグラフィーへ──『呆け』にまつわるフィールドに身を投じている〈わたし〉の身体表出行為を足掛かりに──」『第71回日本社会学会大会報告要旨』1998年11月，469頁。

富永健一『現代の社会科学者』講談社，1984年。

中野卓・桜井厚編『ライフヒストリーの社会学』弘文堂，1995年。

林知己夫『数量化の方法』東洋経済新報社，1974年。

三浦耕吉郎「聞き取り調査というコミュニケーション──『経験』の変容を中心として──」『第71回日本社会学会大会報告要旨』1998年11月，470頁。

村上陽一郎『科学史の逆遠近法』中央公論社，1982年。

柳井晴夫・岩坪秀一・石塚智一編『人間行動の計量分析──多変量データ解析の理論と応用』東京大学出版会，1990年。

Emerson, R. M., Fretz, R. I., & L. Show, *Writing Ethnographic Fieldnotes*, 1995, University of Chicago Press. (『方法としてのフィールドノート』佐藤郁哉・好井裕明・山田富秋訳，新曜社，1998年)。

Lanzmann, Claude, *SHOAH*, Edtions Fayard, 1985.〔クロード・ランズマン『ショアー』序文，高橋武智訳，作品社，1995年〕。

Lofland, J., & L. H. Lofland, *Analyzing Social Settings; A Guide to Qualitative Observation and Analysis*, 1995, 3ed ed. Wadsworth. (『社会状況の分析─質的観察と分析の方法』進藤雄三・宝月誠訳，恒星社厚生閣，1997年)。

Magnusson, D., & L. R. Bergman, *Data Quality in Longitudinal Research*, Cambridge University Press, 1990.

Whitehead, A. N., *Adventures of Ideas*, 1933. (『ラッセル・ウィトゲンシュタイン・ホワイトヘッド』ホワイトヘッド『観念の冒険』抄訳，種山恭子訳，山元一郎編中央公論社，世界の名著70，1980年)。

第2章

井上寛「数理社会学はパラダイムを必要とするか」『理論と方法』23巻第1号，2008

年。

今田高俊『社会階層と政治』東京大学出版会，1989 年。

牛島千尋『ジェンダーと社会階級』恒星社厚生閣，1995 年。

鹿又伸夫『機会と結果の不平等　世代間移動と所得・資産格差』ミネルヴァ書房，2001 年。

鹿又伸夫「世代間移動の性別比較―職歴データによる推定―」『理論と方法』23 巻第 2 号，2008 年。

クライン，モーリス『何のための数学か　数学本来の姿を求めて』雨宮一郎訳，紀伊國屋書店，1987 年。

小林淳一・千石好郎・三浦典子・嘉目克彦編「特集・階級の現在」『現代社会学』20 アカデミア出版会，1985 年。

白波瀬佐和子編著『リーディングス戦後日本の格差と不平等 3　ゆれる平等神話』日本図書センター，2008 年。

瀬戸一夫『科学的思考とは何だろうか―ものつくりの視点から』ちくま新書 461，2004 年。

盛山和夫監修『戦後日本社会階層調査研究資料集』全 5 巻，日本図書センター，2007 年。

竹内啓『偶然とは何か―その積極的意味』岩波書店，2010 年。

富永健一編『日本の階層構造』東京大学出版会，1979 年。

富永健一『社会学原理』岩波書店，1986 年。

直井優・藤田英典編『講座社会学 13　階層』東京大学出版会，2008 年。

直井優・盛山和夫編『現代日本の階層構造①社会階層の構造と過程』東京大学出版会，1990 年。

橋本健二「『階級―社会階層研究』の可能性」『理論と方法』23 巻第 2 号，2008 年。

原純輔・盛山和夫編『社会階層―豊かさの中の不平等』東京大学出版会，1999 年。

原純輔編『日本の階層システム 1　近代化と社会階層』東京大学出版会，2000 年。

三輪哲・小林大祐編『2005 年 SSM 調査シリーズ 1　2005 年 SSM 日本調査の基礎分析　―構造・趨勢・方法―』SSM 調査研究会，2005 年。

保田時男・宍戸邦章・岩井紀子「大規模調査の回収率改善のための調査員の行動把握―JGSS における訪問記録の分析から」『理論と方法』23 巻第 2 号，2008 年，129-136 頁。

安田三郎『社会移動の研究』東京大学出版会，1971 年。

安田三郎編『数理社会学』東京大学出版会，1973 年。

Blau, P. & O. D. Duncan, *The American Occupational Structure Structure*, New York: John Wiley, 1967.

Duncan, O. D., *Social Stratification and Mobility: Problems in the Measurement of Trend*, in Sheldon, E. B. and Moore, W. E.（eds.）, Indicators of Social Change, Sage, pp.675-719, 1968.

Featherman, D. L. and R. M. Hauser, *Opportunity and Change*, Academic Press, 1980.

Goldthorpe, J. H., *Social Mobility and Class Structure in Modern Britain*, Chandler Press, 1980.

Goodman, L. A., "Simple Models for the Analysis of Associations in Cross-Classifications Having Ordered Categories," *Journal of the American Statistical Association*, 1979a, 74: 537-52.

Goodman, L. A., "Multiplicative Models for the Analysis of Occupational Mobility Tables and Other Kinds of Cross-Classification Tables," *American Journal of Sociology*, 1979b, 84: 804-19.

Weidlich, W. & G. Haag, *Concepts and Models of a Quantitative Sociology: The Dynamics of Interacting Populations*, Springer-GmbH & Co. KG. 1983. (『社会学の数学モデル』寺本英・中島久男・重定南奈子訳, 東海大学出版会, 1986年)。

Wright, E. O., *Class Structure and Income Determination*, New York: Academic Press, 1979.

Wright, E. O., *Class, Crisis and the State. New Left Book*, 1978. (『階級・危機・国家』江川潤訳, 中央大学出版局, 1986年)

第3章

大黒岳彦『情報社会の〈哲学〉グーグル・ビッグデータ・人工知能』勁草書房, 2016年。

岡嶋裕史『ビッグデータの罠』新潮社, 2014年。

公文俊平編『情報社会学概論』NTT出版, 2011年。

公文俊平『情報社会のいま――あたらしい智民たちへ』NTT出版, 2011年。

盛山和夫『統計学入門』ちくま学芸文庫, 2015年。

ソシュール・フェルディナン・ド『一般言語学第一回講義』相原奈津江・秋津伶訳, エディット・パルク, 2008年。

竹内啓「ビッグデータと統計学」(『現代思想』2014年6月, 第42巻9号　青土社)

田中克彦『チョムスキー』岩波現代文庫, 2000年。

チョムスキー・ノーム『チョムスキー言語基礎論集』福井直樹編訳, 岩波書店, 2012年。

チョムスキー・ノーム『生成文法の企て』原著1982年, 福井直樹・辻子美保子訳, 岩波現代文庫, 2011年

チョムスキー・ノーム『統辞構造論』福井直樹・辻子美保子訳, 岩波文庫, 2014年。

チョムスキー・ノーム『言語と精神』(川本茂雄訳) 河出書房新社, 2011年。

西垣通『ビッグデータと人工知能　可能性と罠を見極める』中公新書, 2016年。

西垣通, ドミニク・チェン「情報は人を自由にするか」(『現代思想』2014年6月, 第42巻9号　青土社)

参考文献　317

西垣通『ペシミスティック・サイボーグ』青土社，1994年。

林良嗣・鈴木康弘編著『レジリエンスと地域創生　伝統知とビッグデータから探る国土デザイン』明石書店，2015年。

三浦雅士編『ポストモダンを超えて』平凡社，2016年。

本山美彦『人工知能と21世紀の資本主義　サイバー空間と新自由主義』明石書店，2015年。

文部科学省『平成28年版　科学技術白書』2016年。

吉田民人『情報と自己組織性の理論』東京大学出版会，1990年。

吉田民人『社会情報学とその展開』勁草書房，2013年。

Chomsky, Noam, *Cartesian Linguistics*, New York: Harper and Row, 1965.（『デカルト派言語学——合理主義思想の歴史の一章』[新版] 川本茂雄訳，みすず書房，1976年）

Collins, Randoll, *Sociological Insight An Introduction to Non-Obvious Sociology*, 1992, Oxford University Press Inc.（『脱常識の社会学』第2版，井上俊・磯部卓三訳，岩波現代文庫，250-257頁）

第4章

小此木啓吾『現代精神分析の基礎理論』弘文堂，1985年および，『現代の精神分析——フロイトからフロイト以後へ』講談社学術文庫版，2002年。

木村敏『自覚の精神病理』紀伊國屋書店，1978年。

厚東洋輔『ヴェーバー社会理論の研究』東京大学出版会，1977年。

下坂幸三『フロイト再読』金剛出版，2007年。

清水幾太郎『倫理学ノート』岩波書店，1972年。

新宮一成・立木康介編『フロイト＝ラカン』講談社選書メチエ，2005年。

鈴木章俊『ヴェーバー的方法の未来』日本経済評論社，2001年。

関雅美『ポパーの科学論と社会論』勁草書房，1990年。

十川幸司『精神分析への抵抗』青土社，2000年。

堀喜望『社会学と文化人類学』恒星社厚生閣，1973年。

富永健一『思想としての社会学——産業主義から社会システム理論まで』新曜社，2008年。

富永健一『社会学原理』岩波書店，1986年。

中村雄二郎『臨床の知とは何か』岩波新書203，1992年。

野口裕二・大村英昭編『臨床社会学の実践』有斐閣，2001年。

Adorno, T., et. al., *Der Positivismusstreit in der deutschen Sozioologie*, Neuwied, Hermann, L., 1969.（『社会科学の論理』城塚登・浜井修訳，河出書房新社，1992年）

Comte, A., *Cours de philosophie positive, Paris. Au Siege de la Societe Positiviste,*

1830-42, Ⅳ: 235. 邦訳は原著の第4巻部分「社会再組織に必要な科学的作業の
プラン」1895年,「実証精神論」1926年,「社会静学と社会動学」1893年が霧生
和夫による邦訳がある(『世界の名著36　コント　スペンサー』清水幾太郎編,
中央公論社, 1970年)

Freud, S., *"Origialnotizen zu einem Fall von Zwangsneurose" in Gesammelte Werke
Nachtragsband Texte aus den Jahren* 1885-1938, S. Fischer Verlag, 1987, SS.
505-569.(『フロイト「ねずみ男」精神分析の記録』北山修編集監訳, 人文書院,
2006年)

Freud, S., *Bemerkungen uber einem Fall von Zwangsneurose*, 1909.(「強迫神経症の
一症例に関する考察」『フロイト著作集9』小此木啓吾訳, 人文書院, 1983年)

Grünbaum, A., *The Foundations of Psychoanalysis: a Philosophical Critique*, 1985.
(『精神分析の基礎―科学哲学からの批判』村田純一・貫成人・伊藤笏康・松本
展明訳, 産業図書, 1996年)。

Hughes, H. S., *Consciousness and Society*, 1958.(『意識と社会―ヨーロッパ社会思想』
生松敬三・荒川幾男訳, みすず書房, 1970年)

Lakatos, I. & A. Musgrave, ed., *Criticism and the Grouth of Knowledge*, London:
Cambridge University Press, 1970.(『批判と知識の成長』森博監訳, 木鐸社,
1985年)

McGinn, C., *The Mysterious Flame-Conscious Minds in a material World*, US. 1999.
(『意識の〈神秘〉は解明できるか』石川幹人・五十嵐靖博訳, 青土社, 2001年)

Merton, R. K., *Social Theory and Social Structure*, the Free Press, 1949.(『社会理論
と社会構造』森東吾・森好夫・金沢実・中島竜太郎訳, みすず書房, 1961年)

Parsons, T., *The structure of Social Action*, New York: McGraw-Hill, 1937.(『社会的
行為の構造』Ⅰ-Ⅴ, 稲上毅・厚東洋輔ほか訳, 木鐸社, 1976年)

Parsons, T. & A. Shils, ed., *Toward General Theory of Action*, Harvard University
Press, 1951.(『行為の総合理論をめざして』永井道雄他訳, 日本評論新社, 1960
年)

Popper, K. R., *The Logic of Scientific Discovery*, London: Huychinson, 1959.(『科学
的発見の論理』上下, 大内義一・森博訳, 恒星社厚生閣, 1971年)

Popper, K. R., *The Poverty of Historisism*, London: Routledge & Kegan Paul, 1957.
(『歴史主義の貧困』久野収・市井三郎訳, 中央公論社, 1961年)

Weber, M., *Die "Objektivitat" Sozialwissenschafutlicher und Sozialpolitischer
Erkenntnis*, 1904.(『社会科学と社会政策にかかわる認識の「客観性」』富永祐
治・立野保男訳, 折原浩補訳, 岩波文庫, 1998年)

Weber, M., *"Roscher und Knies und die logischen probleme der historischen
nationalökonomie," Gesammelte Aufsatze zur Wissenschafyslehre*(『学問論論文
集』第1論文.『ロッシャーとクニース』松井秀親訳, 未来社, 1988年)

参考文献　319

Weber, M., *Die Objektivität der sozialwissenschaftolicher und sozialpolitischer Erkenntnis*（『学問論論文集』第 2 論文．『社会科学と社会政策に関わる認識の「客観性」』富永佑治・立野保男訳，折原浩補訳，岩波文庫，1998 年）

Weber, M., *"Soziologische Grundbegriffe"*（『経 済 と 社 会』 第 1 部 第 1 章. *Grundkategorien der Soziologie.*『社会学の基礎概念』阿閉吉男・内藤莞爾訳，恒星社厚生閣，1987 年，『社会学の根本概念』清水幾太郎訳，岩波文庫，1972 年）

Weber, M., *Über einige Kategorien der verstehenden Gesellschaft.*（『理解社会学のカテゴリー』林道義訳，岩波文庫，1968 年）

Weber, M., *Die protestantische Ethik und der》 Geist 《des Kapitalismus, Gesammelte Aufsätze zur religionsoziologie,* Bd. 1, 1920, SS. 17-206.（『プロテスタンティズムの倫理と資本主義の精神』大塚久雄訳，岩波文庫，改訳 1989 年）

第 5 章

入江昭『太平洋戦争の起源』東京大学出版会，1991 年。

江藤淳『漱石とその時代　第 1 部』新潮選書，1970 年。

江藤淳編『終戦を聞い直す　終戦史録』別巻・シンポジウム，北洋社，1980 年。

大岡昇平『武蔵野夫人』新潮文庫，1953 年。

岡山敬二『フッサール　傍観者の十字路』白水社，2008 年。

加藤陽子『戦争の日本近代史』講談社現代新書，2002 年。

金子淳人『現象学の基底　―「客観性」とは何か―』世界書院，2006 年。

熊野純彦編『廣松渉哲学論文集』平凡社，2009 年，採録。

堀喜望『社会学と文化人類学』恒星社厚生閣，1973 年。

武田泰淳『政治家の文章』岩波新書 E38，1960 年。

田島節夫「フッサール」講談社学術文庫，1996 年。

富永健一『思想としての社会学―産業主義から社会システム理論まで』新曜社，2008 年。

富永健一『社会学原理』岩波書房，1986 年。

鳥居民『近衛文麿「黙」して死す　すりかえられた戦争責任』草思社，2007 年。

中野卓編著『口述の生活史―或る女の愛と呪いの日本近代―』御茶の水書房，1977 年。

那須壽「現象学的社会学への道　―拓かれた地平を索めて―」恒星社厚生閣，1997 年。

西原和久・張江洋直・井出裕久・佐野正彦編著『現象学的社会学は何を問うのか』勁草書房，1998 年。

新田義弘『現象学とは何か』紀伊國屋新書，1968 年。（1979 年新装版。講談社学術文庫版，1992 年）

新田義弘編『フッサールを学ぶ人のために』世界思想社，2000 年。

日本倫理学会編『現象学と倫理学』慶応通信，1992 年。

ハロルド・ガーフィンケル他『エスノメソドロジー——社会学的思考の解体』せりか書房，1987 年。

山田富秋『日常性批判　シュッツ・ガーフインケル・フーコー』せりか書房，2000 年。

廣松渉『現象学的社会学の祖型』青土社，1991 年。

廣松渉「現象的世界の四肢的存在構造」（『世界の共同主観的存在構造』勁草書房，1972 年所収）

鷲田清一『現象学の視線　分散する理性』講談社学術文庫，1997 年。

Fusserl, Edmund, *Die Krisis der Europaischen Wissernschaften und die Transzendentale Phanomenologie: Eine Einleitung in die phanomenologische Philosophie*, Husserliana Bd., Ⅳ. 1954.（『ヨーロッパ諸学の危機と超越論的現象学』細谷恒夫・木田元訳，中央公論社，1974 年）

Fusserl, Edmund, *IDEEN zu einer reinen Phanomenologie und phanomenologischen Philosophie, Erstes Buch, Allgemeine Einfuhrung in die reine Phanomenologie*, Husserliana Bd. Ⅲ. 1950.（『イデーンⅠ　純粋現象学と現象学的哲学のための諸構想』渡辺二郎訳，みすず書房，1979 年）

Habermas, Jurgen, *Vorlesungen zu einer sprachtheoretischen Grundlegung der Soziologie (1970-71)*, Vorstuedien und Erganzungen zur Teorie des Kommunikativen Handelns, 1984.（『意識論から言語論へ—社会学の言語論的基礎に関する講義』森元孝・千川剛史訳，マルジュ社，1990 年）

Janson, Francis, *La phenomenologie*, Edition Tequi, Paris 1951.（『現象学の意味』木田元訳，せりか書房，1967 年）

Merleau-Ponty, Maurice, *Les Sciences de L'homme et la Phenomenologie*, avant-propos, Phenomenoplogie de la perception. eds., Paris: Gallimard, 1945.（『人間の科学と現象学』メルロ＝ポンティ・コレクション1，木田元・滝浦静雄・竹内芳郎訳，みすず書房，2001 年）

Zahavi, Dan, *Husserl's Phenomenology*, Leland Stanford Junio University, 2003.（『フッサールの現象学』工藤和男・中村拓也訳，晃洋書房，2003 年）

第6章

入江昭『太平洋戦争の起源』東京大学出版会，1991 年。

桜井厚・小林多寿子『ライフストーリー・インタビュー　質的研究入門』せりか書房，2005 年。

中野卓『商家同族団の研究　暖簾をめぐる家と家連合の研究』未来社，1964 年。

中野卓編著『口述の生活史—或る女の愛と呪いの日本近代—』御茶の水書房，1977 年。

村上陽一郎『科学と日常性の文脈』海鳴社，1979 年。

山田風太郎『戦中派不戦日記』講談社文庫，1985 年。

参考文献　321

ストラウス, A. L. & A. J. コービン『質的研究の基礎──グラウンデッド・セオリーの技法と手順』操華子・森岡崇訳, 医学書院, 1999 年。

グレイザー, B. G. & A. L. ストラウス『データ対話型理論の発見──調査から如何に理論をうみだすか』後藤隆・大出春江・水野節夫訳, 新曜社, 1996 年。

オルポート, G. 編『ジェニーからの手紙』青木孝悦・萩原滋訳, 新曜社, 1983 年。

Habermas, Jurgen, *Vorlesungen zu einer sprachtheoretischen Grundlegung der Soziologie* (1970-71), Vorstuedien und Erganzungen zur Teorie des Kommunikativen Handelns, 1984. (『意識論から言語論へ──社会学の言語論的基礎に関する講義』森元孝・干川剛史訳, マルジュ社, 1990 年)

プラマー, K.『生活記録の社会学──方法としての生活史研究案内』原田勝弘・河合隆男・下田平裕身監訳, 光生館, 1991 年。

Merleau-Ponty, Maurice, *Les sciences de l'homme et la phenomenologie "avant-propos, Phenomenoplogie de la perception*, eds., Paris: Gallimard, 1945.

ルイス, O.『サンチェスの子どもたち』柴田稔彦・行方昭夫訳, みすず書房。

ルイス, O.『貧困の文化──メキシコの "五つの家族の物語"』高山智博・宮本勝・染谷臣道訳, ちくま学芸文庫, 2003 年。

Plummer, ken, *Documents of life 2: an invitation to a critical humanism*, SAGE, 2001.

Thomas, W. I. & Florian Znaniecki, *The Polish Peasant in Europe and America*, Edited and abridged by Eli Zaretsky.

トーマス, W. I. & F. ズナニエツキ『生活史の社会学』桜井厚訳, 御茶の水書房, 1983 年。

第 7 章

片桐雅隆『認知社会学の構想　カテゴリー・自己・社会』世界思想社, 2006 年。

クルター, J.『心の社会的構成　ヴィトゲンシュタイン派エスノメソドロジーの視点』西阪仰訳, 新曜社。

盛山和夫「秩序問題の問いの構造」盛山和夫・海野道郎編『秩序問題と社会的ジレンマ』ハーベスト社, 1991 年。

盛山和夫『社会学の方法的立場─客観性とは何か』東京大学出版会, 2013 年。

富永健一編『理論社会学の可能性　客観主義から主観主義まで』新曜社, 2006 年。

富永健一『思想としての社会学』新曜社, 2008 年。

那須壽『現象学的社会学への道─開かれた地平を索めて─』恒星社厚生閣, 1997 年。

西阪仰『分散する身体　エスノメソドロジー的相互作用分析の展開』勁草書房, 2008 年。

野家啓一『科学の解釈学』講談社学術文庫, 2013 年。

バーガー, P. & T. ルックマン,『現実の社会的構成　知識社会学論考』山口節郎訳,

新曜社，2003 年。

朴沙羅「おまえは誰だ！」（『社会学評論』254 第 64 巻第 2 号）2013 年。

廣松渉『現象学的社会学の祖型　A・シュッツ研究ノート』青土社，1991 年。

前田泰樹・水川喜文・岡田光弘編『エスノメソドロジー　人びとの実践から学ぶ』新曜社，2007 年。

水谷史男「私的に書かれた『語り』を読むこと─社会調査のデータとしての日記と手紙について」明治学院大学『社会学・社会福祉学研究』第 143 号，2014 年。

森元孝『アルフレッド・シュッツ─主観的時間と社会的空間─』東信堂，2001 年。

森元孝『アルフレート・シュッツのウィーン　社会科学の自由主義的転換の構想とその時代』新評論，1995 年。

山田富秋・好井裕明編『エスノメソドロジーの想像力』せりか書房，1998 年。

Francis, D. & S. Hester, *An Interaction to Ethnomethodology: Language, Society and Interaction*, SAGE Publication, 2004.（デイヴィド・フランシス／スティーヴン・ヘスター『エスノメソドロジーへの招待　言語／社会／相互行為』仲川伸俊・岡田光弘・是永諭・小宮友根訳，ナカニシヤ出版，2014 年）

Garfinkel, Harold, "Studies of the Routine Grounds of Everyday Activities", H. Garfinkel, *Studies in Ethnomethodolory*, Englewood Cliffs. N. J. : Prentice-hall, 1967.（「日常活動の基礎」『日常性の解剖学』G・サーサスほか編著，北澤裕ほか訳，マルジュ社，1989 年）

Schütz, A., *Der Sinnhafte Aufbau der Sozialen Welt: Einleitung in die Verstehende Soziologie*, Julius Springer, 1932.（『社会的世界の意味構成─ヴェーバー社会学の現象学的分析』佐藤嘉一訳，木鐸社，1982 年）

Witgenstein, Ludwig, *Philosophische Untersuchungen* Oxford: Basil Blackwell, 1968.（『哲学探究』藤本隆志訳，大修館書店，1976 年）

第 8 章

有末賢『生活史宣言 ライフヒストリーの社会学』慶応義塾大学出版会，2012 年。

大森荘蔵「質と量について」（『大森荘蔵著作集』第 1 巻）岩波書店，1998 年

関雅美『ポパーの科学論と社会論』勁草書房，1990 年。

富永健一『現代の社会科学者 現代社会科学における実証主義と理念主義』講談社学術文庫，1993 年。

ニクラス・ルーマン論文集 1 『法と社会システム 社会学的啓蒙』土方昭監訳，新泉社，1983 年。

林知己夫『数量化の方法』東洋経済新報社，1974 年。

Luhmann, *Niklas, Sozioloische Aufklarung*, Bd.1, Opladen: Westdeutscher Verlag, 1970, SS.115-116.

Russell, *Preface to Wittgenstein's Tractatus Logico-Philosophicus*, London: Routledge & Kegan Paul, 1961.（『論理哲学論考』の序文，ヴィトゲンシュタイン全集 1，奥雅博訳，大修館書店，1975 年）

初出一覧

* 「社会研究の方法としての実証・数理・調査の関係」1996年3月（本書序章ただし大幅に書き換えている）『明治学院論叢574』『社会学・社会福祉学研究98』163-189頁

* 「社会調査における『量』と『質』」1999年3月『明治学院論叢624』75-103頁（本書第1章）

* 「社会調査と『主観的意味理解』の方法について」2008年2月（前編）2009年2月（後編）（本書第4章）『明治学院論叢129』（前編）169-198頁（後編）195-236頁

* 「社会階層研究の『数量化』と『数理』について」2011年2月（本書第2章）『明治学院論叢134』1-30頁

* 「社会学と現象学の遭遇　社会調査における方法と現象学のかかわりについて」2013月2月（第5章）『明治学院論叢139』1-57頁

* 「私的に書かれた『語り』を読むこと―社会調査のデータとしての日記と手紙について」2014年12月（本書第6章）『明治学院論叢143』167-233頁

* 「『統計的』社会調査法とビッグデータ」2017年2月（本書第3章）『明治学院論叢147』1-62頁

* 「自明なことを凝視する先に何が見えるのか　エスノメソドロジー管見」2016年3月（本書第7章）『明治学院論叢146』61-111頁

* 「『数字』と『言葉』序説」2018年2月（本書第8章）『明治学院論叢150』177-206頁

人名索引

ア 行

アインシュタイン, A.　20, 38
アシュビー, W. R.　309
アリストテレス, A.　95
有末賢　304, 305
アルバート, H.　301
ヴィトゲンシュタイン, L. J. F.　252, 280, 281, 306
ヴェーバー, M.　1, 2, 11, 125, 132-140, 143-146, 148, 158-160, 170-171, 180-183, 186, 201, 254, 258-264, 273, 293, 303
ボーボワール, S. L.　15, 35
江藤淳　187, 188-192
大岡昇平　205
大黒岳彦　82
大森荘蔵　27, 28, 29, 294, 295, 297
オルテガ, G.　175

カ 行

ガーフィンケル, H.　212, 257, 264-270, 272-274, 280-282, 286
ガリレオ, G.　52, 53
ガルブレイス, J. K.　175
河上肇　193
カント, I.　168, 185
公文俊平　100, 101
クライン, M.　51, 53
クリプキ, S. A.　306
グールドナー, A. W.　174
グレイザー, B. G.　213
黒沢明　272
ケトレー, L. A. J.　49, 50, 81
近衛文麿　193, 194, 195, 197, 199
コリンズ, R.　107, 109
ゴールトン, F.　50
コント, A.　1, 8, 117, 118, 252, 256, 291
桜井厚　176, 218

佐藤俊樹　9
サルトル　175, 180
サン＝シモン　266, 292
シェーラー, M.　304
シェグロフ, E. A.　278, 279
鹿又伸夫　55, 56
シャルコー, J-M.　149
シュッツ, A.　170-173, 175, 180, 181, 186, 201-204, 212, 256, 258-264, 274, 280-282, 303, 304
シュミット, C.　175
ジンメル, G.　133
鈴木康弘　104
スタンダール　205
ストラウス, A. L.　213
ズナニエツキ, F.　217, 218, 220, 221, 223
スミス, D.　271, 292
盛山和夫　260, 261
ソーカル, A.　255
ソシュール, F.　88, 90, 95

タ 行

ダーウィン, C. R.　98
竹内啓　48, 67, 82
武田泰淳　195, 196, 200
ダンカン, O. D.　45
チョムスキー, N.　65, 83, 84, 85, 86, 87, 88, 89, 90, 91, 92, 93, 94, 100, 103, 110
角田光代　282
ディルタイ, W. C. L.　254, 293
デカルト　183
出口泰靖　31
デュルケーム, É.　50, 101, 171, 292
トゥレーヌ, A.　179
トーマス, W. I.　217, 220, 221, 223
富永健一　9, 35, 40, 171, 270, 298, 303, 304, 309

ナ 行

ナイト, C. 93
中野卓 175, 176
中村雄一郎 161
夏目漱石 188, 191
西垣通 75-78, 80, 81, 92, 94
西阪仰 278
ニュートン, S. I. 19, 20, 48, 49, 50, 51, 52, 53, 306
野家啓一 254, 256

ハ 行

バーガー, P. L. 170, 257
パーソンズ, T. 6, 115, 171, 213, 257, 258, 259, 266, 269, 270, 271, 293
ハイデガー, 248, 249, 209
バクスター, R. 144
朴沙羅 177, 276
橋本健二 48
ハバーマス, J. 301
浜日出夫 272
林良嗣 104
原純輔 44
樋口直人 173, 174
廣松渉 181, 183, 260, 261
ファノン, F. 175
フィッシャー, R. A. 66
福武直 39, 41
布施鉄治 6
フッサール, E. G. A. 170, 171, 173, 176, 180, 182-186, 192, 201, 204, 249, 254, 258-261, 264, 269, 274, 293, 297, 302, 304, 306, 308
ブートン, L. 179
ブラウ, P. 45
フランシス, D. 281
ブルデュー, P. 179
ブレンターノ 308
フロイト, G. 133, 146, 148-160, 175, 185, 186
ブント, W. M. 121
ベーコン, F. 19, 116

ヘスター, S. 281
ヘッセ, H. 254
ベラー, R. 145
ベルグソン, H. L. 258
ベルトー, D. 177, 179, 179, 180
ポアンカレ, J. H. 38
ホーマンズ, G. C. 90
ホッブス, T. 265, 266, 267, 272
ポパー, K. 301
ホワイトヘッド, A. N. 19
ポンティ, M. 180

マ 行

牧野伸顕 193
松岡洋右 194
マートン, R. K. 114, 213
マリノフスキー, B. K. 128
マルクーゼ, H. 175
三浦耕吉郎 33
ミル, J. S. 299, 300
村上泰亮 94
村上陽一郎 235, 239
毛沢東 175
茂木健一郎 306, 308
森鷗外 191
モンテスキュー 292

ヤ 行

安田三郎 40-47, 54, 55, 57-59, 61, 62, 99
保田時男 60
山田富秋 273
山田風太郎 226
吉田民人 94, 96, 97, 98, 99, 100

ラ 行

ラザースフェルド, P. F. 213
ラッセル, B. 299
ラプラス, P. S. 48, 49
ランケ, L. v. 125
ランズマン, C. 15, 35
ランツアー 156
ルイス, O. 226, 238

索　引　327

ルイス, W.　180
ルーマン, N.　11, 171, 175, 291, 309
ルックマン, T.　170, 257
レヴィ・ストロース, C.　128

ローゼンタール, G.　177
ロック, J.　292
ワルラス, L.　298

和文索引

ア 行

エスノグラフィー　31, 32
エスノメソドロジー　8, 22, 119, 175, 178, 212, 216, 252, 257, 264-269, 271, 273, 275, 279, 282, 285287, 294, 296, 301, 305

カ 行

解釈学　254, 256, 301
クラウンデッド・セオリー　213-215, 294
啓蒙　4, 291, 292
現象学　160, 168, 170-175, 176, 180-185, 190-192, 197, 200-202, 234, 235, 249, 257-260-265, 269, 270, 275, 281, 283, 286, 293, 302, 304, 309
現象学的社会学　13, 55
構造―機能主義　259, 304

サ 行

参与観察　7
実証主義　1-3, 8, 12, 16, 19, 34, 86, 103, 111, 115, 117, 118, 121-127, 133-135, 138, 140, 142, 146, 160, 170, 171, 183, 185, 186, 188, 192, 193, 200, 202, 203, 206, 211, 217, 239, 253-259, 264, 270, 275, 281, 282, 291-293, 298,

299, 301, 302, 306, 309
社会階層研究　44-48, 54, 55, 62
社会階層・社会移動研究　58
主観的意味理解　12
心脳問題　306-308
数理社会学　40-44, 46-48, 55, 57, 58, 62, 161
生活史　7, 175, 176, 212, 215, 240, 248, 301, 304, 305, 309
精神分析　146, 148, 149, 150, 152, 153-155, 157-159, 216

タ 行

多変量解析　30, 129, 296, 301

ハ 行

ビッグデータ　67, 68, 71, 72, 74, 77-84, 94, 100, 103-107, 109, 110,
複雑性　309

ラ 行

ライフ・ストーリー　175-179, 305, 309
ライフ・ドキュメント　212, 217, 219
理解社会学　133-135, 137, 140, 142, 145, 181, 182, 186, 201, 258-260, 263
理念主義　2, 12, 115, 118, 146, 293, 298, 301-304, 309, 310

著者紹介

水谷　史男（みずたに　ひさお）

1949年　横浜市生まれ
明治学院大学大学院社会学研究科博士課程修了

現　　職　明治学院大学社会学部教授
専　　門　社会調査論，職業社会学
主要著書　『出稼ぎの総合的研究』(共著)東京大学出版会,1987年
　　　　　『暮らす人―結節と共生の社会心理』(編著)学文社,1992年
　　　　　『社会調査論―フィールドワークの方法』(編著)学文社,2001年

数字と言葉　―社会学方法論の研究

2018年3月31日　第一版第一刷発行

著　者　水　谷　史　男
発行所　株式会社　学　文　社
発行者　田　中　千　津　子

〒153-0064　東京都目黒区下目黒3－6－1
電話(03)3715-1501(代表)　振替 00130-9-98842
http://www.gakubunsha.com

落丁，乱丁本は，本社にてお取り替え致します。　　印刷／倉敷印刷株式会社
定価は，売上カード，カバーに表示してあります。　　　　〈検印省略〉

ISBN 978-4-7620-2806-9

© 2018 Mizutani Humio　Printed in Japan